《**新周刊**》2016 年度佳作

人人过上
中产好生活

《新周刊》杂志社　选编

漓江出版社

图书在版编目（CIP）数据

《新周刊》2016年度佳作·人人过上中产好生活 /《新周刊》杂志社选编 .
—桂林：漓江出版社，2017.1
　　ISBN 978-7-5407-8024-1

　　Ⅰ . ①新… 　Ⅱ . ①新… 　Ⅲ . ①文摘—中国—丛刊　Ⅳ . ① C55

中国版本图书馆 CIP 数据核字（2016）第 324344 号

《新周刊》2016 年度佳作·人人过上中产好生活

选 编 者　《新周刊》杂志社
责任编辑　谷　磊　王成成
装帧设计　石绍康
责任监印　周　萍

出 版 人　刘迪才
出版发行　漓江出版社
社　　址　广西桂林市南环路 22 号
邮　　编　541002
发行电话　0773-2583322　010-85891026
传　　真　0773-2582200　010-85892186
电子信箱　ljcbs@163.com
网　　址　http://www.Lijiangbook.com.cn
印　　制　北京大运河印刷有限公司
开　　本　715×960　1/16
印　　张　20.75
字　　数　230 千字
版　　次　2017 年 1 月第 1 版
印　　次　2017 年 1 月第 1 次印刷
书　　号　ISBN 978-7-5407-8024-1
定　　价　48.00 元

目　录

新周刊
NEW WEEKLY
2016 年度佳作

滚蛋吧！朋友圈

滚蛋吧！朋友圈

晒出你的开心，让我不开心一下。

朋友圈里每个人都过得比你好。生活中所有的猥琐、逼仄、尴尬都在这里被裁剪了，所剩下的，是生活局部的真相。

朋友圈越来越大，你的世界越来越小。

敬而远之的领导、点头之交的同事、久不联络的亲戚、一面之缘的朋友、话不投机的同学，再加上钟点工、送货大叔、快递小哥……他们不断扩展着你朋友圈的外延，在这里，你实现了成为社交达人的梦想。

互联网让世界天涯若比邻，但你选择将信息源锁定在封闭的朋友圈。每天大家探讨的话题都出奇一致。朋友圈和"10 万$^+$"一起，决定着整个城市的话题。

微博时代你被"大 V"引领，微信时代你膜拜"10 万$^+$"。

每一篇"10 万$^+$"都是一次朋友圈的狂欢。成功学指南里，增加了传授如何制造"10 万$^+$"。

你越来越无法忍受严肃的长篇阅读，渐渐失去独立思考的能力，你在鸡汤、八卦、吐槽、搞笑与养生的海洋中，得到指点江山的良好感觉。

你又一次过上了群居生活。

红包党、点赞党、晒幸福党、国外度假党、鸡汤党、谣言党、养生党、营销党、健身党、隐身党……你总要志愿加入某个"党"。

于是圈子越来越多，朋友却越来越少。真相越来越少，营销却越来越多。

从刎颈之交到点赞之交，从读万卷书行万里路到假装在国外。中国式社交到了今天，朋友圈从饭局转移到了微信。本期专题，带你分析朋友圈各种病人，只把脉，不发药。药你自己有。

是时候吃药了，与鸡汤、养生、点赞、红包保持距离。是时候回归生活了，"把有限的时间浪费在美好的事和人身上"。

中国式网络社交批判

文 / 邓娟

微信只是工具意义的革新，基于熟人社会的朋友圈，一方面无法摆脱中国式社交关系的弊病和圈子文化的壁垒；另一方面，比现实交往更随意和不负责任的网络生态，使得种种乱象在这个微缩平台上放大，演化为焦虑、混乱的精神病场。

社会学家欧文·戈夫曼生活的年代还没有 Twitter、Facebook、Instagram 以及微博、微信，但他却先知般地洞见了一切社交网络中的人格。

聪明的戈夫曼理应是个受欢迎的人，但是聪明且犀利的人容易没朋友。人至察则无徒，北美人戈夫曼一定不曾领会这句古老的中国式生存哲学，至于"人艰不拆"这样的网络时代社交准则，只活到 1982 年的他自然更没机会领教。

哪怕在社会学研究领域的地位堪称泰斗，戈夫曼仍被人讽刺为"小说家"。他的"拟剧理论"呈现了人际交往的虚伪又现实之处，打击面之广、杀伤力之强，让人难以接受。

戈夫曼认为，日常生活就像剧场，每个人都是天生的演员，只要站到前台，就会戴上假面具，有意识地通过各种符号美化自己，进行合乎他人期待的表演；与前台对应的后台是观众看不到的地方，只有在这里演员才能卸妆，或者表演些前台不适宜展现的戏码。演员们还需要给彼此反馈，以融入共同的社交场景，有时他们组成剧班，相互配戏；有时又互为观众，进行互动——演员和观众，是一场完美表演的必备要素。

"拟剧理论"从 1959 年提出就招致批评，承认它在现实生活中的存在必然戳伤无数玻璃心。不过，隔了半个世纪后再看，戈夫曼简直为网络社交的种种病态提供了绝佳的注脚。

病况最严重的无疑是微信。朋友圈就是那个天然的"剧场"，文字、图片、表情、点赞皆为符号，圈里人分饰演员和观众，可是因为演技过于浮夸、角色陷入癫狂，这个剧场日渐成了失控的精神病场。

"熟人社会"延伸的线上朋友圈，无法改变传统社会的差序格局。

如果把微信朋友圈拉到被告席上，设想"庭审"现场，它大概也会以"约炮不能成就陌陌的今天，假货不能成就淘宝的今天"旁征博引、雄辩滔滔。人家快播说了，工具无罪——此论点的版权其实还不属于王欣，而是 20 世纪 80 年代的里根和他加入的"美国步枪协会"。

再者，就算工具有错，浮夸、虚假、导向错误等问题也存在于其他社交媒体，你们为什么不批评 Twitter、Facebook、Instagram 和微博，光批判"病态朋友圈"？

有病的当然不只是微信朋友圈，溯本追源，病根在于圈子背后的中国式社交关系。同为本土化社交工具的微博和微信，最大区别在于微博偏向"陌生人社会"，而微信是把线下关系向线上移植的"熟人社会"或"半熟人社会"，所以中国圈子文化的弊病林林总总都在朋友圈浮现。

关于中国式关系，美国记者布德瑞写过一本《Guanxi : The Art of Relationships》，以微软在华研究院的故事为主线，剖析在中国做公关的潜规则。布德瑞认为，要在中国获得社会资源，"关系"的作用至关重要，而要获得关系需要混圈子。但中国式关系之复杂和微妙，让布德瑞难以用纯粹的 relationships 去表示，而是大有深意地使用了中文音译的"guanxi"。

费孝通在《乡土中国》有更精准的论述："以'己'为中心，像石子一般投入水中，和别人所联系形成的社会关系，不像团体中的一分子一般大家立在一个平面上，而是像水的波纹一般，一圈圈推出去，愈推愈远，也愈推愈薄。"费孝通认为，在中国圈子文化中，亲疏远近以及经济水平、社会地位、知识水准，都可以导致"差序格局"。

基于"熟人社会"的朋友圈，并没有也不可能改变线下圈子那根深蒂固的壁垒和等级。长辈、领导、同学、同事的角色，依然制约着个体在朋友圈的言行。于是发表状态就变得不是真正自由了，提供沟通便利的朋友圈有时反带来误解。2014 年 4 月，北京海淀区法院审理了一则朋友圈引发的离职纠纷。李女士因为家事困扰，写了一段"扪心自问，自认坚强，不知还能坚持多久，泪流满面，无愧良心和天地，此时窗外雷声不断，老天为我在流泪，人在做，天在看"发在朋友圈，老板看到后愤而评论："如果一份工作让人如此悲伤，不做也罢"、"你把我置于何地，周扒皮？刽子手？这是公众平台，请所有员工自律！"虽然李女士立即解释了双方语境不对等，但还是被动离职。

这并非个案。2015 年，人大历史系硕士新生郝相赫在朋友圈点名称两位学界专家为"庸才"，这令他的导师孙家洲"极为震怒，怒斥狂徒"，出于"学界的规矩与尊严"，公开宣布断绝师徒关系。"言多必失"的中国式关系学，在看似"我的地盘我做主"的朋友圈，依然灵验。

朋友圈甚至比线下圈子更庞杂。出于社交工具的特性，微信"好友关系"的建立更为随意，碍于各种考虑，我们不得不把原本敬而远之的领导、远房亲戚、一面之缘的朋友、朋友的朋友、八百年不联系的同学，乃至钟点工阿姨、送外卖大叔、早高峰的地推军小哥，通通放进朋友圈。

平台具备、演员到齐。这下，你的朋友圈剧场精彩了。

———— 150 顿巴数 ————
●自己 ●密友（3-5）人 ●好友（30-50）人
●泛好友（100-150）人　　（设计 / 阿涛）

朋友圈里只有你过得不好？那可能是因为别人都在演戏。

原来惹不起躲得起的同学会，都围堵朋友圈了。

原本下班后可以抛开的办公室政治，都蔓延朋友圈了。

这里有中医特色的养生，想象力一点不输《女医·明妃传》；有高贵冷艳的代购，比房产中介还无孔不入，比完美、安利更擅长营销。三观大战朋友圈，鸡汤与狗血齐飞，假新闻和伪科学 PK。

以上其实也还好，只要你头脑够清醒、意志够坚定，不受坑蒙拐骗，大可冷笑置之。可让人意难平、最考验人性的，是被各种晒幸福刺激出来的负能量，那种屏蔽、拉黑之后仍然挥之不去的精神困扰、心态失衡。

有一种剧毒叫"朋友圈里，每个人都过得比我好"。

你失恋，ta 晒花；你加班，ta 度假；你蜗居家中蓬头垢面，ta 游走派对衣饰光鲜；你存够钱来海南挨宰，ta 一骑绝尘去了马代。没完没了的对比，衬得你外貌平平、感情乏味、思想肤浅、内心阴暗，人生的辛酸仿佛全集中在刷朋友圈的一刻，心情凄凉有如天窗朝北的阁楼，而嫉妒更是一只不断结网的蜘蛛。你一己之力，如何对抗整个朋友圈的浮夸？

冷门喜剧《波特兰迪亚》有一个片段，男主角带着新欢去意大利度假，虽然在酒店睡过了整个无聊的周末，但他们还是发布了许多秀恩爱的照片，收到来自朋友的恭喜。于是片中有了这句对话——"网上的所有人，他们过得并没有你觉得的那么爽。""我想，人们只不过是把悲伤都裁剪掉了。"

被裁剪后的生活，难免成了局部的真相。但在社交网络上，我们判断别人过得好的依据不过是通过 ta 提供的信息——即便有记录的成分，发布之前必然经过挑选，这种记录也就掺杂了表演性质。

中国人爱面子的程度恐怕举世皆知。戈夫曼对人际交往四类表演模式的剖析，在我们的朋友圈里随处可以找到案例：理想化表演，譬如晒花、晒书、晒美食，晒经过包装的生活方式，塑造想成为的自己，在点赞和评论中获得满足；误解性表演，譬如富人哭穷、穷人摆阔、大智若愚、假装高冷；神秘化表演，譬如发文留悬念、发图马赛克、欲拒还迎、犹抱琵琶半遮面；补救性表演，譬如自称各种狗、"人丑就该多读书"，看似自我矮化，实则求表扬、求抚摸。

人生如戏，全靠演技，技不如人，难免失意。

根据戈夫曼的理论，表演也存在被拆穿的风险，比如观众闯进后台。然而在朋友圈，除了少数"装 × 失败"事件，许多时候我们看到的总是别人的前台，被嫉妒和自卑冲昏头脑，失去了辨别和思考的独立。

不必对技术因噎废食，但永远不要放弃对被圈养和绑架的警惕。

20 年前，尼葛洛庞帝在《数字化生存》中勾勒过一种"并行表达"的沟通场景：一群人围坐在一张桌子旁，唯一不会说法语的那个人显得很孤独，虽然所有的主、客体都处于同一时空，但他倘若想要接收其他人的信息，需要另外一种解码和编码的能力。

如今，互联网解决了编码、解码，虚拟空间的互动，代替了过去手势、眼神、会话等的面对面交流。所有社交媒体的初衷都是为促进沟通、消减孤独。"它是个快乐的地方，一个可以找乐子、提供消遣，一个和朋友聊天、让你感到愉快、受人认同的地方。"瑞士伯尔尼大学研究信息系统的汉娜·克拉斯诺娃说。Facebook 起初让人们从交流中获得积极、快乐，但后来却出现了被称为"脸书抑郁"的社交综合征。

密歇根大学社会心理学家伊桑·克劳斯 2013 年的一项调查发现，人们汇报自己在某一时刻上 Facebook 越多，从这一时段他们的情绪就恶化得越多。

连续 4 年里，缅因州科尔比学院教授克里斯托弗·索托对 1.6 万余人使用社交网络的幸福感进行追踪调查，结果显示，最初"外向、和蔼可亲、正直的人幸福感增强"，但当幸福指数升高以后，受调查者反而会开始变得内向。

交友过热，反而孤独。这也解释了为什么越刷朋友圈真正的朋友反而越少。

廉价的点赞、虚伪的感动、没脸没皮的哗众取宠、不经思考的愤怒，异化的朋友圈带跑了生活，表演性质的"前台"无限扩大，属于自己的"后台"时间越来越少，人们仿佛成了被圈养其中、被牵着走的动物。

我们都是朋友圈的病人，但，有些病也不是关闭朋友圈就能痊愈的。

在中国式社交关系格局里，无论什么圈，都不要忘记对被绑架、被圈养、被同化、被规训的警惕。

朋友圈各阶层分析报告

虚拟网络社交正在改变人类互动的本质，要知道，只是在"朋友圈"里点个赞，你的体内是不会释放出神秘物质"脑内啡"的。

牛津大学人类学家罗宾·顿巴研究人际互动数十年，提出了一个"150 顿巴数"（人能保持社交关系人数的最大值是 150 人）的著名理论。他发现，一个人的核心"朋友圈"只有 5 人，可能是家人也可能是闺密；一个人真正的"朋友圈"

是 15 人，在这个小圈子里，你可以吐露心曲寻求安慰；一个人能保持社交关系的"朋友圈"人数最大值是 150 人，如果超过 150 人往往会因为太复杂而难以驾驭；当你的"朋友圈"扩大到三四百人甚至上千人时，你只会记得他们有一个共同的名字：朋友。

微信朋友圈，就是中国社会的一个横断面，这里聚集着社会各阶层，老干部热衷养生，愤青传播谣言，小职员猛喝心灵鸡汤，大学生一心想借微商创业一夜暴富，文青假装在国外晒幸福坐收点赞，程序猿只能靠跑步晒路线、晒肌肉向女神展示雄性魅力，而你的老板却躲在某处窥探着你的私生活，以防你假装生病溜岗旅游。

点赞党：我们只是点赞之交
文 / 赵渌汀

对于"赞"友而言，点赞是祝福，是手段，是目的，是刷存在感，也是一种后"点头之交"时代的弱社交。

拍风景，有人点赞；晒美食，有人点赞；心情不好，有人点赞；加班诉苦，有人点赞；家庭纠纷，有人点赞；疾病缠身，依然有人点赞……

"点赞"功能甫一出世，便在社交网络诞生了无数"点赞狂魔"。他们不分时段，无论地点，无视对错，只要朋友圈的"红点"出现，便迫不及待地摁下点赞键，传递出对朋友圈里主动或者被迫的肯定和认可。

陈丽清就是这样一位点赞达人。她目前是广州大学大三学生，是个天生的"乐天派"。2015 年春节，她通过微信了解到自己在过去一年已经送出的点赞数：8376 个。按照这个数字，她每天平均送出 23 个赞，相当于每小时就为一个人点赞，是当之无愧的朋友圈"点赞之王"。而她收到的赞只有 228 个，平均每天还不到一个。面对"送赞"与"收赞"的巨大差距，陈丽清倒并不在意，"给别人点赞我就是开心"。

对于像陈丽清这样还在象牙塔里读书习作的大学生来说，"点赞就是微笑着面对这个世界"。他们对社会充满希望和幻想，通过不断地为他人点赞，希望能和所有好友都成为贴心朋友。他们的朋友圈和小说、电影、青草、校园紧密联系，也偶尔与长辈笃信的养生、佛经发生交集。他们向往美好，他们点赞青春；他们并不排斥生理与心灵鸡汤，他们期望用一颗颗象征认同和赞美的红心，编织起与不同年龄段亲属、朋友间的关系网。

同为"点赞党"的李群却不这样想。与陈丽清"红心向阳"的主动点赞截然相反，李群的点赞从来是迫于无奈。

30 岁的他在南昌一家证券公司上班，手机里存着 800 余名客户的手机号，当然其中绝大多数他都在互通联系方式之后第一时间添加了微信。"刷朋友圈成了我每天的一个重要任务，而点赞则像责任一样，让我成为'赞士'。"出于业务考虑，李群必须随时向客户"安利"每项新鲜出炉或者有所变动的金融产品，但更重要的是与客户保持良好关系，这才能让他的业绩和提成得以保证。

因开展业务而被迫为好友点赞，这在证券、地产、各行业销售圈内已是秘而不宣的"撒手锏"。工作性质决定了这类人必须与客户发生业务往来，而通过点赞建立起私人关系则是提升业绩的一道"润滑剂"。

如今的李群已经将微信彻底工具化，朋友圈的点赞、评论和转发也已是例行公事。日常与家人朋友的联系，他除了发短信就是打电话。"微信上根本看不过来。谁知道我之前点赞的客户，哪天会主动来找我认购呢！"

美国加州州立大学心理学教授拉里·罗森（Larry Rosen）曾在其博文《点赞的力量：我们喜欢被关注》中提到了点赞现象：每天沉溺在 Facebook 上的年轻人对待点赞的态度如同喝水，不点赞就会口渴，而每点赞一次顶多就是"小啜"一口，久而久之次数增加，"社交饥渴"的症状自然得到缓解。

在广州珠江新城上班的吴龙自称是"患上社交饥渴症的点赞狂魔"。中规中矩的工作令他每天重复着单位、宿舍的两点一线生活。由于不时要夜间加班，他经常无法抽时间与朋友相聚，于是"点赞"成为缓解"社交饥渴"的一剂良药。

"我特别害怕被朋友们抛弃，但有时甚至周末都没时间自己支配，所以我疯狂给别人点赞。"吴龙说只有通过评论和点赞，他才能寻找到在忙碌都市生活中的存在感。

晒幸福党：秀恩爱，分得快
文 / 朱人奉

社交网络晒幸福会使我们变得更忧伤，正是别人天天"晒幸福"让我们觉得自己不幸福。

新浪去年 8 月有一项调查，只有一条问题："你觉得该不该秀恩爱？"有 1342

名网友作答，六成人说"不该秀"。这些不受待见的晒幸福党通常有以下特征：

第一，广义上的晒幸福党几乎覆盖全部互联网用户。只要在朋友圈发一张照片表示对当前的生活感到快乐，秀恩爱、晒娃、晒旅行、晒聚会、晒美食、晒心情，等等，都可以算是晒幸福党。

第二，晒幸福党的主力是秀恩爱和晒娃。爱得如胶似漆的情侣以及把孩子当喵星人来晒的父母，给晒幸福党拉来了最多的仇恨。但只要人类还在繁衍和相爱，就会有人在单身狗面前秀恩爱。

第三，他们不一定真的幸福。多项调查说明，超过半数的网友在说到个人生活时，会美化、夸大或说谎。"晒幸福"甚至成了一种压力，韩国《中央日报》与大数据分析企业 Daumsoft 联合进行了调查研究，结果显示，33.9% 的受访者曾在社交网站上有些夸大地"晒幸福"，而原因是"不想落后他人"(53.8%)。

在经验主义者看来，忌妒是一种缺陷，部分是道德上的，部分是智力上的。无论是哪一种情况，他们永远看不见幸福这件事的本身，只看见了别人的幸福和他们之间的关系。"秀恩爱，分得快"，说的正是从比较中产生出来的怨恨。

密歇根大学的一项调查研究指出，Facebook 等社交网络会使我们变得更忧伤，对生活产生更多的不满。该研究的主持者、密歇根大学的认知神经学家 John Jonides 指出，人们在社交网络上对别人的生活更敏感，会比在真实生活中更加关心别人正在做什么，并且和自己的生活比较起来，可能会觉得自己的生活没有别人的那么美满或富有。

为了显得自己的生活没有那么差劲，人们便会在晒幸福的时候夸大或说谎。这时晒幸福就不是晒幸福了，而是用心良苦的自我形象塑造，在各种比较之中求得虚荣或安慰。

有什么办法解决晒恩爱党的不快乐，以及反晒恩爱党的怨念吗？有，减少使用 Facebook、微信朋友圈等社交网络。哥本哈根的一个幸福调查机构从 Facebook 上抽取样本作对照研究，他们把这 1095 个人分成两组，A 组继续如常地使用 Facebook，B 组则被强制戒网一段时间。7 天之后评估，B 组的人有 88% 感到快乐，而 A 组只有 81%，而且 B 组人的心理压力水平下降了 55%。考虑到放下手机的人要在现实生活中进行别的消遣和社交方式，所以他们的快乐可能更为真实。

但问题就在于人们已经离不开社交网络了。每当我们失落的时候，互联网就成了一个快速的、诱人的解决方案，它可以迅速地填补我们的空虚。Facebook 和微信朋友圈并不是问题的所在，我们只是通过它们放大了一种症状，属于孤独的，或属于时代的。

鸡汤党：有一种毒药叫"心灵鸡汤"

文 / 曹园

鸡汤党总是试图让你忘掉现实，每日都活在满满的"正能量"之中，靠一口鸡血过活。

在"心灵鸡汤"成为微信朋友圈的一道励志精神大餐之前，是杰克·坎菲尔与马克·汉森最早煲出第一锅浓汤，两人的著作《心灵鸡汤》曾是世界最畅销的系列读物。

如今，朋友圈中不少人对鸡汤文沉醉其中，心悦诚服地点击转发按钮，谓之"鸡汤党"。而另一部分看客则对此嗤之以鼻，默默"取关"。

蔡康永在他的"说话之道"里表态：你说什么样的话，就是什么样的人。对于鸡汤党而言，转发什么类型的鸡汤文，就是什么类型的鸡汤党。

刚刚失恋的少女哀叹为什么受伤的总是好女孩，正巧看到闺密分享的《姑娘啊！可长点心眼》《你想要的一切时间都会给你》，深有同感地点赞转

鸡汤党（插图—翟砚军）

发。又或集平生所学，自制一碗鸡汤："我文身、抽烟、喝酒、说脏话，但我知道我是好姑娘。"配上 45 度角的嘟嘴自拍，寻求一众 × 丝的安慰和赞同。

资深师奶内外兼修，上午练习瑜伽，下午甜品配茶，晚上却长期忍受着丈夫早出晚归的寂寞，于是每晚怒转《好老公十大准则》《女人如何活出精彩》《遇到这种女人，请格外珍惜》，期盼着老公点击全文深切感悟。

职场新鲜人认真学习《如何当一名好员工》以及《一万元如何变成一百万》等旷世佳作后，开启了打鸡血的前奏；辞职员工则暗自神伤地默念《心在远方，

路在脚下》《多一份挫折，就多一份感悟》，希望自己重新出发。

赋闲的老年人推迟了外出晨练的计划，在设置为最大字号的智能手机上查看了《你的高度决定你子女的高度》，大叹好文，热烈地转发到朋友圈和一众亲戚群，并叮嘱子女要好好记下来。

除了爱情鸡汤、职场鸡汤和亲情鸡汤，更多的鸡汤文并没有明显的受众界限。《人生不得不提的 30 个忠告》《成功不是击败别人，而是改变自己》《生命的意义不单是幸福》，一段故事传达出一种人生感悟，揭示真善美的哲理，让朋友圈沐浴着"正能量"的阳光。

把语录嫁接到名人头上的鸡汤文更是让朋友圈各阶层素人无法抗拒。"全能躺枪王"白岩松和莫言几乎任何话题都可驾驭；张爱玲和林徽因专攻情感鸡汤；李嘉诚、巴菲特、比尔·盖茨和马云等成功人士则主打励志鸡汤，各司其职，各取所需。

乌（污）鸡汤的出现让鸡汤党的队伍继续壮大，打着又黄又暴力的擦边球也让围观群众不忍直视。它们用《看湿了，你呢》这样的劲爆标题，大谈要有常回家看望爸妈的孝心；用《这个半裸的女人，让全世界低头！》来歌颂伟大的母爱，文章点击量妥妥的 10 万$^+$。

全球调研巨头凯度集团发布的《2016 中国社交媒体影响报告》指出，2015 年微信的情感类内容尤其是鸡汤文广受欢迎，50 个最热门的公众号中有 19 个是情感类账号，而 2014 年只有 3 个。情感类文章的阅读量占比也从 2014 年的 21% 上升到了 2015 年的 34%。

微信创始人张小龙深谙鸡汤党队伍庞大的弊端，他担忧：刚开始看朋友圈都是朋友动态，可慢慢发现里面有很多心灵鸡汤，这样的信息多了最终结果未必好，用户会觉得信息太水太杂，看朋友圈的意愿将会越来越低。

这种担忧并不多余，庞大的鸡汤党已经将一部分人的美好朋友圈搅黄。事实上，大补的鸡汤喝多了总是免不了上火伤身。

营销党：人人都有一个卖面膜的朋友

文 / 阿饼

野蛮生长的微商所面临的最大瓶颈，大概是"朋友"日益增长的智商。

"给亲们送福利啦，国际一线原单奢侈品，有需要的私信我！""最近很多人夸我皮肤好，悄悄说，都是因为这款面膜，纯植物，无添加，独家货源，国外明星都在用！有兴趣的赶快联系我吧。""原液还在路上，闺密们先把面膜用起来。废话不多说，直接上图！"配图是几张粉嫩嫩的人像，再加上几大箱货物的照片和好评记录……每当你的朋友圈里多一个微商，你就知道自己又少了一个朋友。

再多的屏蔽、取关与拉黑，也阻止不了他们在你朋友圈里的野蛮生长：营销的营销，发鸡汤文的发鸡汤文，招代理的招代理，一片欣欣向荣的景象，比当年的微博有过之而无不及。各类培训、化妆品、减肥药、柠檬杯、佛牌、面膜商更是见缝插针，各路"月入过万"的软文更是数不胜数，朋友圈里的"屏霸"层出不穷，令人眼花缭乱。他们鼓吹着"你来做我的代理，可以发财，明天就能成为高富帅，然后迎娶白富美、走向人生巅峰"……听起来是不是一股浓浓的"安利"味？

易观统计，2014 年微商市场达 1500 亿元规模。这种"底层创业、年入百万"的 × 丝逆袭故事不断冲击大众的神经，刺激了约 1000 万人投入到微商的群体中。他们就生活在你我身边，可能是大学生、家庭主妇、清闲白领、夜场妹、保安大叔，但在微商圈，他们可能是盟主、导师、专家、大咖、代理、上线、下线。

与传销模式非常相似，最早一批做面膜起家的美妆微商通常从身边的人开始推销，然后不断加好友，聚集粉丝数量，推送大量的广告来冲销量。在微商的利益链条上，最赚钱的就是品牌所有者和总代理，绝大多数下家只能靠在社交媒体发展代理得到收益。

有网友戏谑："每个人的朋友圈都有个卖面膜的'杀熟'者。"这句玩笑话道出了朋友圈营销泛滥的实情——因熟人彼此信任，东西容易卖，无数人加入"杀熟"行列。

"杀熟"的微商遇到的最大瓶颈大概是"朋友"日益增长的智商。百度搜索"朋友圈假货"，相关结果是 143 万个，"微信朋友圈成假货重灾区，消费者退货无门"、"朋友圈秒变假货窝：25 元可买奢侈品全套包装和小票"等消息不一而足。当微商变成"危商"，熟人买卖链条中的信任折损，微商就"杀熟"不成反"自杀"。

微商作为一种新型的商业模式，在把朋友圈变成"商业广场"的同时，却缺乏成熟的品牌、售后和维权机制，一个个暴富美梦将随着一圈圈的友谊一同破灭。

谣言党：不转不是中国人

文/陈婷婷

慢慢地，你发现不仅你的父母，你身边所有的人，包括你的发小、同学、同事，几乎都是谣言党的一分子。在他们面前，你的三观每天都被新版"十大谣言"打破。

今年元宵，来自成都的网友 @Bi_ 宇有点无奈。他在微信上收到了母亲转来的一篇文章，题目是《注意：属蛇的人遇猴年，2016 年必出事！不得了！》。

"妈，我属龙……"

让 @Bi_ 宇哭笑不得的是，几天后，母亲又转来一篇文章，这次的标题终于对了——《出大事了，你身边有属龙的吗？速看》。

你身边一定也有这样的"热心"亲友。他们每天孜孜不倦地转发刷屏，不厌其烦地将每条信息搬运到亲友群或你的微信上。而深谙谣言路数的你早已不会手贱点开。你充当起打假专家，在他们的朋友圈下逐个留言：假的。

如何快速分辨出一篇谣言？首先，标题够惊悚——参考《太可怕了！未来 80% 的家庭将面临洗牌，有图有真相！》《不要再买这个菜了！因为它 100% 致癌！》。其次，情绪够胁迫——参考《不转不是中国人》《为了家人的健康一定要转》《不知道真假总之小心是没错的》。最后，阅读量够高，篇篇爆款 10 万$^+$，不转是你 out。

在微信朋友圈，谣言党让人防不胜防。他们对医学知识一无所知，却天天在转发退烧偏方和止咳妙方；他们看不懂 26 个英文字母写成的外国论文，却总能发现国外某机构、某专家的惊悚言论；他们不关心风花雪月，却关心流传多年的假新闻。他们是你朋友圈里最熟悉的陌生人。

在谣言党的江湖上，存在着几大派别：科技党和世界末日党。

科技党也没闲着，看看他们每天转发的文章吧：《下雨天不要打手机，不然下场跟装 × 一样！》《Wi-Fi 散发的电磁辐射是杀精的元凶！珍爱生命，远离 Wi-Fi！孕妇也别用！》《微信点赞竟然会收费，钱就这么没了！》《不要接受免费的钥匙圈，小心危及性命！》……脑洞之大，堪比英伦神剧《黑镜》中的黑科技。

还记得今年年初那个很火的 H5 活动"我和微信的故事"吗？下午 4 点，你点开链接，津津有味地分享这一年又收获了多少个赞；傍晚 6 点，你的朋友圈开始谣传"链接有木马病毒，可以盗取你的支付密码"，吓得你赶紧提现支付宝；晚上 10 点，微信官方出来辟谣。短短几个小时，你感觉自己被狠狠耍了一把。

相比科技党，世界末日党直接让你生无可恋。《NASA 预言太阳明年会爆炸！》《这次是真的！ 2036 年小行星将撞击地球！》《人类将在 2050 年遭到大劫难，宣告灭亡！》《2012 末日错过了，2020 末日还会远吗？》……明白了吗？还不赶紧去写遗愿！

谣言党的主力军，当数你的父母及亲戚长辈。他们大多为 50 后、60 后，刚刚学会用智能手机就进军微信界，对朋友圈的热衷程度堪比我们当年玩 QQ 空间。他们信中医、信养生、信小道消息，一天转发十几条，即使他们只看懂了其中的 1%。

慢慢地，你发现不仅你的父母，你身边所有的人，包括你的发小、同学、同事，几乎都是谣言党的一分子。他们自诩"科普"，不分真假地胡乱转发，把你的朋友圈搞得乌烟瘴气。在他们面前，你的三观每天都被打破，直至怀疑人生。

一位知乎网友评论说："不是谣言的魔力大，是你的朋友圈太同质。"终于，某天深夜，你静静地打开手机，将你爸妈的朋友圈一一屏蔽，感觉完成了一件多了不起的事。

红包党：我好像错过了几个亿

文 / 阿饼

世界上最遥远的距离，是我看着你，你却只顾低头抢红包。

今年春节还在用短信拜年的请举手！

春节期间，且不说一群群 80 后、90 后守在 Wi-Fi 信号发射器边上一边充电一边抢个几十上百的红包；也不说创业公司在公司群里几千几万地撒红包，然后鼓励员工们抢完赶紧截图发朋友圈，告诉全世界他们到底有多能造；最让春晚和麻将感到落寞的是，50 后、60 后一得空就相约围坐，却不是打牌，居然也是在抢红包，每天还规定了散伙时限，人不齐不开局，不亦乐乎。爹妈们不顾颈椎病的风险，戴着老花镜深深地埋入了手中的小屏里，为在 2G 网速下好不容易抢到的一毛两分钱乐得返老还童。

春节最后似乎成了全民"抢红包"运动会。电视里唱着"常回家看看"，你却置父母于不顾，一直在低头抢红包；有人在微信群里发一句新年祝福，你却直接呛一句"拿红包说话"；孩子一个人在马路上孤独地走着，结果走失了，你却还在低头对着抢一两块钱的群发红包；你和老婆两人在群里只抢不发，结果惹来群友谩骂、攻击，结果两口子吵到头疼、胸闷、失眠，最后还闹到法院。

接龙发红包游戏则让你的"帕金森快手癌"更快地病入膏肓。原本只是图个高兴，可是情况慢慢地不太对了，当金额玩得越来越大、参与的人越来越多且陌生，有的甚至订立规矩，一晚上输赢几千乃至几万块，有了赌博之嫌，微信红包彻底失去了原本的祝福和娱乐的初衷。

宋祖德在微博呛声微信红包，称微信红包正在"祸国殃民"。春节红包，本来是大家表达情感的一种方式，不过在互联网的巨头争夺中，"咻一咻"、"刷一刷"、"摇一摇"，红包已经变成战场。这场商战中，每个用户都成为各家数字的贡献者，多数人都在陪伴手机，都在为了红包浪费了和家人在一起的时间……光听着一声声"唉"、"哇"、"艾玛"、"卧槽"就可以判断出这演的是哪一出、哪一幕。

红包也是考验人情的微妙手段。你发红包只是想传递"我关心你、我惦记着你"的心情，可对方立马一个红包发回来，意味着我们没熟到我会毫无芥蒂地收下你的红包。

那些打着"众筹"的名义在群发消息索要红包、在群里撺掇别人发红包的"微信乞丐"，春天缺口罩，夏天缺冰棍，秋天缺毛衣，冬天缺手套，逢年过节必然缺口吃的，也让红包的好意与慷慨变了味。

直发红包、手气红包、摇一摇红包、照片红包……2017年春晚红包也许仍然是电子红包的战场，总有新玩法把你口袋里的现金"玩"完，只是这种状态下，希望不要把我们的亲情、友情和健康玩完了。

养生党：因为怕死，所以养生
文 / 谭山山

请善待沦为"养生党"的家人，他们需要的，可能不仅仅是养生知识，还有儿女的陪伴。

有被养生节目洗脑的家人是怎样一种体验？

这个问题在知乎网上收获了8816人关注、1036个回答，截至3月3日，已被浏览279万次。答主们纷纷吐槽被已经走火入魔的家人"祸害"的"惨痛"经历。从他们的描述来看，这确实是一个神一样的群体：

第一，多为退休人士。退休之后，他们有的是时间，于是把全部精力投放到养生上，对各种养生知识采取了兼收并蓄、不信白不信的态度。

第二，根据养生手法的不同，他们又可以细分为食疗系、药疗系、运动系等派系。食疗系自然就是有利于养生的，多难吃都要吃；不利于养生的，多好吃都不能吃——比如吃土豆不能削皮，因为专家说了，这样会导致营养流失。药疗系则是从维生素 A 到 Z，乃至氢、氦、锂、铍、硼等矿物质，没有哪样是他们不敢尝试的。运动系比较猛烈，养生手段包括撞墙（据说寒凉体质者可撞出健康，湿热体质可撞掉邪火）、爬行、干擦背、集体呼喊（无限循环一些励志口号，如"高血压！""拍掉啦！""高血压！""拍掉啦！"）等。

第三，他们在养生的行动力和影响力上是惊人的。答主"断点"在老妈迷上养生后，祭出了大招：召唤博士毕业、身为血液科医生的老姐。没想到，老姐被"策反"，竟然也加入养生"邪教"，逼家里所有人生吃萝卜……

这样一个神一样的群体在用上智能手机、平板之后，可想而知，立即化身养生网络达人，对诸如《生姜堪比还魂药，可惜 99% 的人只当佐料》《两头大蒜让你活一百岁》《白醋让你年轻 10 岁》《一杯白开水治好这些病》这些标题完全无法拒绝，而且秒赞之并秒转之，每天少则一条，多则四五条。转给谁？自然是同为养生党的亲朋，还有自家"不爱惜身体"的"熊孩子"——在他们看来，这是一种关爱方式。

2014 年 11 月，针对社交媒体养生帖泛滥的情况，中国青年报社会调查中心通过民意中国网和问卷网进行了一次调查。调查有 3052 人参与，结果显示：70.2% 的受访者关注网络社交媒体中的养生帖；47.4% 的受访者曾在未求证真实性的情况下，分享或转发过养生帖；51.5% 的受访者曾在未求证真实性的情况下，照养生帖的指导实践过。同时，并不仅仅是老年人才爱养生，受访者中，90 后、80 后、70 后分别占 13.5%、49.9%、26.5%。

近半数的受访者未经求证，就听信了养生帖的指导，这确实是一个不太乐观的数字。此次调查还显示，社交媒体中的养生帖存在的最大问题是真假难辨（67.8%），其次是过多过滥（53.2%）和信息源不明（52.8%）。其他问题还包括相互矛盾（31.6%）、以讹传讹（29.7%）、广告太多（24.5%）等。

养生是近十年来才渐渐成为国民关注话题的，现如今，养生热已经有向"全民养生"演变的态势，简直是一种新宗教。对养生的需求如此巨大，专业、靠谱的意见和建议却跟不上，反而是各种养生伪知识占领了社交媒体；再加上人们对养生的执念，或者说活得更长久、更好的欲望战胜了对伪科学的警惕（养生党中不乏教师、医生、机关工作人员等知识阶层，但这样的人反而更畏惧死亡），于是，出现了一种诡异的现象：养生党人数日渐壮大（怎么都得以亿计吧），但他们所实践的所谓"养生手法"，实际上就连他们自己都不知道是什么鬼。

请善待沦为"养生党"的家人，他们需要的，可能不仅仅是养生知识，还有儿女的陪伴。

国外度假党：假装在"别处"
文 / 冯璐赟

有一天我在楼下拉面馆看到了我的朋友，但我没打招呼，因为他的朋友圈显示他这时应该在巴黎香榭丽舍大街排队买LV，而我应该在美国黄金海岸旁晒太阳……

突然有一天，你发现那种传说中"说走就走"的生活，不知怎么就出现在朋友圈中，手指划拉屏幕之间，总有那么几个引发"羡嫉恨"的人刺激你的耳目，震动你的心灵，而且还是你现实生活中相识的甲乙丙丁。

他们隔三差五出国旅行，上一条朋友圈定位还在日本，冰天雪地里拍着"情书"式的文艺范儿照片，下一条已经飞到炎热的澳大利亚，热裤长腿不经意甩你一脸阳光。你以为这就完了？十天后，一个华丽转身到达约旦，陌生的异域风情，距离感将磁场吸引张力最大化，因为那里甚至是你从未想象过的旅行目的地。

朋友圈里有一位标准白富美姑娘，海归派记者，善良努力，又美又有才华，

假装在国外（插图—李雄飞）

逗哏有趣无包袱，身边女生无不奉她为女神，打破了女神级美女只讨男人喜欢、不招女人待见的魔咒。

可是天会黑，人会变。姑娘放弃了奔波劳碌的记者生涯，当起朝九晚五、每年有寒暑两假的大学老师。自此，朋友圈画风突变，频繁出现 45 度仰角自拍，以及密集的出国旅行照片：头等舱位配香槟、高级酒店吃早餐、异国咖啡店低头看书、碧海蓝天里露个长腿……每一场旅行，配图极美，文字从反鸡汤变成了鸡汤。

有一天，身边竟有朋友说："太假，我开始屏蔽她了。"世界太小，圈里圈外总有交集，原来，姑娘发出来的朋友圈，不少是网络盗图。"世上哪有这般完美的人、逍遥的生活？"看客们的嫉恨之心松了又紧，仿佛洞穿了世情的真相。

实际上，不是每个人都有一双辨伪存真的火眼金睛，就连你熟识的名牌包包，也未必逃脱得了代购妹子"假装在美国"的伎俩。

日前，北京的翟女士就从朋友圈一个做美国代购的女孩那里买了一个两万多的香奈儿黑色双肩包，结果发现，对方只是一个从没去过美国的重庆大二女生，当然，包包自然也是冒牌货。说起上当受骗，翟女士说完全是被女孩过于逼真的朋友圈迷惑了。当真是老猫烧须，没办法，骗的就是你。

网上有一个著名段子：有一天我在楼下拉面馆看到了我的朋友，但我没打招呼，因为他的朋友圈显示他这时应该在巴黎香榭丽舍大街排队买 LV，而我应该在美国黄金海岸旁晒太阳……

这种极端例子所昭示的心照不宣，似乎说明了伪装和幻象的普遍性。你以×丝式的优越感宣称自己早已洞悉骗局，但无法摆脱内心的虚荣。

当童话泡沫破裂，你恨制造假象者虚荣，但没有在泡沫星子里照见自己的虚荣。把自己的身子交给他人的眼光去评判，实际却成为制造不安和怀疑的根源。

假装在国外，看上去很美。但朋友圈里的幻象一旦被戳破，虚幻的"别处"就变成了残酷的"此处"。

健身党：小心你的膝盖！
文 / 马慧莹

健康的健身党都是相似的，病态的健身党各有各的病态。

朋友圈里的健身党可算是各类"炫秀晒狂魔"里最不惹人厌烦的一群人。他们所提倡的都是绝大多数人所渴望的：壮硕有力的肌肉，浑圆饱满的翘臀，一马平川的小腹；酷炫霸气的跑鞋，蜿蜒曲折的路线图，快要逆天的公里数……他们无不在竭力唤醒你内心最深处对肉体美、阳刚美的真切向往——起来嗨！嗨起来！生命在于运动！

下列 App 如果你没用过，至少也听说过：Runtastic、Keep、Nike+、趣动、咕咚、乐动力、小熊快跑、点点运动、全城热炼……与之而来的是朋友圈内越来越多良莠不齐的各色卖弄，乃至"卖肉"。于是，健身党不可必免地显眼起来，稍不低调，便会遭遇朋友圈屏蔽、拉黑"酷刑"。

健康的健身党都是相似的，病态的健身党各有各的病态。且让我们分析之。健身党可分为室内党和步数党。室内党让人哭笑不得的举动，在沈阳读大学的宫小姐见识过几回。她表示，自己的朋友圈里有位男生实际是个胖子，但每次去健身都要穿紧身衣使出全身力气绷肌肉来拍照，并加几十个滤镜修图。

步数党则是关注微信公众号"微信运动"并愿意同步手机每日步数、参与好友排行榜的群体。在广州工作的白领小黄表示，身边有妹子做家务都随身携带手机，占领别人封面还故意给步数少的人点赞，并发动身边亲友每天给自己点赞。有人甚至通过玩命晃手机、死命甩手环、手机绑狗腿等奇葩行为来刷出六七万步记录，有人则因为过度运动损伤了膝盖。

健身党里还有一类名为"健身婊"的特殊群体。他们朋友圈的日常是这样的：女生每日必附晨跑夜跑照，亮瞎眼的 Nike、Adidas 或 New Balance 顶尖荧光跑鞋，一大盘摆放精致的健身餐，以及最能凸显自己丰乳翘臀九头身的自拍照，配上如下文字："每天的晨练，是一天快乐的开始"、"健身房外，吃得营养也很重要，要对自己好一点"。中午，晒出"吃了一顿大餐感觉自己马甲线又没了，再不运动又要胖了"、"今天吃了××、×× 和×××，一共是×× 大卡，现在好后悔哦"。男生则晒出从手臂到腹肌到后背的各色肌肉，配文"浑身酸痛地去健身越炼反而状态越好，希望进步能快点"、"准备突破之前的巅峰状态"、"做最好的自己"……为了激励自己，他们会将头像换成各路肌肉猛男或各色维秘天使，再加上种种鸡血到不行的个性签名，如"要增肌"、"努力减脂"、"三月不减肥，四月徒伤悲"，等等。

有调查分析指出，健身党以 18 到 32 岁一二线城市中青年为主力军。其中多为大学生和白领职工，这一群体学历高、职业层次高，而国企、事业单位和公务员更加热衷健身。数字图书分发平台"掌阅下"的数据挖掘中心统计显示，二三线城市读者对于《囚徒健身》《硬派健身》等健身书籍更为关注。

由此可见，一线城市里的码农、矿工、金融民工虽然对健身存在刚需，无奈时间有限；而较能平衡生活与工作的职工群体，对健康的重视程度在逐步提升。此外，伴随着女性日益经济独立、人格独立的时代趋势，健身房里的妹子越来越多。然而朋友圈里引人吐槽的健身自拍狂魔还是以男士为主。

脸不够、身材凑，的确是广大男同胞逆袭之路。然而，除了日后与你长相厮守的美人儿，朋友圈里的过客究竟有几人会对你的半裸照感兴趣？还是半成品之际便天天招摇过市，可知世上少有人关注你练得苦不苦、累不累，更关注你练完帅不帅、美不美？默默咬牙拼命练，最后惊艳亮相全场，胜过每日直播点滴进展。

你对健康有渴望，静止运动便是；你对慈善有追求，步数捐去便是，何以要弄得街知巷闻、家喻户晓？

运动健身，说白了其实和读书一样，都是很私人的事情。除了你，没有别人更能体会到从中获得的独特乐趣，因此何足为外人道也？

隐身党：那个角落里的窥视者
文 / 朱人奉

只有隐身，才能继续使人们保持应有的距离，但千万别变成猥琐的窥视者。

在 QQ 时代，"隐身"是一个按钮，能够一键对所有人隐身。这是一个意味深长而又令人煎熬的行为，无数坠入情网的人在电脑前猜测对方的灰色头像是离线还是隐身。这个设计也许是社交媒体的产品经理们第一次把握到人心的微妙和深奥。

而要在微信朋友圈实现隐身，必须是蓄谋已久的。只有在足够长的一段时间里，让你们看不到他在微信上的活动迹象，才能够说隐身成功。他们是移动互联网时代的"失踪者"。如果不是偶尔出现在你或其他人的赞里，你几乎意识不到他们一直躺在你的好

隐身党（插图—李雄飞）

友列表里。在你刷朋友圈时，他们也许潜伏在世界上的某个角落，端着手机默默地"窥视"着你的生活大小事。

微信隐身是双向的，你可以使自己隐身，"不让 ta 看我的朋友圈"，也可以让别人消失，"不看 ta 的朋友圈"。因此，一个在你的朋友圈里隐身已久的人，也许只是因为他单独对你设置了"不让 ta 看我的朋友圈"或分组不可见。这个功能就像巫术，是一种在人们背后实施的互相可见中断术。

技术的进步的确挽救了人类的体面。在那个没有社交网络的时代，周作人不想见鲁迅，只能亲笔写信警告大先生："以后请不要再到后边院子里来。"周作人与自己的弟子沈启无绝交，第一回合先是周作人在报上发表《破门声明》，将沈启无逐出门墙；第二回合还须沈启无回复一个"谢本师"，宣布与老师决裂，这才实现了互相拉黑。

社交网络上诸如"取消关注"、"对其不可见"的功能，极大地缓和了人与人之间的冲突，并且节约了绝交所耗费的时间、人力与心力成本。遗憾的是，因为文人的争执多转入地下，文坛也因此变得无聊透顶，很难再给后世留下一本丰富的轶事笔记。

由于生活中几乎每个人都有不想见的人，或者不想让对方看见自己，朋友圈上的人几乎都做过别人的隐身党。所以，隐身在朋友圈实际上是一个普遍的人类行为，要全面地分析它显然是不容易的。

牛顿的遭遇给了我们一个视角。莱布尼茨在和惠更斯的通信中，对传说牛顿患精神病一事表示悲叹："无与伦比的天才牛顿先生竟然失去理智，变得糊涂起来，这岂不令人伤感？"这两个大学者，在一封又一封信中议论牛顿的病情，与其说是关心同道，更像幸灾乐祸。300 年后，朋友圈通过手机客户端无限地变大了，但事实没变过：你在朋友圈中的表现将会成为熟人的谈资，或成为他们判断你的心智、学识、兴趣、性格、职业成就等指标的参考。因此，不愿意被观察的人，最好对某些"利益相关"的人隐身不可见。

你在朋友圈说 iPhone 摔坏了，或者转发异国的一起枪击案，显然前者更能吸引他们点赞和评论。不点赞不评论的隐身党，也许就默默地记住了你说过的话。金星在她的朋友圈骂主持人曹可凡，结果马上被朋友圈里的人截图曝光给媒体。这个"朋友圈"里，只有一小部分是真朋友，其他大部分都是跟你具有各种社会关系的人。

移动互联网让人际交往突破了时空限制，但并没有改变人类的关系本质。

在复杂的社交里，或许只有"隐身"，才能继续使人们保持应有的距离。只是，千万别成为一个躲在角落里窥视隐私、传播八卦的猥琐者。

"毒舌女王"咪蒙：颤抖吧，朋友圈！

文 / 阿饼

毒舌是咪蒙的一贯风格，一篇《致贱人》让她被指责为"心机婊"。"现在只要有人骂人，就会说你今天咪蒙看多了吧。"咪蒙感慨如今朋友圈里朋友越来越少，朋友圈越来越像工作圈、营销圈。

咪蒙

2 月的最后一天，微信朋友圈里清一色莱昂纳多·迪卡普里奥成功拿下奥斯卡影帝的公众号文章。这种对热点的同题作文让各路"公号狗"拼到脑子冒烟，即使是咪蒙这样的"100 万 +"大 V 也不能免俗。

"小李子那个没写好，我觉得快疯了，算了，输了就输了吧。"咪蒙并不太满意自己的这篇文章，但粉丝留言还是挺她："刷了一天的小李子，就这篇最励志。看得我好燃。""奥斯卡结束后，看了那么多关于小李子的文章，数这篇标题我最喜欢。"最终这篇《小李子，恭喜你，终于从段子手界到了鸡汤界》的点赞数超过了 5000 个。

当大多数公号还在为"10 万 +"阅读量铆劲儿时，咪蒙透露，通常自己的推送发出来，20 分钟左右就能上"10 万 +"，平均阅读量在 40 万—60 万，而每篇文章在朋友圈里被收藏转发的后台数据"一般都有十几万，高的有 100 万"。就这样，咪蒙成了现象级的朋友圈"屏霸"。

"咪蒙牌鸡汤"的推送，开头结尾总会奉上一些金句："很多东西，你只有得到它，才能真正地超越它，甚至不屑它"、"亲爱的单身狗，有一份爱情等待你签收"、"最好的爱情，一定是对等的"……深谙"10万⁺"之道的咪蒙，在推送的同时就已经帮读者把转发的理由想好了。

朋友圈是咪蒙的新媒体阵地，2015年年初，她创办了名为"万物生长"的影视公司，拍了以朋友圈为题材的网络喜剧《颤抖吧！朋友圈》。她说："我一直想做一些能反映当下生活方式的东西，就拿奥斯卡来说，如果那一年的大奖是颁给《社交网络》而不是《国王的演讲》，那么对于50年、100年后的人来说，他就可以看到当时那一年的人的生活状态。"

这部投资仅4000元、演员全是自己人、零片酬上阵、场地道具都靠跟朋友蹭的10集网络喜剧，点击量每集1300多万，数据并不算漂亮，但在咪蒙预料之中。

正如"万物生长"公司后来停止了生长一样，咪蒙所擅长的和不擅长的，成为这部低成本、小制作网剧的成败关键。作为一个从报纸专栏时代一路写博客和豆瓣杀出来的作家，她知道怎么在最短的时间抓取公众稀缺的注意力。在这个围绕朋友圈的剧本里，她发起很多会让大家都有共鸣的话题，比如"当我们点赞的时候，我们在想些什么"、"如果朋友圈有一个测谎仪，你会说什么"、"我们的朋友圈与PS人生"。她总结失败的原因："说实话，我到现在都觉得朋友圈这个题材很好，我周围朋友看到这个剧就说，是啊，你的制作真的很烂，你的表演也很烂，整个制作都很low，但精神还是好的，每个人都会觉得跟自己有关。只是我们的技术跟不上我们的选题，这就是为什么我在公号上做起来这么顺，而视频这一块还是会有很大欠缺。"

"拯救众人的不开心"始终是门大生意。经历了创业失败，咪蒙说"终于有空闲"做公众号。2015年9月15日，她以一篇《女友对你作？你应该谢天谢地，因为她爱你》首次强势攻占朋友圈，之后《致贱人》《致low×》系列文章篇篇都成为朋友圈的热议话题。

咪蒙最近一篇《减肥对外貌改变有多大？比整容还猛啊！》，一天之内超过500万人阅读。"根据以往经验，在写这个题时我就知道这篇会是'爆款'，但没想到火成这样。减肥确实是永恒的话题。好的文章你事后来看，它一定会符合一些规律。其实每一个人的朋友圈都是一种自我塑造，你想成为什么样的人，你就在朋友圈发什么东西。每次我都会想象一个场景：这个标题的文章放到朋友圈里你会点开吗？因为你的公号其实不是写给你的订阅者看的，而是写给你的朋友圈看。"咪蒙从写作角度分析自己当上朋友圈"屏霸"的原因。她之前一篇《如何在朋友圈写出爆款文章》，早在网络上被"公号狗"奉为圭臬。不吝分享与高频互动，是她虏获铁粉的手段之一。

《致贱人》刷爆朋友圈后，有朋友对她取消关注："我觉得你变了，你现在迎合了大众这种充满戾气的东西。"

聊到自己的朋友圈，咪蒙当然要吐槽一番。"我对朋友圈有两个很大的感触，第一个是我们的朋友圈里朋友的比例越来越少了，越来越变成'工作圈'；第二个就是朋友圈里真实的生活越来越少了，很多成了营销圈。像代购，这就是一种情感绑架。像晒娃，有时你冷不丁打开朋友圈，看到他们在光线昏暗的地方360度拍娃的小视频就会吓一跳，那是 ET 啊！晒旅游和晒美食的朋友圈就会好一些，但图片必须好看。我最近看徐静蕾的微博，她讲她在学做珠子，我突然对她转粉，我就觉得她有那么多选择，她做这些'无聊'的事情，我觉得蛮可爱的。"

《致贱人》的火爆，不可避免地在她的朋友圈里掀起阵阵风波。有"朋友"对号入座把她取关拉黑了；有"朋友"把《致贱人》和《如何在朋友圈写出爆款文章》两篇对照着看，然后指责她是个心机婊；有"朋友"跑来骂她"我觉得你变了，你现在迎合了大众这种充满戾气的东西"；也有粉丝 @ 她说"现在只要有人骂人，就会说你今天咪蒙看多了吧"……

关于迎合大众情绪的指责，咪蒙觉得莫名其妙："我写的都是我想说啊，写《致贱人》《致 low×》的时候我就是很生气，真要装出人畜无害的样子，谁看啊？"

当然，也有朋友在她主动提出帮忙写推广文章时说："不不不，不要浪费你的公号。"咪蒙说："真正的朋友，从来没有麻烦过我，真的没有。"

她通常会把同篇文章分别发布在微信公号和微博，然后观察两边的回复反应：一边是《新闻联播》式的赞美与肯定（1% 的负面评论），一边是排山倒海式的无理谩骂（50% 的负面评论）。

她比较两者说："我觉得以熟人为基础的朋友圈会激发人善的一面，陌生人社交的微博会相对激发人恶意的一面。我觉得微博和微信加起来才是人性，它代表我们每一个人善和恶的两面。"

毒舌、情绪强烈是咪蒙一贯的表达风格。比如过度谈论自己的小孩就是没修养、母爱很可怕，这些文章写了不是一次两次，"我自己有时候回头看我的微博，都觉得我说话真是够狠的。尤其是在朋友圈，其实大家都是要表态和站队的，想象一下，这样的一个标题你是绝对不会转的——'这件事情我觉得要分两面来看'"。聊天时，无论话题是什么，她最后总能联系上公号内容的写作。

内容领域本就不存在红海一说，粉丝量上来了，广告商纷至沓来。近半年的时间，咪蒙缓解了现金流的压力，不仅挽救了首次创业的公司，顺带还厘清了接下来的创业模式。

"我真的是度过了一段蛮艰难的时间，所以我自己现在写文章接地气了，正因为这样，我才写了很多让大家觉得有共鸣的东西。我现在对时间充满了敬畏，对专业充满了敬畏，对勤奋这件事充满了敬畏，这几个大众价值标准，是朋友圈的普世价值，也是人类的普世价值。"

辛巴：我为什么退出 200 多个微信群？

文 / 邝新华

在发现"无效的群落"抢占了手机流量和生活内存之后，新农商学院创始人辛巴发起了一场退群、拆群的运动，他认为，90% 以上的群都是一种人生的负担。

"我被别人莫名其妙地加到一个群里，有没有办法退出群而不让管理员知道？"这是很多人的烦恼。现代人每天起床最先要解决的不是生存问题，而是朋友圈的小红点以及未读信息。

人的一生会遇到很多群，亲戚一大群，交友一大群，工作又一大群，忽然有一天，这些大群衍生的小学群、初中群、高中群、大学群、旅游群、麻将群、斗地主群等全占领了手机，即使十年没有联系的人，也会在微信中把你找出来。社交达人的宗旨是，可以让你错过几个亿的红包，但绝不会让你错过每天上千条的群语音。

大部分的群，也如你萍水相逢的人，今天热乎过几天就无声无息了，但很多群你想退却又不能退，比如工作群，辞职后你退还是不退？已经离职的前同事你踢还是不踢？

有人不堪微信群的语音轰炸，有人不忿只抢红包不说话的潜水者。但碍于面子，有用的没用的群都留着。直到 2016 年情人节前一天，终于有人带头发起退群、拆群运动。

用心良苦的群主逢年过节发红包，但仍然无法维持群的活跃度。

辛巴，新农商学院创始人，新农人联盟发起人。这是一个多大的联盟？

辛巴有两个微信号，总共有好友近 1 万人，另外还加了 200 多个微信群。在他的手机上，微信内存占据 7.9G。

"每天开机打开微信的第一件事情是'等'，等着各个群里的信息噼里啪啦地先冒出来，苹果手机起码要冒个一两分钟，三星和华为手机要 5 分钟才能冒干净，信息冒完了流量也刷走了几十兆。"

那些年他之所以忍着没有退群，基于几方面考虑：一是碍于老朋友情面；二是期待群里的牛人、大咖某天丢给自己一个机会；三是自己也得厚脸皮地对群里的陌生人做营销推广；最后，潜伏在深水区，时刻准备抢红包。

"不负责任地说，其中 195 个群我几乎不看，多数群我都半年多没打开过，未读信息数量上万甚至几万条。"

群太多，反而影响正常的交流，这是辛巴决定退群的第一个原因。"一个人的时间和精力是有限的，24 小时不吃不喝不睡去专注完成一份事业尚且不一定能成功，我们哪里还有时间被'打扰'？"辛巴说，"90% 以上的群对你来说也许是'负担'。"

那些群大部分已经失效。"相当于把人集中在一起的集贸市场，嘈杂的广告、推销、陌生人任意地骚扰，降低了我对有效信息的判断。"

2 月 13 日，辛巴终于按捺不住，在其公众号发出《我编了一堆理由，终于拆了 2 年多的社群，并退了 200 个微信群》，退群一时成为热门话题。

退被人拉进去的群容易，但作为群主，辛巴拆掉自己的群却要下很大的决心。

2013 年 5 月 28 日，辛巴建"新农人"的第一个群时，微信群最多还只能容纳 40 人，他托人找腾讯把群权限升级到了 100 人，"那会儿没几个群能这样，因此还略有嘚瑟"。

随着人数增多，辛巴的"新农微讲堂"壮大成6个群，每个群500人规模，他配了一个专职人员管理群务，另外四五人在群有活动时配合工作。

起初辛巴也是踌躇满志，邀请大咖们到群里分享实战经验、开发课程，辛巴称为"微讲堂"。课前，群内会发红包调动积极性，半年多的时间做了十多场免费公开课。

"2014年上半年大家对这种形式趋之若鹜，因为那会儿大家都像村里人进城一样觉得很新鲜，而且还能认识业界所谓的'大咖'。辛巴说，"看到大家聊得起劲，自己还挺有成就感"。

群主维护一个群需要良苦用心，辛巴和同事每逢过年过节都会给群成员发红包，"相当于回馈"，辛巴说，发了多少已经不记得了，上千块总是有的。

但红包也不一定有用，潜水者抢了红包还会继续潜水。"大部分人做群，最活跃的是第一周之内，过了这股劲就慢慢走向衰退。"辛巴的群也逃不过这个厄运。"一开始做活动积极性很高，大家回复率也很高，好几百人一起关注。随着社群越来越多，从刚开始有几百人响应，到后来只有几十人，最后只有几个人。"

如果群落不能给群成员带来"获得感"，就别浪费流量了。

辛巴在反思微信群的衰落时写道："社群的魅惑是成就你的同时也在毁灭你，当社群进一步扁平化后，大家开始审美疲劳，开始喜新厌旧，社群的魅力在逐渐衰弱。"他总结了微信群衰落的原因："拼凑来的好友人数众多，但要命的是良莠不齐，硬是把傻大粗和小清新拼在一起，谁都瞧不上谁，自然聊不到一块儿。"

再加上小广告铺天盖地，"最不能忍受某人刚入群，便迫不及待推销产品或乱发一通，这和到人家屋里乱扔垃圾没什么区别，社交群落逐渐失去了其本应有的纯粹性"。

盐碱地种不出好庄稼，辛巴虽然尝试过微信群的商业化运营，"有些课程也收费"，但"付出跟得到的回报，没成正比关系"。他的团队向他反馈，越运营，越没有信心，做了一件好事却得不到响应，很失落。"我们投入再多时间和精力去维护，也是一厢情愿，不可能在沙土堆里建高楼，也许越努力越偏离。"

辛巴发现，群友在群里没有"获得感"，是他们"取消关注"的重要原因。"如果我不能给你带来'获得感'，咱们就别耗流量了。"

"拆除也许是最好的选择。"

当拆群的消息在"新农微讲堂 1 群"公布时，还是有很多人舍不得，很多人劝辛巴不要拆群。"群存在时，没有发现它的价值，真拆群时，群成员就想起来我们的好处了。"但辛巴已经对这个"无效的群落"丧失信心，选择在情人节前一天公布这个消息。

拆群之后，很多人加辛巴的微信，向他学习怎么拆群。继而，很多人加入了拆群运动。

聂周胜曾经很纠结，2 月 12 日时他在清手机和微信通讯录，第二天看到辛巴的文章，当即决定"清微信群或屏蔽群消息"，他发布消息："Sorry，群主亲们，有事直联勿群。群多了，微信刷了，易患强迫症，厌倦了群里水太多，而且是吹泡泡的水，上面漂着很多小广告和糖衣水雷。"

倪老腌几乎退完所有群，他决定"2016 年尽量不玩微信少玩微信，把有限的时间浪费在美好的事和人身上"。

退出群聊，回归正常生活。拆群两周后，辛巴自称："微信变得更简单。自己对手机的态度，也轻松了很多。"

拆群时辛巴在微信公号里做了一个调查，408 人参与了投票，其中 315 人（占比 77%）"赞同楼主，我也打算这么干"，64 人（占比 16%）"赞同楼主，虽然我不打算这么干"。

还有人建议，要把所有的群折叠起来，就像微信订阅号那样。

辛巴预测："拆群，在今后几个月会变得很流行。"

微信官方似乎已经监测到用户的动态，2 月 16 日，在辛巴退群的长文刷遍朋友圈以后，微信官方上线一个功能：退群时将不再显示"某某已退出群聊"字样。

这个新功能，让退群者保留了一份尊严。

刘铮：用朋友圈玩艺术

文 / 宋彦

他是朋友圈的积极利用者，把微信群变成和微博一样的广场，在上面呼朋唤友玩艺术。

刘铮从一个人的世界里走出来，走向社交网络，是从《自拍 Selfie》系列开始的。当时，他刚刚搬去怀柔的工作室。离开了原本熟悉的朋友圈，"有时候太孤独了"。

那段时间，社交网络成了他排解寂寞和与外界沟通的工具。"我与人怎么都不会太亲近，这样的距离刚刚好。"

他把《自拍 Selfie》系列视为自己对艺术语言的探索。整

乌克兰艺术家 Nastya Nudnik 的《世界名画 x 社群网站》系列作品。他通过给名画添加 Emoji 表情、iMessage 会话、Windows 警报界面、Instagram 等社交网络符号，重新解读了名画在现代语境下的意义。

整半年时间，刘铮都不断地在朋友圈展示这些作品，越来越多的人知道他在做的事，他的微信好友数量也随之快速增长。

"前前后后大概收到了 5000 张自拍照，绝大部分照片都是通过微信接收的。到了 9 月份，我觉得可以停下来了。"

从开始做《自拍 Selfie》至今，刘铮的微信一直处于开放状态，"和微博一样"。对于他来说，微信不是一个相对封闭的朋友圈子，微信群是一个入口，它

把看起来相对封闭的微信群变成了和微博一样的广场，"一样没有安全感"。

所以，刘铮几乎不拒绝被添加好友。不问姓名，不问出处，来者不拒。"微信有好友数量限制，非常讨厌。"刘铮说，早在做《自拍 Selfie》时，他的微信好友数量就达到了 5000 个的上限，现在，他经常要清理好友，"删掉一些人，才能加一些新人"。

刘铮是朋友圈的积极利用者，却不是享用者。接受采访时，他展示了自己的微信，在"发现"一栏里竟看不到"朋友圈"选项。"我只发内容，不看别人的朋友圈，发东西时我把朋友圈打开，发完就马上关闭。"刘铮一面不舍得放弃朋友圈、微信群的好平台，一面想把它们从自己的生活中彻底剥离。

最近，他又发起了一个新项目——文艺疯狂秀。和《自拍 Selfie》的思路类似，他在公共账号、朋友圈和微信群里征集视频作品。"只要你认为自己有独特的生活方式，并愿意展示给其他人，你就可以用手机给自己拍一个纪录片，然后发给我。"

刘铮说，收到这些作品后，他会重新剪辑成一个更丰富的纪录片，展现社交网络下的文艺生活，"很多视频特有趣，尤其是 90 后的，特好玩，特会玩"。

最近，他在做一个大工程。他想做六十本摄影集，其中涵盖几十年来他眼中最优秀的艺术家。"有三本快做好了，一两个月后就可以面世。"刘铮说，在微信、朋友圈转了个遍，最后能带给他安全感的还是这最传统的方式。

谢谢，我不想看 "10 万 ⁺"

文 / 宋彦

在朋友圈被鸡汤、八卦、吐槽、撕 × 等 "10 万 ⁺" 文章刷屏时，人们越来越无法忍受严肃阅读，渐渐失去独立思想的能力——你成了你曾经嘲笑过的庸众。当键盘侠的人越来越多，愿去问一声真相的人越来越少。

当我们谈论 "10 万 ⁺" 时，我们在谈论什么？

从微信公众号公开阅读量起，"10万⁺"就成了一种指标、一个勋章。朋友圈常常被同一篇文章、同一种观点刷屏。微博时代成就"大V"，而微信时代人人膜拜"10万⁺"。

"10万⁺"俱乐部里当然不乏好文章、好观点，但翻阅每天的"新媒体指数"，我们看到更多的是《懂你的人，才能更好地爱你！》《圈内扒爷：仔仔的泰国女友曝光？不是刚结婚吗？居然还怀孕了？！》《把碗留给母亲洗（文章很短，却很感人）》……要么鸡汤，要么八卦，从标题里就能看出作者制造爆款的野心。

春节期间，朋友圈里最火的"10万⁺"是那篇《姑娘，你的问题是没有教养》。作者剑指"上海女孩逃离江西农村"的假新闻，避开了每到春节就被热议的"城市白领返乡"话题，聪明地从一张照片里的饭菜种类、筷子摆放、手机像素来分析女孩的心理和她的"没有教养"。最后还不忘附上一段个人经历，挖苦当下年轻人：花着几千元跑去受罪，哭着喊着求着吃一餐"原生态"，还发张自拍照，当真实的寒酸生活摆在面前时，反倒叶公好龙了。

这篇文章很快刷屏，随着越来越多大V、专栏作者、公众号写手加入评论阵营，出现了更多爆款。但几天之后，事情变得尴尬——界面、澎湃等媒体对事件进行了调查和分析，发现原帖中"逃离江西"的上海女孩根本不存在，那张照片只是一个无聊怨妇搬用视频截图刷存在感——再回头看那些义正词严的"10万⁺"文章，讽刺又可笑。

类似的还有《5年前节目中他首提引力波，遭嘉宾嘲讽，如今他们都欠他一个道歉！》，一个最新科研热点的"引力波"，一位下岗工人，再搭上一群傲慢的知识分子和娱乐明星，戏剧性十足，足够造出一篇爆款。号称天天爆料的"滑板哥"公众号又为这起事件配上《一群流氓》的标题，几小时内阅读量就远远突破"10万⁺"了。

故事结局再次反转，一个个科研工作者站出来"打脸"，力证所谓下岗工人的"引力波"研究纯属扯淡。撒了一互联网的鸡汤又一次变成了狗血。

它们不提供观点和新知，只用形容词和励志故事启发你、开解你，让你在三五分钟的阅读里催眠自己，得到短暂而虚幻的小确幸。

澳大利亚学者约翰·多克说，大众文化有一种最显著的特性：狂欢。每一篇"10万⁺"都是一次朋友圈的狂欢。要达到这一目的，按照美国文学批评家德怀特·麦克唐纳的说法，那就要"尽一切办法让大伙儿高兴"。

翻阅"10 万⁺"数据，从题材来看，排前五的分别是搞笑、八卦星座、养生、心灵鸡汤类和唱反调。

微博段子大号转战微信公众号，多数都被归在了轻松搞笑类。打开一篇标题比火车还长的文章，一张恶搞 GIF 图片或许就是你能看到的全部内容，而这张图片足以让工作一天无聊至极的读者动动手指头，转发给更多无聊至极的人。

星座专家同道大叔在自己的公号里变着花样为星座排名。《五大喜欢通过嘿嘿嘿来考验男票的星座女，你是这样的吗？》《12 星座坏脾气排行榜，白羊宝宝你服吗？》《三大傻但运气爆棚的星座，有你吗？》……看似每篇文章都不一样，实则只是换着角度说共同的星座特性，一个问号就能吸引"10 万⁺"个好奇宝宝，屡试不爽。

养生类是爸妈们的最爱。《这样的小龙虾你还敢吃吗？》《学会喝水，百病不侵！》《五类食物让你远离癌症，一定要转给身边的人》……养生类微信文章最易滋生谣言，往往几天后再打开那些转发过的"10 万⁺"，显示的却是"文章已删除"。

心灵鸡汤和唱反调有着广泛的群众基础。这些文章要么含情脉脉，温暖心灰意冷的读者；要么义愤填膺，带领压抑的读者发泄情绪。它们不提供观点和新知，只用那些充斥着形容词的句子和忽略了重要客观条件的励志故事启发你、开解你，让你在三五分钟的阅读里催眠自己，得到短暂而虚幻的小确幸。

作为一种新生文体，"撕 × 文"在"10 万⁺"题材排行榜的位置稳步上升。娱乐八卦类公号因题材讨巧，本就是爆款文章的高频诞生地，若是偶尔出一篇明星撕 × 文，就一定有"10 万⁺"卖相。

最初，热销的"撕 × 文"还仅限娱乐圈大咖，如今，随便一个三四线小明星互撕的爆料都能制造一篇爆款，从过去马路上看热闹转移到现在网络上看热闹，国人对撕的热情从未改变。

炸裂、惊爆、内部资料、干货、范冰冰……标题决定爆款，比一切诗学、美学都可靠。

在一个微信公众号可以月入百万的年代，"10 万⁺"的狂欢是表象，背后的利益才是这些爆款文章被批量制造的驱动力。

在搜索引擎里输入"10万⁺"，满屏都是传授如何制造"10万⁺"的经验：《只改一下标题，阅读量从1万+到10万⁺》《揭秘：500粉丝10万⁺的阅读量是如何炼成的》《粉丝只有两万时，如何连续两天10万⁺》……而这些教人制造"10万⁺"的文章本身很多就实现了"10万⁺"，这个招数叫寻找"第二落点"。

这些文章就像摆放在机场书店里的成功学、营销学大厚本——和真理无关，只与钱交好。

这些"10万⁺成功学指南"教你如何找选题，不能自说自话，要跟热点，有"狼性"。不能文绉绉，要远离知识分子腔调，要接地气，要低到尘埃里。"指南"说，受过多年传统媒体"毒害"的人很难写出"10万⁺"，那股刨根问底的劲头，微信粉丝不喜欢。他们追求的是情感的共鸣，并不需要从一篇有"10万⁺"潜质的文章里看到新世界，他们要在别人的文字里再次肯定自我。

"标题党"是爆款文章的利器。对于一篇"10万⁺"来说，标题的贡献值是16%。爆款标题和好看无关，只与关键词有关。炸裂、惊爆、内部资料、干货、范冰冰……一篇爆款的标题不需要优美切题，只要把关键词排列组合，大数据比一切文学、美学、诗学都可靠。

一篇题为《近10年最成功的10位互联网大佬：最失败的项目是什么？》的文章，阅读者寥寥无几。当标题变为《雷军、王兴、刘强东、周鸿祎等10位大佬，最失败的项目是什么？》，阅读量马上突破"10万⁺"。网友想看的不是内容，只是这几个响当当的名字。可见，微信文章的阅读量与质量几乎无关，甚至成负相关。

打造一篇"10万⁺"还需要人脉。曾经，微信群是吹牛、聊天的地方，如今，每个人的朋友圈都是一个广告位，微信群里0.01元的红包就是车马费。抢了红包，转了文章，每个人都是"10万⁺"文章的制造者。

我们关注的账号是我们想成为的人，而我们选择阅读的才是更真实的自己。

不知从什么时候开始，我们的主要信息来源变成了封闭的朋友圈。每个人都放弃了自己筛选阅读内容的权利，人人都关注着大量公众号，然而点开"订阅号"，每个头像右上角未读文章至少两位数，甚至变成了省略号。

这种偷懒的趋势还在加剧。2014年，订阅号的平均打开率是10%左右，到2015年这个数字变成了不到2%。每个人的订阅号里都有几个高冷的公号，它们躺在那里，不是被人阅读，而是用来彰显格调。

我们关注的账号是我们想成为的人，而我们选择阅读的才是更真实的自己。

互联网本该拓宽我们的视野，但直到今天，我们每天探讨的话题都出奇一致。小李子拿到奥斯卡，刷屏；Selina 离婚了，刷屏；胡歌和霍建华一起上了杂志封面，还是刷屏。我们刚刚尝试独立面对碎片化的世界，有了朋友圈和"10 万$^+$"，生活再次回到全城几份报纸的时代。一个头版头条，就是整个城市的话题。

我们讨论要不要看"10 万$^+$"，也讨论该不该为国产烂片埋单。去看票房 30 亿的《美人鱼》为的是放肆地笑一笑，也为不错过重要话题，在饭桌上聊起，不至于只能低头戳盘子。我们阅读"10 万$^+$"，除了取悦自己，也是为积累谈资。

"10 万$^+$"和受众的关系就像观众与商业片的关系，二者无关艺术，而是精心策划的营销。它们分析受众需求，揣摩观看（阅读）心理，在适当的时候植入广告，绝不做亏本生意。它们恨不得每个镜头每个字都讨好大众，都成为谈资。

一半以上的"10 万$^+$"制造者都是草根出身。一篇费尽心力打磨出的特稿，不如一个 GIF 表情受欢迎。编剧廖一梅说："大众审美就是臭狗屎。"这是精英阶层对大众文化的控诉，其中有无奈，也透着那么点吃不着葡萄说葡萄酸。

过去，文化话语权掌握在精英阶层手中，他们肩负着反映大众文化理想和提升大众文化人格的使命。今天，每一个拥有社交网络的精英都在忧虑和恐慌。就像霍加特在《文化用途》中提到的，新技术用"通俗"和"仿真"培育了一种大众性的审美趣味。大众文化的传播者必须考虑大众的趣味和品位，"可受性"代替了"真理性"。思想和文化精英在这股强大的大众力量下被边缘化，在强大的文化资本面前力不从心。

我们偶尔会从那些静悄悄的朋友圈分享中看到萨特、海德格尔、尼采，会从阅读量以百计的公众账号里读到加缪、卡尔维诺或者雷蒙德·卡佛。在被裹挟着读过一篇篇"10 万$^+$"后与他们相遇，总有种如沐春风之感。他们就像电影院里卖不出票的文艺片，三五天就下档。遇到了是幸运，更是缘分。

反裤衩阵地在《除了鸡汤、八卦和吐槽，我们还能读到真相吗？》中写道："想一想不觉得害怕吗？如果有一天你的情绪全部被虚无的八卦和吐槽安抚，从弱势群体身上找到优越、靠公众人物的糗态获得安慰，你不在乎自己有没有变好，你越来越无法忍受严肃阅读，你渐渐失去公允的心与独立思考的能力——你成了庸众，就是你还在嘲笑的那一群。敢于探索真相的人越来越少，不是因为挣不了钱，而是，愿意了解真相的人越来越少。所以，改变也很简单。只要你愿意常常问一句：真相呢？"

没有人能彻底抛弃"10万⁺"，但在"干货"和"不得不看"之外，我们还需要点别的。或许是萨特，或许是卡佛，或许是引力波。毕竟，"10万⁺"之外的世界才是你的私人领地。

对抗碎片，精简社交

文 / 马若飞

关朋友圈不是闭关锁国，而是让你的精力更加专注在那些你所需要关注的人或事上面。

大约在一年半前，我因工作的缘故需要去各地高校演讲，于是我的微信好友数量开始激增，朋友圈的信息量也开始变得庞杂，而其中大部分的信息是我不需知道的。自控力不足时，我会忍不住刷一下朋友圈，虽然每次也就那么几分钟或者十几分钟，但它把整块的时间碎片化了，不仅分散了精力，也浪费了时间。于是，我便做出了这个"断舍离"的决定——关闭朋友圈。

我理解的关闭朋友圈有两种形态，一种是不看别人的朋友圈，一种是不让别人看自己的朋友圈。这两者的区别在于，前者是关闭了朋友圈信息输入的渠道，心至贤；后者是关闭了朋友圈输出的渠道，大隐于世。因为个人工作的缘故，我还需要输出自己的个人品牌，所以我选择的是前者——只发不看。

在关闭朋友圈的一年多里，我开始重新审视信息的意义，以及交友的观念。

在这样铺天盖地的朋友圈信息中，我们到底获得了什么？我们看到了朋友塑造的形象，但恐怕这不是真实的一面；我们学习了许多"知识"，例如毫无科学依据的养生理论；我们获取了最新讯息，但有多少是你需要知道的呢？

这些快餐化、碎片化的信息，就好比精神鸦片，没有太多的营养成分，让你沉溺在短暂的愉悦中难以自拔。而一个人的精力往往是有限的，信息的过载分散了我们的注意力，剥夺了我们应当在自己的领域里深耕的时间。

另一方面，在缺乏足够的判断力的情况下，人们难以把握正确的方向。勒庞在《乌合之众》里写到，"群体在智力上总是低于独立的个人的"，"群体对个人的影响是深刻的，它可以让一个守财奴变得挥霍无度，把怀疑论者改造成信徒，把老实人变成罪犯，把懦夫变成豪杰。"

朋友圈里充斥着不同目的的信息，让我们在判断的过程中疲于奔命。所以，我们应当选择更加可靠的信息渠道。

关闭朋友圈之后，刚开始我很不适应，无数次想要重启朋友圈，因为总是担心自己会错过什么重要信息，但细想，好像又没有什么非知不可。坚持了一段时间之后，我就彻底习惯告别朋友圈的生活了。

这段时间里，我最大的感触是时间多了。我会在包里随时放本书，手机里面存一些 TED 的视频、有声读物等，我用那些曾经用来刷朋友圈的碎片时间去有针对性地学习、读书和看文章，听线上讲座、关心身边的朋友。

知识的学习需要系统性而非碎片化的信息。朋友圈也好，微博也罢，都是互联网碎片化信息的载体，它们提供的信息往往都浅尝辄止、经不起推敲；即便遇上了真正有价值的信息，这种碎片化的获取方式也犹如管中窥豹，不能得其全貌。

学习知识需要建立系统性，要选择正确的学习材料，然后投入整块的时间和精力，深度比广度更加重要。所以相比较之下，订阅几个有价值的信息获取渠道，也比漫无目的地刷朋友圈要有价值得多。

我也发现，我工作和学习时更加专注了。没有了朋友圈的牵挂，分心的机会大大减少。业余时，我甚至开始练习英文书法、学习绘画，偶尔写写公众号文章。这些事情对我的改变都是巨大的，让我接触了很多以前"没时间"接触的领域。我想，这些事远比刷朋友圈更有意义。

所以，关朋友圈不是闭关锁国，而是让你的精力更加专注在那些你所需要关注的人或事上面。

有人说，使用朋友圈的目的是为了维系朋友之间的感情，其实维系感情的方式有很多种，关键还是要用心，朋友圈只不过是一个工具罢了。古人没有朋友圈，更没有微信和微博，他们的感情一样千古流传。

我一直提倡一种精简社交的生活方式。因为我们不需要那么多的点赞之交，也没那么多的精力去维系。所谓人脉，并不是你认识谁，而是你能和谁进行等价值的交换，所以人脉不取决于你认识什么人，而是取决于你能给别人带来多少价值。

关朋友圈后，心思自然就放在了那些真心交好的朋友上。所谓"君子之交淡如水"，我们不需要用客套的点赞去小心翼翼地维系情感，千方百计都不如直接发信息的关怀。

我也会定期点开我所关心的人的朋友圈，了解他们的最新动态，然后用心写下每一条关心和祝福。这样既不浪费太多时间，也能达到关怀的目的。至于行业信息，我会去关注几个有针对性的公众号，这样既能获取高质量的文章，也不会在信息取舍时迷失方向。

说到底，关闭朋友圈只是一种行为，其背后是一种与碎片化抗争的决心。我们可以学会利用科技带来的便利，更好地获取信息和关心朋友，而不是在这片科技的浪潮里迷失了自己。

有或没有朋友圈，你都可以活得很精彩，你都要好好珍惜身边的人。

关掉手机，去湖心亭看一场雪

文 / 周华诚

朋友圈是一个诱惑而又危险的情人，我们以为自己把碎片化的一切整合成了完整的世界，其实微信已经把我们和整个世界都整成了碎片。终于，我们失去了对这个世界缓慢的、持久的最后一点耐心。

本来只是想看一条信息，结果被微信图标上的红色数字所吸引，没有一秒钟的犹豫就点了进去。

然后，就没有然后了。

这样的情形越来越常见，仿佛你不由自主就被带走了。

不分地点：不管是在饭桌上，还是马桶上（更别说是在无所事事的海岛上）。不分时间：不管是深更半夜，还是午后时分（更别说是等车等人的黄金时段）。不分年龄：哪怕是广场舞大妈，哪怕是黄毛小儿。不分区域：无论大城市还是小山村。

微信朋友圈无所不在，无孔不入。每个人都被圈住了。朋友圈是个马戏团的火圈，大家争先恐后地从那儿跳进跳出，忙得不亦乐乎；朋友圈更是个圈套，一朝上瘾即难以自拔，无数的光阴就被它圈走、套牢。

朋友圈里，永远有最新的消息在等着你去刷屏，等着你去点赞。

如果一个小时不刷朋友圈，就感觉自己被整个世界抛弃了。

如果一个小时不点赞和不被点赞，立即发现自己没有存在感了。

恭喜你，你已经中了朋友圈的毒。

我是什么时候开始警惕朋友圈的？好像不记得了。

如果说所有广告都让你产生自卑感，那么朋友圈就是让你产生孤独感。

越热闹越孤独，深深陷入无法自拔。

以往我们是怎样排解孤独的呢？

在没有手机的时候，我们靠的是写信。那时候日子慢，车马也慢，春天到了，笋很好吃，怀素给朋友写信，一共是十四字："苦笋及茗异常佳，乃可迳来。怀素上。"

语短情长，那是情真意切的一个人对另一个人说话。现在呢，人都不这么说话。先把刚出炉的苦笋拍了照片，再用美颜相机弄个滤镜效果，发到朋友圈中，然后一边吃一边刷，看又有谁点赞，谁谁怎么还不点赞。

以前下了一场雪，西湖里人鸟声俱绝。张岱就拥毛衣炉火，乘舟去湖心亭看雪。湖上影子，惟长堤一痕、湖心亭一点，与余舟一芥、舟中人两三粒而已。到了湖心亭，看见有人坐在那里喝酒，也就坐下来，强饮三大白。

如果张岱手中有个手机，他是不会用眼去看雪景，什么"长堤一痕、湖心亭一点，与余舟一芥、舟中人两三粒"，这样的文字说来说去，太费心力，不如直接拍九张照片，凑成一个九宫格，把自己安在最中间，是一张自拍照。这样发出去，朋友们就纷纷点赞，岂不快哉。

那时候的人，虽孤独却也不惧怕孤独。现在的人，身在熙熙攘攘的人海中间，却莫名孤独。

对面明明有个人，他却视而不见，偏要在网络上与人说话。

似乎虚拟的点赞，带来的快感更强烈一些。

过年的时候，千里迢迢地回了家，与父母亲人团聚。大年三十晚上，以前是一家人坐在一起打牌、看春晚、守夜。现在呢，一个人捧着手机坐那里刷，抢红包、点赞，抢红包、点赞，抢红包、点赞。零点的钟声敲响了，人们在微信朋友圈里互致祝福，那些复制粘贴的祝福大段大段地出现在手机屏幕上，他一个一个地回复过去，独独忽略了最亲近的身边人。

从什么时候开始，从头到尾读完一本书变成了一件困难的事。

从什么时候开始，从头到尾读完一篇千字文章也变成了一件困难的事。

从什么时候开始，地铁车厢里全是捧着手机的低头族。

在几年前，我写过一篇成人童话叫《摊开你的掌心》，在那里的人，因为使用手机实在过于频繁，而使得"手机已经与自己的手掌完美融合"。

现在来看，这个黑色幽默似乎正在变得越来越真实。

在手机的小小屏幕上，太多的信息扑面而来，我们的目光在哪一条信息上都不会停留太久。我们只是不断地重复一个动作：刷新。

我们变得浮皮潦草、心浮气躁。我们看似世事尽知，其实我们对哪一项都没有走心。我们以为自己把碎片化的一切整合成了完整的世界，其实微信已经把我们和整个世界都整成了碎片。

于是我们变得敷衍，变得表面，变成了速度与激情，变成了速效感冒冲剂，继而变成张口创业闭口上市的自大狂。

我们终于失去了对这个世界缓慢的、持久的最后一点耐心。

至于那些在朋友圈里贩卖面膜的、推销保险的、兜售"是个中国人就转"的、拉人投票的，倒真不是多大的事儿。大不了，直接设置成"不看他的朋友圈"，眼不见为净（所有性格不合的人，都大胆地设置一下吧。举手之劳，可以延长生命）。

至于那些晒娃的、晒吃的、晒旅行和晒自拍的家伙，倒还是颇有一些可爱之处。我们要理解他或她，毕竟人家只是有点无聊而已。

还有那些心机重重的家伙，会在晚上10点晒一张马路上寂寞的路灯照片，或许他只是想告诉领导：今天我加班了哦，我好努力吧，是不是应该给我升职或加薪了。

不用怀疑，你只要观察一下就会发现，凡是领导发的朋友圈，他会在任何一条下面都第一时间送上一个红色的"赞"，有的时候还会在下面跟上一条评论："领导说得太好了，此处应该有掌声。"

——也算是萌萌哒的一群好吗。

人畜无害，大家笑一笑就好了。

而那些二舅老爷、七姑八姨，还真是不要加上微信的好。真要加上微信了，他们的朋友圈一定会让你大开眼界的。所以，不要有太大的好奇心。

每天晚上我早早就把手机关了。不抢红包，不发红包，十分清静。朋友圈还是不要看了，看部电影或看几页书，然后一觉睡到大天亮。

第一步是关掉微信消息的提示音，这样才能不被微信绑架。只有当你想起要看时，才去看。

第二步是关掉手机电源。

朋友圈太热闹了。然而繁华和热闹都只是一个假象，在繁华和热闹的背面，是已经被改变的生活。

它是一个诱惑而又危险的情人。纵欲无罪，但身体却不免会因此虚下去。

稍稍地远离朋友圈，我们去湖心亭看一场雪。

美好生活只在朋友圈里

文 / 于青

在这个美丽新世界里，没有人淋雨，没有人失业，没有人被现实虐，没有人孤独寂寞冷。最后的最后，现实中蝼蚁般的你死去，而朋友圈中完美的你永生。

"掩饰你真实的感情，控制你脸部的表情，大家做什么你就做什么，这是一种本能的反应。"

早上 9 点，小李按掉了一边振动一边嘶吼的手机闹钟。窗帘缝里没有阳光，光线被雾霾包裹住，释放出黏稠的低气压。一分钟之后，他半睁着眼打开了朋友圈。在这里他的名字不是小李，而是洋气的 Leo。Leo 名下朋友圈的主页背景是金门大桥，头像是刚拿下小金人的另一位小李。

Leo 的朋友比他起得早。美少女甜甜一如既往晒自拍，锥子脸上的皮肤好得在发光。元气小帅哥迪克赶早去开会，雷打不动晒车标。幸福准妈妈列宁娜发了九连拍爱心早餐，隆重感谢宠溺好老公。梦想家 Leo 打开订阅号，点开"10 万⁺"励志帖，复制一句"梦想还是要有的，万一实现了怎么办"，按下转发键。

关掉朋友圈的小李又躺回床上，刷刷美女帖睡睡回笼觉。半小时后他不情不愿爬起来，打开窗户吸入一口混浊的空气，躲进狭窄的洗手间。

洗漱完毕，小李在吃早饭时刷了几下订阅号。新闻号水深火热，文艺号伤春悲秋，汽车号壕气冲天，八卦号一身戾气。

吃完早饭出门取车，朋友圈里的朋友们已纷纷到岗，晒送孩照、机场照、办公照、酒店早餐照。不晒照的开始转发新闻八卦、鸡汤正能量、各种生活美学。所有人摆出教做人姿，世界的美好马上就要冲破屏幕。

在车库，小李发现打过照面的邻居正在跟保安吵架，直接把车横在出口，一堆车出不去，只好不停摁喇叭。

气愤的小李打开朋友圈想吐个槽。看到大高个东鹏的晨间感慨之后他放弃了。"想要让世界更美好，请善待身边的陌生人。"配图是不知名美女斜上方 45 度角自拍。

小李看了看表，决定奔赴地铁站。在被推搡着挤进地铁门之前，他心里暗暗对一大票插队者破口大骂。地铁扑面而来一股臭味，所有人面无表情低头看手机。

站稳后，远远看到前车厢的大高个东鹏，他背着宛如龟壳的大双肩包，还在试图找个舒服的站位。小李不想被他看见，往后缩了缩。但这不妨碍他看见东鹏麻利地转了个身，充分利用龟壳挤开了身边矮小的陌生女孩。

小李没控制住一抹冷笑。掏出手机在东鹏的"世界美好"帖下点了个赞。

到公司，跟一拨同事寒暄。开例会，几位领导发表重要讲话。不讲话的一水刷手机。行政部的丽丽发了一张恶搞图，马上被创意部的王磊转发。不到 10 分钟，小李的与会同事们全都转发了这张恶搞图，有九成人配上一句"哈哈哈哈哈哈哈"。

会议桌上的他们都面无表情。

开完会，客户要求起草合同，对接甲方电邮修改意见 1、2、3、4，已完成项目要求详细单据，财务催客户款，客户催财务发票。小李就像交通超载的金门大桥，多线操作焦头烂额。

熬到午饭，叫了几个同事去公司饭堂，互相埋汰诉苦讲段子，苦着脸哈哈哈哈端菜盘。坐下一刷朋友圈，小红点转出来一大堆写字楼午间阳光照、咖啡照、绿植照、穿搭照、新发型新眼影新唇膏自拍照。小李误以为认识的都是景甜、嘉欣、王思聪。

是时候刷下存在感了。

小李对着窗边阳光随手拍，焦距对准了隔壁座外卖送来的卡布奇诺与提拉米苏。Leo 滤镜并配词："阳光真舒服。"发完后，不知从哪来的云很配合地越过雾霾、遮住阳光阴了天。但小李不在乎。吃下第一口米饭的同时，Leo 收获朋友圈的第一个赞。

下午的工作依然如同多线运营的金门大桥。小李尽最大能力和颜悦色应付所有人——想想房贷、想想油钱、想想还没追到的女朋友。

傍晚 7 点，下班时间到，同事三三两两刷着手机离开，很快只剩小李一个人。下班点地铁很挤，饭馆人也不少。他突发奇想点了外卖，惬意地站在 23 层的夕阳中等饭。

朋友圈里已经开始刷晚餐啦。主持人甜甜晒饭局，跟各界大佬合拍比 V 字。追求对象晒姐妹大合影，她自然是最好看的一个。孩子们也下课啦，无构图也无美感的晒娃照搭配鸡汤飞速刷屏。海外党、留学党也已经起床啦。晒花晒庭院晒沙发，晒吃晒喝晒包包。

饭还没到，小李饿了，有些愤世嫉俗。他找出《搏击俱乐部》的段子，配上一张泰勒·德顿的照片发朋友圈。

"你购买家具。你告诉自己，这将是我生活中需要的最后一个沙发了。买下这个沙发，然后一两年内不管出了什么问题你都会心满意足，至少在沙发这项事务上你胜券在握。然后就是选对盘子。然后是完美的床、窗帘、地毯。然后你就陷入你可爱的小巢，而你曾拥有的那些东西，现在是它们拥有你。"

以一己之力对抗满屏物质，小李觉得自己很帅。

没有人点赞，没有人评论。追求对象晒逛街照，她正在姿态优美地试鞋子。Leo 被颜值喂饱，飞速点赞，并删除上一条朋友圈。

天黑的朋友圈越发热闹，鸡汤党、段子党进入活跃期。在冰冷的白炽灯下一人食，小李备感孤独。但他不能让 Leo 孤独。他找好角度，拉远聚焦，拍了对面正在缓缓亮起的地标大楼。再翻出一张上个月的 CBD 高档餐厅照，加一句"夜景"，按下发送键。

点赞如流水哗哗而来。认出餐厅的人不少。朋友纷纷评论"高富帅果然高大上"。左手刷朋友圈的小李备感满足，右手使筷子熟练地捞起一颗肉丸。

朋友圈不需要意义，只需要美丽好生活。

小李收拾好东西走出写字楼。地铁高峰期已过，插队者依然热情。等地铁时刷朋友圈，晒车党开始晒跑步路线。挤地铁时刷朋友圈，晒娃党、晒宠物党集体出动。到家后刷朋友圈，自拍党开始晒局部器官：眼睛、嘴唇、胸和腿。不是很熟的本地名人开晒活动签名板摆拍，更不太熟的富二代开晒名车小分队。恩爱党晒束花说："谢谢宠爱，让每天都如此甜蜜。"御宅族开晒看不懂的网络截图外加"233333"。旅行党开始情感丰沛地罗列心路历程并滥用滤镜。

有朋友叫小李出来吃夜宵。小李很高兴，又可以深夜发吃了。

饭局四个人，都是大学同寝室的哥们。寒暄了一轮，拍了合影和满桌烧烤，边吃边低头发朋友圈。圈里看来很热闹。饭局上除了低头按键别无他事。

又一轮点赞和评论"深夜报社"、"吃货没未来"之后，一个不太认识的潜水党发了一张《美丽新世界》的新版封面，配了一句话：

"在你的肚子里，在你的肌肤里，总发出一种无声的抗议，一种你被骗掉了有权利享受的东西的感觉。"

小李想起了大学时读过的《美丽新世界》。"现在，他们要什么有什么。他们绝不会想要得不到的东西。他们富足、安全。他们不会生病，不害怕死亡。他们对激情和衰老一无所知。这就是进步——老人照样可以寻欢作乐。他们没有时间、没有空闲坐下来思考。"

夜宵吃完，作鸟兽散。春天的夜里散发着花香味。小李收起手机散漫地往家走。

他想，朋友圈里的每一类人就像《美丽新世界》中的种姓划分。晒娃族、自拍族、恩爱族各自有独立的行事体系。晒娃族通过展示吃喝拉撒创造完美后代，自拍族通过熟练操作滤镜液化创造完美形象，恩爱族通过展示礼物、旅行、合影创造完美依赖链。他们喜欢这种创造，轻松、幼稚、简单，不费脑筋、不费力气，更无需成本。

在这个美丽新世界里，没有人淋雨，没有人失业，没有人生病，没有人失眠，没有人在路上啃早餐，没有人离婚，没有人失恋，没有人被现实虐，没有人孤独寂寞冷。

熟人圈层的人们不需要悲剧。"悲剧是属于古代的事，是属于仍旧有私生活、爱情和友谊的时代的事。"

朋友圈里的照片，都来自现实。但它又遮盖了现实的绝大部分。小李想，我们究竟应该相信现实中的哪一个部分？

朋友圈里的 Leo 过得舒适惬意。现实中的小李迷惘而不知所措。《1984》中说："你很明白你的问题在哪里，只是你不肯承认而已。你的精神是错乱的。你的记忆力有缺陷。真正发生的事你不记得，你却使自己相信你记得那些从来没有发生过的事。""还有另外一种记忆，在他的脑海里互无关联地出现，好像是一幅幅的照片，照片四周一片漆黑。"

谁又能说朋友圈里的美丽乌托邦不是现实呢？警察说："我告诉你，现实存在于人的头脑中，不存在于任何其他地方。"

到最后的最后，蝼蚁般的小李会死去，而完美的 Leo 不会。

于是小李备感欣慰。他抬起头，看向了屏幕外正在刷朋友圈的你。

2016 年度佳作

别，我跟你不熟——
中国熟人社会批判

（插画—Hanna Barczyk）

别，我跟你不熟——中国熟人社会批判

逃离北上广，却并没有等待你的家乡。

在一线城市，你感觉压力山大；在家乡城市，你发现关系网巨大。

在北上广，你通过自身努力和积累，能望得见诗意和远方。但在家乡的人情社会里，你望得见的一切，都与地位、权术、交际和人脉相连。

"没有足够关系，你就沦入下流社会；熟人不够多，你就沦入陌生人社会。"

中国社会始终是一个"圈子社会"。不是现实中的各种圈子，就是微信里的朋友圈，你不在这个圈，就在那个圈，或是在打进某个圈的路上。

我们都曾从熟人文化那里获得过好处。从不曾"请给我的孩子投上一票""请给我朋友圈第一条点赞"的人，才有资格吐槽熟人社会。

在熟人社会里，你不光得为找关系烦恼，还要为了人情和维系关系而把事情"做全套"。

熟人，是资源，也是负担；是一宝，也是烦恼；能"微商"，也能"微伤"。

熟人关系就像穿衣服，多了你会热到窒息，少了你会寒冷孤单，适度很难。

熟人有时比陌生人更危险，脱下熟人的"羊皮"之后，你面对的，可能是危险的色狼。

对于飘一代来说，今天更能让他们实现梦想的，是不以出身论英雄、不以关系定将来的陌生人社会。

陌生人社会"打破人们对人情和关系的依赖"。人与人之间的交往和信任靠制度或契约来维系，摒弃人情纠葛和关系垄断，一切对事不对人。

一个现代化的社会，应该是一个有秩序的陌生人社会，陌生人保护我们、教育我们、护理我们、治愈我们，也埋葬我们。

但陌生人社会也意味着这是缺乏人情味的社会，常态是"既不给别人添麻烦，也不让别人给我添麻烦"。

既想在寒冷的世界里靠在一起，又想要契约社会的干净爽利，这是飘一代的世纪难题。

未被熟人伤害不足以语人生

文 / 何雄飞

未被熟人伤害过的人不足以语人生。关于传统熟人社会与现代陌生人社会的差异，人类学家格鲁克曼说过一段经典的话："传统社会是一个简单社会，但关系复杂；现代社会是一个复杂社会，但关系简单。"

是的，熟人给你带来一万种好处。

我想告诉你的是，熟人其实会给你带来十万种坏处。

许多时候，中国社会坏就坏在熟人文化，无论做什么事，第一件想到的事情就是找熟人，只要一扯到熟人、圈子、哥们、朋友、关系就会导致潜规则，社会也就异化成为身份社会、人情社会、官本位社会。要知道，往往是生人之间才有真正的规则，生人文化才是契约文化。

今天的中国，正处在这种传统熟人社会、半熟人社会向现代陌生人社会转型的阵痛、卡壳与混沌之中。

无论是对个人、家庭、企业，还是对社会而言，找熟人"托关系""走后门"都是一场巨大的内耗。

熟人社会是一场巨大的内耗。

地产商冯仑的万通公司不搞狼文化不搞虎文化，而是搞生人文化，"熟人多的公司，执行力就不好"，他主张最好都用生人。

为什么？他举了个"熟人成本"的例子，你闯了个红灯，被警察拦了，一看是熟人，给面子，没罚；第二次违规，又遇上了，他又没罚。你请他吃饭，他托

51

你给他老婆找份工作，你不能不办，结果，你省了点罚款，搭进去更多。"民营企业很多领导总有一个感觉：熟人多了好办事，要用熟人，用熟人可靠。我算了一下，在市场经济环境下，用熟人实际上也不是都能赚钱的事，不一定用熟人就能给企业带来利益；另外，熟人通常不会给你个人带来很大利益，相反可能会给你带来很多成本上的过度支出，收入是递减的。"

在熟人社会，从生到死，什么事情，中国人第一反应就是求人：生得好，要求人；病了，治得好要求人；死了，烧得好、埋得好要求人；上好学校要求人；找好工作要求人，想升迁要求人；迁户口要求人；参军要求人；找好保姆要求人……上至高官下至百姓，求人者求人，被求者也求人，求人者也是被求者，相互交织，构成了一幅壮观的中国式求人图卷。

可是，无论是对个人、家庭、企业，还是对社会而言，找熟人"托关系""走后门"都是一场巨大的内耗。

全国政协委员周新生在政协大会上发言时讲过一个故事，引发许多人的共鸣。他说：一位司局级老领导说女儿在他极力反对下，仍入外籍并嫁给外国人，女儿劝他的一句话最终让他接受了女儿的做法。这句话是，"爸爸，您将来再不用为您的外孙在国内上幼儿园、小学、中学求人了"。

许多时候，熟人之间的交情，本质上是交易，交易要讲究对等与回报，此时，你似乎占了点便宜，彼时，你要付出更多，到头来，还是一笔亏本买卖。

许多人不去努力经营自己，却把人生耗费在混圈子、跑场子、加微信、晒合影、混脸熟上，如果你本身并不具备交易的资本，谁也不会把你当回事儿。冯仑的说法是，你不需要一天到晚在外忽悠，其实认识那么多人没什么用。正常情况下，人一生中最多可以同时了解 60 个人：其中 30 个人能保持联系；当你真有难时，能帮助你、可以张口借到钱的人不会超过 10 个，包括父母亲朋在内。因此，把人生中这关键的 60 个人的人际关系相处好了就很不错了。

装熟有用吗？有用，因为你会在朋友圈多收获一批点赞之交的点赞。然后呢？就没有然后了。

经历了数千年的熟人社会（强人际关系）的中国人一下子面对突如其来的弱人际关系，有些手足无措，这也就导致了中国"半熟人社会"的人际关系困境。

梁漱溟在《中国文化要义》一书中，曾引述民国实业家卢作孚一段意味深长的话："家庭生活是中国人第一重的社会生活；亲戚、邻里、朋友等关系是中国人第二重的社会生活。这两重社会生活，集中了中国人的要求，范围了中国人的活动，规定了其社会的道德条件和政治上的法律制度。人每责中国人只知有家庭，不知有社会。实则中国人除了家庭，没有社会。"

如果梳理一下中国熟人社会变迁史，你会发现鸦片战争后一百年，中国传统熟人社会是"被动现代化"，1949年后，中国是将个人与组织（公社、单位）绑定在一起的"组织化的熟人社会"。改革开放后，随着农村的人民公社制度和城市单位制的终结，以及市场化的推进，中国快速走向陌生人社会，中国农村成为"半熟人社会"，呈现为缺少道德感的"无主体熟人社会"。中国城市向陌生人社会多走了一步，但其实还是"半熟人社会"。

在中国社会，中国人的信任链是这样一种逆差序：家庭成员＞直系亲属＞亲密朋友＞其他亲属＞单位同事＞单位领导＞邻居＞一般朋友＞社会上大多数人＞一般熟人＞生产商＞网友＞销售商。（据郑也夫、彭四清等著《中国社会中的信任》）

经历了数千年的熟人社会（强人际关系）的中国人一下子面对突如其来的弱人际关系，有些手足无措，这也就导致了中国"半熟人社会"的人际关系困境。

譬如"装熟"就是一种典型表现，因为"熟"才会给人带来信任感和安全感，叫一声"亲""宝宝""老公""干爹""闺密""哥们""姐们""老乡""老师""校友"，就能成功脱掉陌生的外衣。

熟人危险。轻度危险的熟人，他们的暗黑心理是"看到你没我过得好，我就放心了"，在熟人伤害发生之前，他们都是"虚伪的熟人""密友"与"我爱的人"。中度危险的"熟人"，骗财或者骗色。"喂，老张啊！是我啊！你不记得啦？""喂，我是你领导。你到我办公室来一趟！""喂，我现在在国外不方便，急需用钱，你能不能给我点钱"……重度危险的熟人是"杀熟者"与"奸熟者"，熟人犯罪最多的类型是强奸、盗窃、伤害、抢劫、杀人、诈骗、群殴、敲诈勒索，其中强奸排在第一位，香港"关注妇女性暴力协会"调查发现，熟人比生人更危险，更有性暴力倾向，超过八成受害人均认识侵犯者，三成一为朋友关系，一成六为亲朋，陌生人仅占一成九。

一个理想的陌生人社会，是契约社会、法理社会、法治社会。

高晓松在《奇葩说》里说："我在美国经常有老外问我，中国人和他们的区别是什么。我说最大的区别就是我们用潜规则生活了两千年。我说你们一切靠严格的法律制度，相信的是 truth，我们相信的是 norm。"

关于传统熟人社会与现代陌生人社会的差异，人类学家格鲁克曼说过一段经典的话："现代社会是一个复杂社会，但关系简单；而传统社会是一个简单社会，但关系复杂。"

在经济上，中国社会处于"工业化""城市化""现代化"进程之中，但在思想、观念、文化上还是典型的农业社会心态。以欧美文化为代表的"陌生人社会"，来自不同背景、地域的人可以在这个系统中自由进出，找到适合自己的位置。每一个人都是独立的，他背后的那个家庭、地域显然并不重要。西方人出来闯世界，独自面对着另一个陌生人时，他不通过血缘、地域来确认和发展关系，根据的是人品、趣味、规则、契约和法律。

儒家思想是熟人社会的主要价值观，熟人社会强调道德教化的力量，这种教化利用自己的模式塑造人，进而通过舆论实现。儒家深知在熟人社会里，道德的力量在于使人知羞耻，舆论的羞辱会对人产生不低于法律惩罚的震慑力量，故孔子说："导之以政，齐之以刑，民免而无耻；道之以德，齐之以礼，有耻且格。"中国社会的文化偏重于耻感文化，这是因为中国人的宗教信仰较为薄弱，内在化的控制主要是通过"克己""慎独"的自我修身养性来实现。

在哲学家邓晓芒看来，中国人的道德观仍建立在传统的熟人社会之上，帮助陌生人是次一级的道德原则。中国人的道德观念在当代陌生人社会中，已经暴露出了极端的不适应。

一个理想的陌生人社会，是契约社会、法理社会、法治社会，而熟人社会的第一大弊端是与法治社会的要求相抵牾，第二大弊端是容易产生社会不公，第三大弊端是阻碍市场经济的发展，第四大弊端是使每个处在熟人人情关系中的人活得很累。莽莽中国大地，关系网滋生蔓长，产生一块块群落，足以与团体和法律制度建构的公共秩序相抗衡。关系滋生的社会属于关系社会。关系社会是一种体制外社会，是江湖社会，也是内耗社会。

在半熟社会，因为制度缺失，新的社会信任机制未能重新确立，扶不扶跌倒的老人成了一个问题，商品真伪成了一个问题，食物安全与否成了一个问题，"老不信"也成了一个问题。

"同陌生人建立信任，是人类信任进化历史中的最后一章。"（郑也夫）

半熟社会辞典

文 / 谭山山

亲

"亲"最早出自淘宝店小二之口，后来成为网络世界的通用称呼；接着，它溢出网络世界，成为现实世界服务业的标配：用于营造友好的用户界（ti）面（yan）。但"亲"的泛滥也导致一个直接后果：现在，情侣们已经没法互称"亲爱的"了。

宝宝

据说叫"宝宝"源自一次手误：某网友回帖时本来想打"吓死爸爸了"，结果手滑打成"吓死宝宝了"。自称或称他人"宝宝"遂成风。用于自称，是典型的网络娇嗔语态，显示自己萌萌哒；用于他称，则显得比"亲"亲热——都是套路。

老公 / 老婆

迷妹对男偶像的爱称，从含蓄的"我×"（如"我抖森"）进化到奔放的"老公"，表达爱意的方式也很直接：爱他就想睡了他，爱他就要为他生猴子。同理，迷妹亦可称女偶像"老婆"，反正百合也是可以接受的。有情商的偶像如黄渤面对成为被睡对象的问题，会机智地回答：也许她们都困了？

爸爸

知乎用户叶小白表示：和女性好友聊天时自称宝宝，和男性好友聊天时自称爸爸，据统计，这样能提升友谊质量。比如，朋友说女票闹分手时，你要表示"爸爸马上到"；而朋友说"男票又和我吵架了"时，你可以安慰她，"宝宝不哭"。

美女/帅哥

有硕士论文专门探讨"美女""帅哥"的使用状况，发现它们作为替代"小姐""先生"的称谓语，在社会上的使用比例高达 90%，原因是"能拉近交际双方的距离"。但鉴于它们不分年龄层、不分美丑均可使用，也遭到一些人的排斥。

同学

同事或同行之间，互称名字显得生分，称"××老师"又显得略矫情，"同学"则免除了这些尴尬：既表明大家同属一个圈子，也显示彼此平等交往的心态。真正的同学，却多数断了来往，尤其是一方在大城市一方在三四五六线小城市的，简直没有任何共同语言。

女神/男神

既然"美女""帅哥"已经不能描述一个人的外貌，"女神""男神"作为外貌和魅力指数的可信度就大大提升。不过现在"女神""男神"也开始有泛滥的趋向，被人这么称呼，且慢心中窃喜。有鉴于此，有人代之以无性别的"大神"。

学长

其实就是师兄/师姐，"学长"是来自台湾的叫法，不过是显得与时俱进一点。学长代表的是一种人脉关系，是人际交往的黏合剂，也是职场进阶的助力。家长把孩子送到贵族学校，是为了让下一代提前杀进权贵圈，抱住权贵的孩子叫学长。商人或影视明星去读 EMBA，目的是为了互称同学。

老板

读研不仅要选专业，更重要的是选有能量的导师。而研究生把导师称为"老板"而不是"老师"，有着"门下走狗"的自觉，谋求的是"跟着老大有肉吃"

的人脉和关系。因此，哪怕被"老板"压榨，"走狗"们也在所不辞。

呵呵
半熟不熟之间、不知道表示赞同还是反对之时，用"呵呵"是合适的。但关系进一步发展后，漫不经心的"呵呵"需慎用，因为对方可能会解读成"拒绝""嘲弄""不满""高冷"甚至"哼哼"。尤其是情侣间，一个"呵呵"可能就会导致分手收场。

老师
老师不叫老师，偏要叫"老板"；而一些以往跟老师沾不上边的人，却堂而皇之地被称为"老师"——比如称造型师、发型师等为"老师"，是为了表现其专业、资深。但是这些"老师"和顾客沟通，却是一口一个"亲"，听着尴尬症都要犯了。

点赞
有人说，点赞功能是社交产品最伟大的发明之一，因为从正面的含义如关注（"看，我一直在关注你哦！"）、不错、爽，到负面的含义如不屑、呵呵、切，一个"赞"按钮皆可涵盖。不过是动动手指，就能增加接触 / 互动，何乐而不为？

哥 / 姐
有客进门，立刻扯开大嗓门招呼"哥 / 姐，您来啦"的，多半是东北馆子。这种做法往往让南方人吓一跳：跟你很熟么就叫得这么亲热？很困扰的好么！店家的初衷，无非是想给顾客宾至如归之感，但用力过猛，惊喜就变成了惊吓。

红包
发红包已成朋友圈通行礼仪：新人入群，发个红包；有事相求，发个红包；求转发求扩散，更要发个红包。抢了红包（哪怕只是几分钱）而不办事，就显得理亏。在朋友圈，人与人之间基本的信任，就建立在发红包够不够自觉上。

阿姨
数年前，肇庆市公布旅游行业礼仪规范，其中有一条：对年长的女性不要称"阿姨"。也是，阿姨几乎成为服务行业专用语，比如钟点工阿姨、保洁阿姨等，为免引起歧义，还是不随便称呼为妙。但问题来了：不叫"阿姨"，叫"大妈"更不妥当啊！

隐身

你做不到不用手机、不用朋友圈（尤其是你的老板要求你 24 小时开机、把你拉进不同名目的工作群的时候），又想跟人们保持距离，还有一个选择：隐身，"不让他（她）看我的朋友圈"或"不看他（她）的朋友圈"。同时切记：隐身而又转头扩散他人的八卦，属于没品。

么么哒

也写作"摸摸哒"，是"mua"的谐音，本来表示"亲亲"，后来演变为问候语，以示亲密。还记得 MSN 时代那个亲嘴图标么？瞬间在屏幕上炸裂不说，如果不小心开着喇叭，那个亲吻的滋滋声简直是扰民。相比之下，么么哒就好多了，既简便又到位。

晒

尽管有些人用社交媒体的唯一用途就是各种晒——晒幸福、晒恩爱、晒B格、晒娃、晒美食，但晒需要分寸感，否则就是冒犯。《朋友圈发帖礼仪规范》一共 19 条，关于晒的就有 7 条，可见"晒"已经引起公愤了。

熟人比陌生人更危险

文 / 冯嘉安

继父、上司、教师、朋友、同学，这些认识的人脱下熟人的"羊皮"以后，可能是危险的色狼。

"每天晚上，我都不敢熟睡，稍有声响，我就突然间惊醒。因为我太害怕这个地狱了，就这样我过着非人的日子。"

22岁的苏州女孩小欣（化名）选择了自杀，家人在整理她的遗物时，发现了五封小欣亲笔写的遗书，其中有一封是写给其生父的，其中的内容让家人大吃一惊。

遗书中提到，小欣的继父在她还小的时候就经常对她动手动脚，12岁时强奸了她，此后又继续对她性侵、骚扰，用手机偷拍她洗澡和换衣服，等等。

遭受继父10年性侵的小欣最终自杀。遗书曝光后，小欣的继父获刑13年。

这只不过是众多熟人强奸案的其中一例。继父、上司、教师、朋友、同学，这些认识的人脱下熟人的"羊皮"以后，可能是危险的色狼。

如果被熟人性侵害，很可能是持续性事件，普通朋友比陌生人还要危险。

4年前，迷奸多人的"阔少淫魔"李宗瑞的变态行径被曝光，他下手的对象均是熟识的朋友，其中不乏知名模特儿、节目主持人。

台湾检警从李宗瑞的性爱光盘中查出，有28名女子遭性侵，4人被偷拍性爱画面，共有32人被害。2009年至2011年期间，平均每月至少有一人被李宗瑞迷奸。他通常是在夜店、KTV趁被害人还没到场或上厕所时，在饮料中下药；或者趁被害人酒醉将其带回，先佯装拿矿泉水给被害人"醒酒"，实则下药，被害人喝了后不省人事，李宗瑞便逞其兽欲并拍下影像留念。

此等恶行，连台湾当地检察官都看不下去，当庭叫他"变态"。

对熟人进行性侵害，李宗瑞并非极端个案。香港"关注妇女性暴力协会"接受采访时表示，基于香港地区的调查，他们发现：性暴力受害人主要是被生活圈子相识的人所侵犯，而陌生人与熟人实施性侵害的占比接近1：4。

"不同年龄的受害人会遇到不同关系的人士侵犯，强奸及非礼受害人以17—24岁的组群人数最多。女性更多遇到来自生活圈子内相识人的性侵害。随着不同的人生阶段及接触面，女性会受到不同关系人物侵犯的威胁。其中以朋辈关系比率最高，其次是亲属、同事、性伴侣。而案发地点主要是私人家居，整体案发时间最多发生在中午，而强奸案的主要发生时间是在深夜。此外，家庭性暴力亦日趋严重，在家庭性暴力案中，最多的侵犯者竟是来自最具权威及最接近的父亲或者继父。"

调查还发现:"受害人主要是成年人、在职或在学、有中等教育或以上、精神状况及智力正常的香港居民。智障人士所遭遇到的性暴力都是以强奸为主,两性亲密关系的侵犯中涉及使用暴力的比率最高。普通朋友的侵犯最多使用药物,亲属关系的侵犯则较多是持续地发生。"

广州也有类似的情况。广州市海珠区法院近三年来审理的 92 宗强奸案,60%—70% 是熟人作案。他们往往利用朋友、同事、老乡的关系实施强奸,趁被害人不备,采用灌酒、下药等方式致被害人意识不清,趁机实施强奸行为。法官分析,这类案件,被害人往往对犯罪分子非常信任,或者没想到对方对自己有不轨之心,因而不加防备或防备很少,以致犯罪分子有机可乘。

近年来频发的儿童遭性侵害案件中,更是屡见"熟人的身影"。教师、已婚人士、老人,恰恰是这些看起来对孩子最安全的人,成了最危险的人。很多家长并没有意识到,性侵害的危险其实就在孩子们身边。在所有关于儿童遭性侵害案的调查中,熟人作案是一个显著的特点。

中国少年儿童文化艺术基金会下属的女童保护基金发布报告称:去年,内地媒体曝光了 340 起性侵儿童案,与 2014 年的 503 起相比有所下降。被曝光案件的数量下降并不意味着案件减少,因为很多此类犯罪行为非常隐蔽。在被曝光的 340 起案件中,教师作案的有 71 起,邻居作案的有 33 起,家庭内部成员作案的有 29 起。

香港"关注妇女性暴力协会"有关人员总结他们曾帮助过的受害者案例称:"如果是被陌生人性侵害,很可能是一次性事件;而如果被熟人性侵害,很可能是持续性事件,普通朋友比陌生人还要危险。"

熟人强奸犯罪的成功率比陌生人强奸要高。日常生活的正常接触,给罪犯充足的准备机会。

"月黑风高,蒙面大盗在阴暗的角落袭击女性,受害人并不认识他。"这是大众心目中的强奸场景。也正是对强奸的古老想象,使人们忽略了现代社会中,比陌生人强奸更具普遍性的强奸形式——熟人强奸。

1982 年,美国《妇女》杂志提出了一个关于强奸犯罪行为的全新概念——"约会强奸",并讨论这种以往未受关注但普遍存在的性暴力犯罪行为。随着对该犯罪现象的深入讨论,"约会强奸"的概念逐渐扩展到"熟人强奸"。

熟人强奸的成功率高于陌生人强奸。中国政法大学侦查学研究所副所长张鹏莉曾撰文分析其中的原因：

"熟人之间在日常生活中有较多可以正常接触的场合，给犯罪嫌疑人预谋实施犯罪带来了充足的机会。为了保证作案成功率与自身安全，犯罪嫌疑人在实施犯罪之前，往往会首先选定受害人的范围，利用与对方的正常交际长期调查潜在的侵犯目标，研究其性格特点，对侵害对象进行仔细筛选。

"最终确定目标后，他们会挑选作案时间与地点，分析各类状况下的作案风险，制订作案计划，实施各项必要的准备工作，之后犯罪嫌疑人便通过诱骗等方式将受害人带到其家中、宾馆等事先预谋的作案现场实施侵犯。

"部分受害人的自身身体或性格缺陷也在日常与犯罪嫌疑人的接触过程中暴露给了对方，促使作案人不断针对受害人弱点调整其作案计划，以保证作案成功率。"

熟人强奸也包括受害人遭受丈夫、男友的强奸。然而，在中国，受价值取向和传统道德等因素的影响，这类"熟人强奸"并没有引起重视，甚至往往没有诉诸法律途径解决。

在中国文化中，十分看重"婚姻""人伦关系""家庭秩序"以及"和谐生活"。传统中国社会以家而非个人为基本单元，强调人情与人伦，而非人权；以和谐人伦关系而非社会抗争为理想典范。男权社会中，涉及男女两性的亲密关系被称为"男女私情"。如果女性在这个过程中反抗，会被认为是"口是心非，故作矜持"；即使受到暴力伤害甚至因此死亡，也被认为是"虐恋"过程中的不慎，而不被视为强奸。

受传统道德教育的女性会认为，"熟人强奸"是至亲至爱关系中最敏感的事，一旦法庭介入，往往只能做出惩罚性的裁决，对真正改善两性感情关系于事无补，甚至有负面影响。

法律最擅于仲裁陌生人之间的纠纷，但对于"家"这个人伦情感单元，法律的效用就捉襟见肘了。有道是"清官难断家务事"，社会以一种集体无意识的模式对待这些问题。

"性暴力"行为并非单纯性欲行为，而是以性作为暴力攻击的工具去控制别人从而造成恐惧、羞辱和伤害。

"Anti-480"在粤语中即"反性暴力"之意，这是香港"关注妇女性暴力协会"下属的"反性暴力资源中心"的代号。"关注妇女性暴力协会"对"性暴力"有明确界定：它是一种暴力行为，并且大多数受害者是女性；任何人故意或有计划地在行为、言语和态度上对别人的身体做出有性意味的冒犯，令对方产生恐惧、受威胁或者羞辱的感觉，都是性暴力的行为。性暴力的行为可以发生在任何关系和地方。

"性暴力"行为并非单纯性欲行为，而是以性作为暴力攻击的工具去控制别人的行为。性暴力不单包括强奸和非礼，非身体接触的性侵犯同样对受害人造成恐惧、羞辱和伤害。

"关注妇女性暴力协会"认为，受害人站出来反击相熟的性侵害施暴者，并非于事无补，法律可以给施暴者应有的惩罚。但是，勇于站出来寻求司法帮助的受害者，往往会面临"二度伤害"。

一位叫 CC（化名）的性侵害受害者讲述了自己出庭时难堪的经历："我是一位受过性侵害的受害者，记得在等待上庭的日子感受着极大的压力，心里一直担心着上庭要面对法官、陪审团、律师、被告，甚至完全陌生的旁听者，不禁提心吊胆起来。

"在重重的压力下，曾经有一刻想过放弃上庭作供，了结这件伤痛的事情，最后在坚持下我仍然选择上庭作供。

"正式上庭当天，'关注妇女性暴力协会'辅导员陪同我，在没有特别通道的情况下，进入没有遮蔽的证人等候室等候入庭作供。入庭那一刻我感觉自己好像做了戏中的主角，所有陌生人的眼光完全落在自己身上，旁听席上坐着很多人。这是我极不愿看到的，为何我要正面给坐在旁听席上的人看到我呢？当时我的心好像就快跌出来一样，那些压力、恐惧、羞愧，都走出来了。

"我明白上法庭当然要面对法官、陪审团、律师及被告。但我是性侵害受害者，身心已受到极大的伤害，我已拿出全部勇气上庭作供，但我绝对不明白为何要让旁听者望着我整个作供过程，这样令我感到难受，为何要我受这样的伤害呢？"

"关注妇女性暴力协会"相关负责人表示："在我们这里求助的妇女，大约只有一半会报警，这反映了性暴力受害者对现时司法程序还缺乏信心。这更凸显NGO 的作用，我们工作的重心是减轻受害者被二度伤害，例如上述情形，上法庭作供时，如有屏风遮着公众席，相信会减少受害人上庭作供的压力。我们也在促使政府设立受害人支持一站式服务，以减少受害人因揭露性侵害事件而再度受创的机会。"

"国民老公"和他的粉丝们

文 / 阿饼

这两年，网民突然多了好多亲戚：国民老公、国民男票、国民儿子、国民岳父……从仰望偶像的光芒到参与偶像的成长，熟人饭圈文化带来了新偶像关系养成的新生态。

女人宠起儿子来是很可怕的。

2015年11月8日，纽约，时代广场一号大厦的 LED 屏幕上，出现了一个中国少年的照片，下方写着 "Happy 15th Birthday ROY WANG"。他就是 TFBOYS 的王源。此前，登上这块屏幕的中国人是吴宇森、宋祖英、刘欢、郎平、姚明、丁俊晖、袁隆平、吴敬琏、杨利伟……

不仅在美国，似乎许多粉丝都在等待着这么一天，使出浑身解数为这个 00 后庆生。当天，在位于 14 个城市的市中心、总面积超过 2 万平方米的 LED 屏幕上，王源的笑脸无处不在：重庆的摩天轮、台北的公车、首尔江南区几十家咖啡馆以及地铁站，都铺满了对他的生日祝福。同时，从 11 月 4 日起，由重庆江北国际机场始发的国

国民老公

航出港航班上使用了粉丝为王源庆生定制的登机牌,总计 10 万张左右。

粉丝们给小偶像的生日定的主题是:"你还不认识这个世界,就让这个世界先认识你。"而对普通人而言,这意味着一个现实:你可以不爱王源,但你无法忽视他,就算你坐飞机想逃,机票上还有他的笑脸呢。

而王源的小伙伴——TFBOYS 的另一成员易烊千玺 24 天后过生日,迎来了粉丝献上的宇宙级礼物:4 万平方米的月球地皮! 2014 年易烊千玺过 14 岁生日时,就有粉丝给他送了两颗小行星。

有传闻称,给易烊千玺送月球地皮和小行星的粉丝,是一位叫"尤他"的年轻女网友,她创办了易烊千玺应援站"无双 Unrivaled Jackson 千玺个站",还曾经许下心愿:"他要我就给,他可能会喜欢我就买。"

"粉丝应援文化"已经成为值得探讨的话题。在这个庞大群体支撑的庞大消费背后,一个经济利益链条也在逐渐成形。

当粉丝应援活动从分散无序走向逐渐完善的体系,专业的粉丝管理平台应运而生。

2014 年,丁洁在一名"快男"歌手的签售会现场发现了这个潜在的市场机会:该歌手只用 1 小时就卖了 100 万元的周边。她惊异于粉丝强大的消费能力,于是开始研究这部分人群。

她发现,随着移动互联网的兴起,新时代的粉丝经济有了新模式:与其通过信件、见面或网络转发表达对偶像的爱,不如用真金白银为偶像的影响力说话——作为粉丝,你不能口头上说热爱,必须有实际行动、物质付出,"白嫖粉"(粉圈用语:不花钱只看)会被整个粉丝群体嘲笑、排斥。

明星见面会、签售会、电影首映礼、超前点映场、媒体活动、生日会等已经不再是公关公司或经纪公司的专属活动,而是越来越多地由粉丝会自发组织。这些应援行为也不只是"每个人出点钱"那么简单,里面牵扯到集体的组织纪律、明确的分工合作和高效的执行能力。当应援活动从分散无序走向逐渐完善的体系,从小部分人的高端消费变成一大群人的集资狂欢,一种帮他们管理账务、数据、渠道、制度等各种事务性细节的专业粉丝管理平台就呼之欲出了。

同年 9 月 28 日,丁洁创办了 owhat 粉丝服务平台,最初团队不到 10 个人。

平台发布当日，已经有超过 60 家粉丝会和 30 家娱乐上游内容公司入驻。这是国内第一款针对娱乐公司和粉丝会的用户管理软件，号称"最强粉丝应援互动平台，给偶像最好的支持"。对于粉丝和经纪公司而言，这是一个"很实用的工具"，owhat 因此获得了很好的口碑与信任度，成功打入了市场。

随之而来的 2015 年成为粉丝类 App 平台的爆发年，owhat 的竞争对手层出不穷，有爱豆、饭米粒、饭团、偶扑等。

丁洁称 owhat 希望成为粉丝行为管理的平台，对粉丝做一个正向价值的引导。例如，当炫富式应援受到越来越多的非议，对于那些"确实有劲儿使不完、有钱花不出去、一定要为偶像做点事情"的粉丝，owhat 会建议他们以偶像的名义成立基金会或公益项目，以期获得更多的社会效应和经济效应。2015 年，他们引导了 200 多个粉丝团做了 500 多场公益活动，筹集到 200 多万元慈善基金。

鹿晗出演的电影《重返 20 岁》上映期间，他的粉丝除了卖力宣传，还自费买票包场请养老院的老人到电影院观看。如此一举三赢的应援行为，比公关公司的手段更高明，经纪公司和电影投资人也要偷笑了。

明星在自己的粉丝群里可以翻云覆雨，可对于路人来讲，他就是一个 nobody。

这几年，随着社交媒体的变化，粉丝生态与以往相比有了很大的不同，明星成名的路径也随之改变。

传统的明星制造路径，基本上延续了"演艺产品——大众媒体关注——话题营销"的套路。大众要了解一个明星，都是通过他的一首歌或一部电影，作品红了，人就红了，获得动辄几千万、上亿的粉丝。

但如今的媒介太多，大众的注意力分散，很难有集中的媒介去宣传某个明星。现在很少能出现像刘德华、小虎队那样一夜成名的巨星或组合了。"人家知道 TFBOYS，往往是先知道 TFBOYS 的粉丝有多疯狂，才开始注意到这个团体，并慢慢了解他们。明星变得很小众、很垂直，比如鹿晗，他在自己的粉丝群里可以翻云覆雨，可对于路人来讲，他就是一个 nobody。"丁洁说。

中国的娱乐经济已经由一个大众消费、大众品牌和大众偶像时代进入一个小众消费、小众品牌和小众偶像的新偶像经济时代。

这个时候，粉丝的行为对于明星来说就变得很重要。明星先凭借外表和人设在网络聚集粉丝，其渠道涵盖贴吧、QQ 群、微信朋友圈、微博名人排行榜等，在形成了相当的粉丝群体后，最终倒逼媒体和大众对明星引起关注。

粉丝不仅仅是在追星，他们成为掌握"小鲜肉"和经纪公司经济命脉的重要力量，更在潜移默化地改造着中国偶像文化生态。从以往仰望偶像的光芒，到参与偶像的成长，粉丝相当于明星的外围团队，承担了造星的任务。他们帮偶像制造知名度，在社交媒体上生产大量安利性的内容，如图文、视频、漫画、表情包等，表达爱意的同时让更多旁观者感受到偶像的人气，从而抬高其商业价值。这是一种有极强参与感的"养成式"追星，在这一生态中，明星与粉丝达成了直接的沟通关系，原有的经纪、代理模式很可能会被摈弃。

国民男票、国民老公、国民岳父……这些人设的共同点是：适合社交化的生存与发展。

娱乐影视圈以前是"女神"扎堆，现在是"男神"当道，你一定听说过这"四大门派"：王思聪的老婆们、韩寒的女婿们、李易峰的女友们、TFBOYS 的妈妈们。

所谓人设，就是艺人的公众定位，是自然产生的，当然，更多的是专业团队的运作。国民男票、国民老公、国民岳父……这些人设的共同点，就是适合社交化的生存与发展。

"亲妈粉"原来用于形容对偶像极度忠诚、爱操心的粉丝，她们会把跟自己的子侄辈同龄的偶像称为"儿子"。一个"亲妈粉"说："少年偶像的魅力不在于鲜肉，而在于陪伴；看着这些孩子从小学到初中再到高中，是一种幸福。"这正是 TFBOYS 经纪方的打算，经纪人 Yuna 透露："我们的理念就是养成模式。"所谓"养成"，就是让粉丝们看着偶像长大。所以 Yuna 不是很介意目前 TFBOYS 的包装和视频都采取简单化处理："他们一开始出来，是有很多缺点的，但是我觉得这是一个共同进步的过程。我们《十年》的宣传片就是说，让孩子们用平时玩的时间，做一些努力，最终完成一个梦想。粉丝会觉得是看着自己家人在成长。"

"男友人设"是男星圈粉速度最快的途径，原因很简单，不需要"男神"的作品和资历，只要颜好，常"发糖"、会撩妹就行。针对选择女友的标准，李易峰曾在采访中表示"能吃能喝能睡"，还表示"不介意粉丝做女朋友"。女粉们瞬间觉得自己有希望，在微博上求做峰峰女友。

试想，一个颜值很高的明星，没有架子，平易近人，还自称男朋友，上机报平安，跟你汇报吃了什么，让你注意身体，偶尔撒个娇卖个萌，哪个女孩子能不喜欢？为了"男友"的事业和形象，"女友"们甘愿花钱送礼物、花时间刷榜、自动营销……

"国民岳父"韩寒和"国民老公"王思聪的走红则是另一个路数：他们能把握社会热点，言辞犀利，同时也会自黑（韩寒自己就会用"岳父梗"自黑），让大众觉得他们是站在自己这一边的。

王思聪是很聪明的，他通过伪装成一个超有钱的 × 丝而掌握了 × 丝，总能在适当的时候站在 × 丝群体的立场，说很多普通人想说但没办法被人听到的话。最有代表性的例子是，当很多段子手的梗都来自看脸、有钱时，他说出了那句"有钱没钱太不重要了，反正都不如我有钱"。

无论是哪种粉，只要参与围观的粉丝够多，大家的情绪就会更激昂，甚至形成巨大的舆论力量，延伸到现实生活中。于是，TFBOYS 所到之处粉丝围追堵截、李易峰在金鹰节颁奖晚会上抢了获奖者的风头、韩寒的"女婿们"自发走进电影院帮衬《后会无期》……明星们因此成为最大的受益者。

最后补充一点：王思聪在微博的"情感状态"栏填写的是"丧偶"，所以还是不要喊他老公了。

只有隔壁老王才会给所有人点赞
文 / 宋爽

说了一辈子场面话，点了成千上万个赞，最后厌倦了，可发现想说真话的时候连听众都没有，这就尴尬了。

老王被朋友视为朋友圈的奇葩。他年近不惑，事业没搞出什么所以然，但他最敬业的一面就是夜以继日地给人点赞。老王身处金融圈，他的一个朋友也是，两个人都交际广泛，但对彼此之间有多少共同朋友毫不知情。就这样，那个朋友但凡打开朋友圈，就会看见老王满屏的赞，这些赞是那么不被人待见，显得有气无力。所有潜伏的"共同朋友"因此明白一件事：原来他不光是喜欢我，而且喜欢所有人。

很快，老王就被扣上了虚情假意、处处留情的帽子——这样的人，和任何人之间都不存在真实的交往、经得住推敲的感情，别人也会因此和他保持距离。和这种人掏心挖肺，是不会得到真挚回馈的。老王就这样被慢慢孤立了，但他浑然不觉，依然忙于点赞、留言。

在朋友圈装熟，还是有一些好处的，老王们的举动代表着"我和你一直保持联系"的假象，尽管双方都知道这种联系出于何种目的。但从人情世故而言，虚情假意还是比漠不关心来得有温度，它显示出这段所谓交情的持久性。

然而，老王还是惹恼了那个同在金融圈的朋友。他和那个朋友顶多算得上点头之交，前一阵子老王终于要娶媳妇的时候，他居然给那个朋友发了条热情洋溢的微信，邀请他务必参加自己的婚礼，说白了就是想多捞点份子钱。可是他哪来的底气呢？

对于老王而言，这个要求简直太合情合理了——除了在医院打点滴那张照片老王总算没动静以外，那个朋友发的几乎每张照片都没躲过被老王点赞的命运。他之所以这么做，是为了给日后留一条后路，比如，我张嘴让你帮一点小忙的时候不至于手足无措；或者我想跳槽的时候，你那边、你朋友的三叔那边有合适的岗位可以帮我内推——凡此种种，就是为了在"你吃亏我占便宜"的时候，你不至于连点面子都不给就直接拒绝。

一件事情能够普及甚至受到追捧，一定有合乎情理的原因。科学家发现，人们看见他人给自己点赞时，大脑会大量分泌多巴胺，让人由衷感到自己所做的事情受到了赞许和鼓励，并产生愉悦感。所以，即便知道对方有极大可能只是出于社交礼仪而点赞，人们会自动忽略其功利性，认为他人对自己是认可的。这无疑会拉近彼此的心理距离。

试想一下，一个从不在社交网络上留下痕迹的人，一定会被划分进不友好群组（真正熟络的朋友除外），因为这些人从未对我们的生活表达过欣赏，甚至吝啬到连赞都懒得点一下，怎么可能是一个世界的人呢？

久而久之，这些潜伏者便被我们无情地扔出了交际圈，最终沦为陌生人，或者干脆拉黑、删除——这甚至是一种小小的报复情绪，"你不关心我，我还不关心你呢！我要把你删掉，让你知道无视我的后果"。

这听上去幼稚极了，可有相当一部分人正是出于这种莫名其妙的沮丧情绪，将很多"漠不关心者"从生活中彻底剔除，然后只保留那些尽管不熟但至少"喜欢"自己的人，以获得尊严上的胜利。

朋友圈装熟只是整个装熟体系的一小部分。我们想必都听过，有人吹嘘自己和名人关系匪浅，甚至对方还要敬他三分；毫无交情的好哥们儿突然认为你有义务借他三万块钱买摩托车，要不就是出事的时候威胁你他哪哪有人让你好自为之。凡此种种，无非是为了展现自己的势力，这和狮子怒吼时一定要露出牙床没有本质区别。

大多数讨好者，或喜欢和他人装熟的人，有一个共通之处，那就是缺乏自我认同，同时还伴随自卑、缺乏安全感甚至社交恐惧。他们少点一个赞都担心会不会得罪人，他们不套近乎，不得到一些面子上过得去的朋友，就觉得自己缺乏存在感。

一个同学的母亲，曾经是个意气风发的中年女性，但前年开始突然一病不起，直接原因就是退休。她是个闲不住的人，就喜欢像陀螺一样转个不停，可一退休就傻眼了：曾经经常见面的朋友现在一个也约不出来，有的人开始不接她电话，更有甚者对她冷言冷语；社交活动几乎停滞，社会地位一落千丈，现在她唯一的身份就只剩下"老人"了。

她经常和女儿说的一句话就是："没人需要我了！"这可是她一辈子绞尽脑汁想避免的事，如今竟然噩梦成真。和很多人一样，她从来就不爱读书，认为自己的价值完全建立在社会对她的认可上，而一旦认可缺失，自己便立刻堕入毫无价值的境地。

有很多人，终其一生热热闹闹，甚至事业飞黄腾达，但到了五六十岁才发现，自己从没有过真正意义上的朋友。说了一辈子场面话，点了成千上万个赞，最后厌倦了，可发现想说真话的时候连听众都没有，这就尴尬了。

装熟是名利场的通行证

文 / 邓娟

作为半熟社会的缩影，名利场为大小明星提供了许多汲汲营营的装熟空间。蹭重量级人物合影是国际通行的大招，而晒闺密、晒兄弟，是最容易翻脸的险招。

年过八旬的褚时健，双手抱臂，交叉放在胸前。在社交心理学上，这种身体语言带有拒绝的意味。

同一个镜头里，站在褚时健背后、亲密地搭着他肩膀的田朴珺，尽管面部表情也算不上放松，嘴角的弧度却相当标准。

后来的事情已经众所周知，田朴珺发表了一篇专栏，并配发这张照片。褚时健随后澄清："非我所愿，王石在不能不给面子。"这位老派企业家还说，对于王石和田朴珺的关系，"思想保守的人，总觉得哪里不合适"。

觉得不合适，又不能不给面子——倔强如褚时健，一生数次战胜命运，却始终无法摆脱人情。

给熟人情面是中国社会的规则，但如何对待介于熟与不熟之间的人，着实令人为难。在名人身上，这份为难又给名利场延伸出某种汲汲营营的装熟空间。

田小姐显然深谙此道。她在那篇后来被褚时健认为有许多错误的文章里写道："听说我们要来，他上午十点多就在这里，等了我们两个多小时。"

"那时候，'褚时健'三个字是金字招牌，他随手写张纸条就相当于几十万，褚门难进，一面难求。"

"我们一进门他紧紧握着我朋友的手半天。"

标榜独立、号称不愿做"王的女人"的田朴珺，事实上是个借力使力的高手。

摄影记者唐师曾在利比亚时，兜里揣着一张与卡扎菲的合影，每逢关卡，顺利放行。

与大人物的合影，在战场尚且能当通行证，更何况名利场？蹭合影虽非新招，却百试百灵、颠扑不破。

每年巴黎时装周，"老佛爷"卡尔·拉格斐都是大小明星虎视眈眈的"肥肉"，哪怕只蹭到这位时尚教父的一个衣角，也意味着话题度和曝光率。

于是，在2012年的巴黎，当姚晨亲吻老佛爷脸颊的瞬间传遍网络，犹如一记冲击波，震动了国内时尚界。最大的疑问莫过于：他们有这么熟？

最后还是姚晨自己揭秘："她们问我：卡尔和你聊得那么热乎，都说啥了？我老实回答：他说的是法语，我真没听懂，只好一直冲他乐。但这位可爱的老佛爷最后说的那句英文，我听懂了。他说：来，姑娘，给我两个吻吧。"

听不懂没关系，能同框就行，越亲密越好。热热闹闹的秀场，没人有空聆听。美国现实主义小说《欢乐之家》中，混迹于上流社会的女主角一针见血地说道："一个女人被邀请出去做客，被邀请的不仅是她本人，同时还有她的服饰。我们必须打扮得体体面面、漂漂亮亮。"

在"半上流社会"，装熟更是基础技能。以"亲爱的"互称的两个人，也许根本就不知道对方的名字，反正逢场作戏，一拍即散。

有人总结，那些热衷参加各种慈善拍卖、新车发布、画展开幕、洋酒品鉴、商会宴请的"派对动物"，一种是冤大头，纯粹图个门庭若市；一种是机会猎手，专为做生意找路子；"还有一种，说难听点叫混派对串子。好比跟巩俐的经纪人的化妆师合个影就算走进了娱乐圈，看见潘石屹手下的一个小部门经理就是走进了地产界，或者在聚会上，他们得了某个国学大师学生的一本赠书，那他们也就得了大师的真传"。

不认识的可以装认识，已经认识的可以装熟识。众人拾柴火焰高，明

装熟是名利场的通行证

星也需抱团取暖。

天涯社区八卦版一直津津乐道的几大组织，最老牌的是天后领衔的"六年一班"，对岸有大小 S 搭台的"七仙女姐妹淘"，新晋的还有"不求同年同月同日生、但求同鼻同眼同医生"的"假脸姐妹团"。

不过，就像论坛上的"闺密帖"多半都是黑"闺密"一样，名利场的"闺密论"陷阱重重，装熟有风险，谨防被打脸。

就连久经沙场的范爷也吃过这门亏。2009 年拍摄《非常完美》期间，范冰冰对媒体称自己和章子怡是闺密，章子怡知道她在学英语，送了英文教材，并且"劝我找个外国男朋友"。

而作为当时如日中天的"国际章"，章子怡在媒体求证"闺密论"时，先是没听懂的样子，然后委婉表达"戏里肯定不是闺密，戏外彼此都很忙"。

只是名利场风云难测，电影上映没几个月，章子怡就遭遇了"泼墨门"，星途急转直下。如今时移世易，即使借《一代宗师》翻盘，再回到高端社交圈子的章子怡，少了飞扬跋扈，多了小心翼翼。

名利场上，比起秀女人之间脆弱的友谊，男人就相对安全许多，至少"男闺密"不会主动出来拆台——当然，对方有正主的情况除外。

装熟达人田小姐贡献的另一个案例便是《我的男闺密——你不知道的陈可辛》。字里行间，关系杠杠，他的电话 24 小时畅通、他情绪不好时需要安抚、他十条牛仔裤穿了十年，还有他和吴君如的女儿喜欢的颜色……总之，别人不知道的陈可辛，只有田朴珺知道。

有人说，这就是一篇"如何作死惹毛正宫娘娘之标准范文"。但"大笑姑婆"吴君如的江湖地位也不是白混的，一句"不用理会什么闺密或龟蜜，反正我知道他的心（和财产）归 me"，犹如响亮耳光。陈可辛也随后表忠心：吴君如"才是我最好的闺密"。

有人秀闺密，有人晒兄弟。昆凌晋身"天王嫂"，有人翻出她早年以一名小透明粉丝身份写信向罗志祥告白的视频。偏偏罗志祥在周杰伦婚礼热度未消的当口回应称"杰伦是我好兄弟！人家结婚啦！喜欢是喜欢，欣赏是欣赏，但是她爱的是杰伦"——这种场合之下的装熟，就很尴尬了。

邹振东：为什么不要随便叫人"老公"？

文 / 郑依妮

"我们可以看到熟人社会的很多毛病，但从历史的角度看，我们不必把熟人社会看得太悲观，也不必急于去批判它。我认为现在的熟人社会的矛盾，放在历史的长河中看，是一种秒针的矛盾，嘀嗒一下，就过去了。"

厦门大学教授邹振东因为在厦大毕业典礼上说了一句"不要随便叫一个陌生男人'老公'，不管他多么有名，多么有钱"而成为网红。邹振东于 2015 年卸任厦门广播电视集团副总编辑、厦门卫视台长，如今出任厦门大学新闻传播学院教授。他的一句话，似乎喊醒了不少人。

不知从何时开始，人人都可以随便喊明星老公，即使与那个被称作老公的人根本不相识，善于意淫与装熟的粉丝还是一口一句"老公"喊得起劲。社交媒体上，众多网友对各种明星、名人大喊老公，任意打开一个男艺人的社交账号下的评论，都可以看到不少将偶像叫老公的粉丝，呼声最高的老公代表应该是"国民老公"王思聪。韩粉的老公也从来没停过，韩剧里的"国民老公"从李敏镐换成了金秀贤，又从金秀贤换成了宋仲基。

那场演讲，邹振东之所以教育学生"不要随便叫一个陌生男人'老公'"，初衷并不是要去批判什么流行文化，而是与他的"1% 理论"有关。邹振东说："我把这种流行文化现象定义为随波逐流的'波'和'流'，我希望我的学生不是这样随波逐流的人。现在有很多人在追逐这种时尚，随随便便喊一个陌生男人老公。但是，我建议我的学生，即使你一生中有一百次在随波逐流，但你可不可以给你的人生留下 1% 的空间？你是否可以保留人生的一点空间，有时候可以不去追逐潮流？ 1% 理论实际上是妥协中的不妥协。"

"当你叫许多人老公的时候，你应该有另外一个特别的词留给你老公，这是一种不随波逐流，是一种不妥协的态度。"

许多语言从某种意义上说都是约定俗成的。《荀子·正名》对这一说法有非常清楚的阐述："名无固宜，约之以命，约定俗成谓之宜，异于约则谓之不宜。名无固实，约之以命，约定俗成谓之实名。"意思是，名称没有本来就代表某种事物的，人们相互约定用某个名称代表某种事物，约定了、习惯了，就是某种事物的名称了。

随着词语的变化，如今"日"不只代表"太阳"，"菊花"也不仅指某一种花，"老公"不单是和你结婚的那个人，"同志"不只具有革命色彩，"小姐"也不单指从前的大家闺秀，"黄瓜"也不只是一种瓜。词语随着时代的发展，所指代的意义也在改变。词语本身有脱敏化的功能。"欢"这个字，在古文中指的是动物交配，如"欢腾"最初形容的就是这个意思。

"以前写信给女同学，想要在书信中表达亲密的关系，如果写'亲爱的××'，那就感觉太直白，很别扭。于是我就想了一个办法，称谓用'Dear'，这样一来就显得很自然了。因为'Dear'这个词对于英文语境来说，已经脱敏了。英语中对谁都可以叫'Dear'，把它放入中文语境中，就形成一个非常有趣的张力。"邹振东说，"所以不要把这个太当回事，觉得叫'老公'对方就要负责任了。当你叫许多人老公的时候，你应该有另外一个特别的、独一无二的词是留给你老公的，这是一种不随波逐流，是一种不妥协的态度。"

有一个因语境误解而产生的笑话——某女性收到短信写着："亲，明天记得去开会。"她老公看了短信后大惊："谁叫你亲？你是不是外头有人了？"然后两人吵起来。其实那是因为他们处于两个不同的语言系统里，因此对于"亲"这个词发生了误会。当你在淘宝上所有人都叫你"亲"的时候，你真正的亲要有另外一个词了。因为在当今淘宝的语境下，"亲"这个词已经脱敏，不再具有原来表示亲密关系的"亲爱的"意思。在一些人看来，"亲"这个词已经约等于"你好"，叫你"亲"不代表跟你真的亲，它已经没有任何亲密性，对谁都可以开口认"亲"。

"一些缺乏文化的商人，喜欢攀文化人、艺术家，以体现他属于文化阶层的品位。"

在中国熟人社会中，熟人代表了一种可靠、可信任的关系，相当于熟人圈中的"ISO9001安全认证"。在认识新朋友的场合中，一旦对方表示他和一个我们共同的朋友某某很熟，两人的关系便会迅速拉近。在20世纪二三十年代的中国，一代知识分子胡适因人缘好、交际广，从徐志摩到林徽因，从沈从文到蒋介石，胡适的朋友遍布教育、政治、科学、文化各界。"我的朋友胡适之"，曾经是许多中国文化人的口头禅，是当时知识分子群体朋友圈的集体写照。在中国熟人关系的习惯里，人们遇上什么事情都习惯先找熟人帮忙：借钱先找熟人而不是去银行，孩子读书找熟人上好学校，求职找熟人介绍好工作，看病要找熟人认识的医生，甚至买米也要找熟人的店买。

这是一个越来越陌生化的时代，现在人们口中说的"熟"，和以前的"熟"已经发生了很大的变化。在过去，熟人关系是一种物理空间的接近，而现在，它更多的是一种网络社交空间的接近。90年代大家同住在一排楼，小孩子相互串门，端着碗就跑到邻居家去吃饭、看电视，物理空间的距离是很近的。现在，我们能通过互联网知道奥巴马今天在做什么，但我们也许不知道我们的邻居姓什么，甚至连邻居长什么样都不知道。

在熟人社会中，也不乏以"攀熟"来浑水摸鱼的人。邹振东说："这种所谓的'熟'不过是以获得某种利益为目的的'攀熟'行为。为何用'攀'这个字？因为所有的装熟都有一种高攀现象。"如果有个 × 丝向你吹嘘"我和王思聪很熟"，也许实际上他只是在某次游戏活动上见过他一面；如果有个学生跟你说"韩寒是我岳父"，那你可以直接忽略他讲话的真实性。

所谓的"攀熟"现象，实际上和文化认同是相类似的。曾有调查指出，在所有阶层中，人们的品牌认可都是他们购买力的更高一层：月薪两千的阶层希望能买月薪五千的阶层人群消费的品牌；月薪五千的阶层所认同的是月薪过万的人群消费的品牌；月薪过万的人目光就是更高一级阶层的消费品牌。因此，在中国经常有女性背着LV挤地铁，这也是一种"攀熟"现象，本质上是希望得到更高一级阶层的认同。邹振东说："喜欢攀熟的人，本质上是希望自己能够跻身更高的阶层。攀熟还有一个特点，就是人们容易缺什么就攀什么。比如一些缺乏文化的商人，喜欢攀文化人、艺术家，以体现他属于文化阶层的品位。"

熟人关系就像穿衣服，多了你会热到窒息，少了你会感到寒冷孤单，适度就好。

有了移动网络以后，所有的人际关系重新在媒介中构建起来，人们网络社交的分量已经在不知不觉中超越了现实社交。人们忙于互相转发心灵鸡汤，而不是登门拜访；节假日群发祝福短信，在微信上忙于发红包与抢红包，而不再是动手把崭新的钱放入一个个红包再小心翼翼封上胶边的口，亲手递上去；朋友圈开始轰轰烈烈卖面膜、卖奶粉、卖瘦脸针、卖假名牌包包的各类微商营销，谁也不知道，身边下一个做代购的是谁；各种各样的微信群开始接二连三地建立起来，小至家庭群、闺密群，大至老乡群、同学群、战友群、游戏群、广告群等，每天信息不断，让人不胜其扰。在微信朋友圈繁荣起来后，我们当下朋友圈里的"胡适之们"也忙碌起来：有"帮助失学儿童请捐款"的，有"请帮我在第一条点赞"的，还有"十种发大财的好方法，是熟人我才告诉你"的……朋友圈达人"胡适之"和"他的朋友们"已成为一种新熟人标签。

中国的熟人文化传统从亲疏关系延伸而来，不可否认，每个人在"熟人"那里或多或少都得到过好处或帮忙，比如刚踏进大学校门的学生，会由老乡带着游览校园；出门在外到美国留学的留学生，若要找人帮忙第一时间也是去找中国同学会；不幸患上重症的人，首先靠的是身边亲戚朋友同事的捐款渡过难关……然而，所有的熟人关系，既是资源，也是负担。"亲，你听说过安利吗？"越是熟人，越是容易被骗。有些人利用熟人的信任，去获得利益。微商、直销等都是从熟人下手。与熟人构建的信任关系是非常脆弱的，如果单纯把熟人当作利益的关系，这样的关系无法长久，"微商"变成了"微伤"，被识破后恐怕就是直接"拉黑"。

这样的熟人经济背后，有着强大的传统社会根源。在中国古代，官府公务员的比例是非常少的，一个镇上就一个衙门，一个知府领着几个差人，办事能力非常有限，何况清官难断家务事。因此自古以来，中国的民间矛盾多数靠熟人进行协调，它曾经是一种有效率的方式。比如兄弟分家、夫妻吵架，都会请村里最有权威的人来做主。"东边的田给你，西边的地给他。"德高望重的长辈头一点，手一挥，人们不敢不服，矛盾就解决了。

邹振东说："我们可以看到熟人社会的很多毛病，但是你从历史的角度看，会发现这么一个传统盛世恰恰是中国历史文化延续不断的根源。我们不必把熟人社会看得太悲观，也不必急于去批判它。我认为现在的熟人社会的矛盾，放在历史的长河中看，是一种秒针的矛盾。因为它无法持久，只是暂时性的，就如秒针，嘀嗒一下就过去了。"

如今，光靠朋友圈去评定"熟人"的标准是不够的。在邹振东看来，判断是否是"真熟人"需要满足两个条件：一是你们彼此之间能够分享各自的隐私，越能交流私人问题，越表示关系好；二是两人都有共同的经历或生活环境，例如曾经一起当过兵打过仗的人，这种曾经抛头颅洒热血的革命友谊是坚不可摧的。美国总统候选人希拉里和川普的竞选团队，从律师到秘书，用的都是他们身边的熟人。真正的熟人，经得起考验。

我们每个人都生活在自己的熟人社会当中，都说"人熟是一宝"，"有熟人"意味着生活拥有便利、可靠的保障。说白了，谁没有从熟人那里获得过好处呢？人总有需要找熟人帮忙的时候。正如邹振东所说，熟人关系就像穿衣服，多了你会热到窒息，少了你会感到寒冷孤单，适度就好。

马伯庸："关你屁事""关我屁事"
解决了世上大多数的事

文 / 赵渌汀

这世上绝大多数事情都能用两句话解决——"关你屁事""关我屁事"。人人都要划清私域的界限。中国从"熟人社会""半熟社会"迈向"契约社会"的过程中，必须处理好这两种关系。

透过在不同地方请保洁阿姨这件事，"亲王"马伯庸（马伯庸常自我调侃"当世有奇人，马讳伯庸，祥瑞御免"，获得个"御免亲王"的江湖名号）体会到了熟人社会和契约社会的迥然不同。

如果在老家请保洁阿姨打扫卫生，他肯定得费半天劲去托亲戚告朋友，简单点说，就是找关系去雇一名能干的、靠谱的阿姨。所有事情搞定后，他会惦记着亲戚朋友给自己帮忙的这份人情，想着以后如何通过礼品、饭局等方式把这份情还清。

"想想都累。在北京的话，我在网上下载几个家政 App 就行了，看看使用者的评价，每个保洁员的认可度一目了然。"马伯庸得意地说。

他时常想起费孝通在《乡土中国》中下过的一个论断：中国社会内核始终是一个以血缘或亲缘关系为纽带的"面对面的社群"或"圈子社会"。沿海大城市的人际关系网相对简单和纯粹，让马伯庸觉得一切至少都按照规章制度和契约办事。而在故乡的"熟人社会"里，你不光得为找关系烦恼，事成之后还得为了报答人情和维系关系而把事情"做全套"。"熟人社会其实在很大程度上弱化了一个社会'法治''契约'的功能，"马伯庸说，"就拿找保洁员这事儿来说，在北京，我不需要通过任何中间的关系转接，甚至不需要和任何人讲话，就可以把这件事情搞定。"

马伯庸认为，这也让曾经因为各种压力逃离北上广的小青年，在家乡遭遇熟人社会的烦恼后又逃回北上广。从一个压力巨大的相对来说更加契约化的社会，逃回一个压力轻但却被熟人左右的熟人社会，年轻人的潜在负担会更重。在北上广，他们只需考虑那些可以通过自身努力望得见的远方，但在家乡，一切都与地位、权术、交际和人脉挂钩。"这些可都不是你自己想奋斗就能得来的，说白了还是得拼爹拼妈。"马伯庸说。

"没有足够关系，你就沦入下流社会；熟人不够多，你就沦入陌生人社会。"这句广为流传的话在马伯庸看来不无道理。"对于背景不深的年轻人来说，小城镇最易从熟人社会直接过渡到陌生人社会；北上广则是彻头彻尾的陌生人社会，但至少有着小城镇所不具备的契约精神。"

美国经济学家弗里德曼曾这样形容陌生人社会："我们走在大街上，陌生人保护我们，如警察；或威胁我们，如罪犯。陌生人教育我们的孩子，陌生人建筑我们的房子，陌生人用我们的钱投资……"

马伯庸倒更愿意用"契约社会"去代替"陌生人社会"的说法，他认为所有的陌生人社会的最终目标都是现代契约社会。"随着改革开放，农村人口向城镇大面积迁徙，这意味着更多的年轻人涌至沿海发达城市，而传统的熟人社会虽然仍然在农村乡镇存在，但已渐渐式微；目前的中国社会远称不上契约社会，所以是一个半生不熟的社会，一个'夹生'社会。有人说现在是陌生人社会，我并不赞同，虽然目前的社会确实因为某些领域的冷漠而有陌生人社会的影子。我更愿意谈法治社会、契约社会，这才是现阶段中国社会的目标。"

马伯庸有句名言：这个世界上绝大多数的事情都能用两句话解决，一句叫"关你屁事"，一句叫"关我屁事"。

关于这句话，"亲王"还记得是几年前在中关村一次新书签售时脱口而出的。当时有个读者突然站起来向他问了个问题："现在有很多女大学生，谈一次恋爱就相当于结了一次婚，结了婚以后这个女生就不再单纯了，就不纯洁了。那么我们有没有必要在大学时代禁止这些女生谈恋爱，从而要求这些女生一生只和她的老公谈一次？"

"亲王"听完就觉得这个问题太无礼。"我直接跟他说，现代人幸福的根源在于两句话，一句是'关你屁事'，一句是'关我屁事'。"

他觉得中国从过去的"熟人社会"，到目前这种半生不熟的"半熟社会"，再迈向"契约社会"的过程中，必须处理好这两句话的关系。

"我觉得这两句话延伸开来说，其实是每个人私域边界的问题。到底什么事儿是你可以管的，什么事儿是你不可以去干涉的，这点我们大家要尽量清楚。区别开'我允许他人进入的私人领域'和'我无权干涉的他人领域'，这点对于一个契约社会的培育至关重要。"

在一个典型的熟人社会里，有些事情可能会变得特别模糊。

"比如在婚恋方面，大家都很清楚了，每年媒体做的关于'逼婚催育'的报道那么多，以至于大家看到这种现象都觉得司空见惯了。"

一些大龄女青年会经常受到他人的询问，甚至回老家遭到家人和亲戚朋友的逼婚，这种现象在马伯庸看来极不正常。"这在一个熟人社会里不可避免地出现，七大姑八大姨总是质疑你，在单位别人也对你另眼相看，觉得你没有在该结婚的年纪结婚，该生育的年纪生育。"

毫无缘由地干涉和追问某人的婚恋情况，不管对方是否相识，马伯庸都认为这是一种对个人私域的侵犯。"婚恋这件事儿，生育这件事儿，跟外人没有任何关系，在熟人社会，甚至如今的半熟社会里，我们很可能就会饱受这些连带关系之扰。"他认为这属于"关你屁事"的范畴。

马伯庸曾在外企工作，他认为在熟人社会里遭遇的一些尴尬，在外企里这类事情完全不存在。"我觉得这是外企比一些国企灵活和自由的地方。在外企没人干涉你交际的自由、你写字的自由、你婚恋的自由、你选择生活方式的自由，等等。"

他认为一个正常的社会应该是这种状态：我既不给别人添麻烦，也不让别人给我添麻烦。

"我注意到前段时间有个教授在学校的毕业典礼上为毕业生们寄言，大意是不要轻易地叫一个陌生男子为老公。我觉得这管得有点太宽泛了吧。不管是女性还是男性，他去叫别人老婆或者老公，或者什么岳父之类的，这都是他个人的权利。他可能是发自真心实意，也可能仅仅是一句玩笑话，仅仅是逞一时口舌之快，我觉得其他人没必要为了这点事儿就去干涉或者指责。说句不好听的，这和那些为大龄青年未婚问题殚精竭虑的人群是一样的，对待这件事情时每个人想法都不同，何必把自己的意志强加于他人的一句有可能只是玩笑话的谑语之上呢？"马伯庸认为，这时需要认清的是这件事"关我屁事"，"这是他人的私域，你去冒犯了说明你想借助熟人社会的准则去影响他，用人际学的那一套给他压力，这完全犯不着"。

其实更爱陌生人
文 / 窦浩

我们需要建立新型的人际关系，"以打破人们对人情和关系的心理依赖"。在"陌生人社会"，制度是种保障，它可以排斥人情纠葛和人情垄断，摒弃拉关系、走后门等烦琐环节。

一个陌生人社会就是一个多讲原则少讲人情的社会。

一个城市里，陌生人越多，交易越频繁，陌生人社会是商业社会繁荣的基础。费孝通发现，熟人社会很难产生商业文明："我常看见隔壁邻舍老远的走上十多里在街集上交换清楚之后，又老远的背回来。他们何必到街集上去跑这一趟呢，在门前不是就可以交换的么？这一趟是有作用的，因为在门前是邻舍，到了街集上才是'陌生'人。"交易是陌生人之间的行为，在村子里，你怎么好意思收二大爷的钱？你还穿开裆裤时他就逗着你玩呢。

陌生人社会就不一样，没有交情，可以明码标价把西瓜卖给你。由此可见，微商是勇敢的创业者，他们在熟人圈子里做生意，不顾熟人关系而明码标价。但微商的朋友就比较为难了，很多时候因为关系而消费，消费多了，埋怨多了，关系也就少了。

同样的道理，二三线城市和小城镇更多是熟人社会，找个工作需要托很多关系，不同的地区托人办事有不同的潜规则。而北上广深是陌生人社会，招聘的要求和待遇都明码标价，即使有竞争，也是在显规则之下竞争。很多人逃离北上广深，是因为他们在老家有更多的熟人关系；有些人没有脱离，是因为他们更喜欢活在一个没有熟人的社会，活在一个各种规则透明的地方。

《周公解梦》里写"见陌生人，主吉祥"，还说"交生人朋友，可靠"。可靠不可靠，取决于陌生人相见时的眼缘，但有一点很可靠，《周公解梦》预言了21世纪成为网红的秘决："与生人争吵，扬名。"

陌生人社会"打破人们对人情和关系的心理依赖"。当人与人之间的血缘、亲缘和地缘纽带被斩断后，商品交换就会繁荣起来，这时人与人之间的交往和信任需要靠制度或契约来维系。四川省社科院社会学研究所副所长胡光伟说，"陌生人社会"又被称为"法治社会"或"契约社会"，在陌生人社会，制度是种保障，它可以排斥人情纠葛和人情垄断，摒弃拉关系、走后门等烦琐环节。

一个现代化社会，应该是一个有秩序的陌生人社会，正如美国学者弗里德曼描述的："我们走在大街上，陌生人保护我们，如警察；或威胁我们，如罪犯。陌生人扑灭我们的火灾，陌生人教育我们的孩子，陌生人建筑我们的房子……我们的生命掌握在陌生人手中，我们得病住院，陌生人切开我们的身体、清洗我们、护理我们、杀死我们或治愈我们。如果我们死了，陌生人将我们埋葬。"

2016 年度佳作

中国人掏空报告

爱沙尼亚艺术家 Eiko Ojala 利用纸张的自然高低所产生的光影，
塑造出人像以及身体曲线。

中国人掏空报告

我们为什么活得这么累？

几年前仪态万方的宜家躺还历历在目，今年的葛优瘫又横空出世。

网民为此万众 PS 狂欢时，神曲《感觉身体被掏空》给出了表象后的解释。

砸烂格子间，是办公室居民的幻想；不要加班，是苦 × 白领最终极的反抗。

不管什么躺、什么瘫，都是想表达一个意思：生无可恋。

你不是感觉身体被掏空，因为你本来就是空的。

作家史航谈及两种人生态度：一种是虚度，不服从、不迎合主流的价值体系，只迎合自己。另一种是虚耗，头顶时刻有"工作未完成"的阴云，却不断玩游戏拖延时间。结果哪样都没做好，只加深了对自己的鄙视。

做好了虚度时光准备的人，能享受日剧《孤独的美食家》所描述的那种最佳治愈时刻：不被时间和社会束缚，短时间内变得随心所欲，重获自由。

而内心纠结着虚耗时光的人，会因空虚感而动辄"感身空"。

中国人善于在一切难以想象的空间小憩。"中国睡"随时可以在世界各地的公共场所上演，中国人真的那么累吗？

幼年时他们是任性放纵、一路哭闹不休的熊孩子，成年后他们是旁若无人喧哗、吃东西、搬走公共物品的熊大人。

散漫放纵的教育和身体管理背后，折射着一个民族的城市景观和人生态度。

"行如风、站如松、坐如钟"的时代或许已逝去，

但我们，仍需要对身体和礼仪有基本认知和管理的国民；

需要能为市民提供休憩空间和舒适角落的城市；

需要给勤劳的中国人足够休息时间的制度和老板；

需要一个既尊重个人空间，也管理好公共环境的社会。

在这个人人"感身空"的时代，"健康"的内涵不只是"不生病"，还需要从

身体上感受到舒适。

从身体力行中获得幸福，能积蓄身体的力量并加以扩充。

一个充满了这样健康的人的社会，才真正谈得上健康幸福。

不要加班！让我瘫一会儿

文 / 谭山山

有的时候人就是把自己看得太重了，焦虑也随之放大。比如"拖延症""懒癌"的说法只是一种夸张的修辞，"身体被掏空"也一样，你并不是真的被掏空，而只是在撒娇。

无论是"葛优躺""北京瘫"还是神曲《感觉身体被掏空》，其实都是想表达一个意思：生无可恋。

这也是葛大爷那张来自 1993 年的剧照爆红的原因：他那稀疏的须根，空洞的眼神，颓废的身体语言，直观地阐释了"我差不多是个废人了"。当你心里有一万种不满又不想说话，给对方扔一张葛大爷的表情，TA 应该就秒懂了。

"我知道我在虚度生命，但就是爽到不想停下来。"

一样东西成为爆款，必定因为它对某种社会心态有所投射，或者说，它扎到了某一社会人群的痛点。压在"葛优躺"图片上的种种说明文字，以谷大白话的最为带感：I know I am wasting my life, but I just don't want to stop——我知道我在虚度生命，但就是爽到不想停下来。

为什么生无可恋的感觉有时候这么爽？为什么我们就是想这么瘫着，什么都不想、什么都不想干？有评论认为，"这样绝望特质的发言，是青年人洞悉并受困于自身无能的'丧（sàng）文化'的崛起"，并列出除"葛优躺"之外丧文化的代表形象：强颜欢笑的网红青蛙佩佩、来自日本的随时瘫软的懒蛋蛋、眼角有泪的咸鱼（你一定知道周星驰那句话"人没有梦想，跟一条咸鱼有什么分别"）。

这当然是一种自嘲。没有人能真的接受自己是一无是处的废物，但既然努力不一定能奏效（就是所谓"上行通道受阻"），那就以一种颓废、消极的态度来消解这种面对现实的无力感吧。

这样的事情，很多作家也干过，不过他们的反抗方式很文艺，并发展出一种"颓废主义"。

2016 年 4 月 27 日清晨，北京，人人信用管理有限公司数据产品经理寇萌在办公室的行军床上睡觉。（图 CFP）

废主义"。学者薛雯在《颓废：人类身体与精神的文化症候》一文中指出："颓废意识的发生一般与人类的自我认识、处世态度与身体力行相关。"而在她看来，体现了颓废意识的颓废主义文学，并不仅仅是发生在十八九世纪、以波德莱尔和于斯曼为标志性人物的颓废主义思潮与运动，甚至可以追溯到古罗马时期。

"学术界认为，在西方思想史上，如何理解身体经过了四个阶段：柏拉图阶段相信身体与灵魂是二元对立的，身体成为罪恶；中世纪将否定身体视为回归上帝的先决条件；文艺复兴以后，虽然有着对于身体的某种向往与歌唱，但在随后的知识崇拜面前，身体再次被贬抑；尼采阶段开始解放身体，创造了'身体本体论'。颓废主义对人类身体的理解远比文艺复兴与浪漫主义更为大胆纯粹，是对于身体的重新发现、体验与表现。"薛雯这样写道。

颓废主义是出世的、个人的。薛雯认为，颓废主义的创作"指涉艺术家的生命个体，不再追求反映外在现实世界"，大量描写缄默、腐败、黑暗、死亡、病躯、变态、丑恶等危险表象，因为这类危险表象被过去的艺术忽略了。

在另一篇关于颓废的文章《"颓废"的美：城市的另一面》中，薛雯称"颓废是后工业文明众人的状态的集中表现，从而成为城市人的应世方式之一"。颓废者执行"自我原则"而非"现实原则"，以艺术化的个性活动方式对抗社会并进行超越，超越现实社会的矛盾但并不求生化，其典型代表就是不愿入仕途的贾宝玉——既不肯屈从，也不肯媚俗，更不愿意高蹈升华成佛成仙。

身处互联网时代的年轻人并不具备从理论层面解读颓废的能力，但他们在现实中不断受挫的经历，让他们直觉地反思"你必须努力，努力一定会成功"的成功学，并用"我可不可以不成功""我就是个废人了那又怎样"等姿态来完成消解。

可以虚度光阴，但不要虚耗人生。

日本作家奥田英朗著有《精神科的故事》，描述了现代人"身体被掏空"的种种病症：病例一，38 岁的大森和雄，积劳成疾，持续腹泻，"内脏就像乱了套的班级一样"；病例二，35 岁的田口哲也，常年压抑情绪，于是生殖器反常地持续"暴起"，就像为主人忍气吞声而愤怒一样；病例三，33 岁的岩村义雄，总觉得烟头没熄掉，家里会起火，自行诊断为强迫症……

幸运的是，这些病人遇到了一位名叫伊良部一郎的精神科医生。他的诊断方式，是不管三七二十一先给病人打上一针，接着才因势利导，引导他们走出个人困境。比如针对持续腹泻的大森和雄，他如此建议："你可以试试在繁华的商业街上暗杀地痞流氓。"因为这不过是麻醉剂的一种。"你会被人家追杀啊，对吧？连小命都难保的时候，你还有时间为家庭和公司的事情烦恼吗？"

不是每个病人都能遇到像伊良部一郎这样的怪咖医生，人生的路还得自己走。在为《精神科的故事》第二部《空中秋千》做宣传时，编剧、作家史航谈及两种人生态度。一种是虚度，不服从、不迎合主流的价值体系，只迎合自己。在他看来，虚度是人生的真谛，他本人就在忙着虚度光阴，重要的是"度"，是在感受。另一种是虚耗，"该上班但不想上，想去网吧打游戏又觉得自责，特别困还不能睡觉，一下午在网吧掐着大腿不能睡觉，第二天被扣工资，这就是虚耗"。和虚度不同的是，虚耗"哪样都没有做到，在这个矛盾体中内心纠结，还完成对自己的鄙视"。

和史航对谈的心理咨询师简里里说，史航所描述的"虚耗"状态，在心理学里相应的概念是"神经症"。她觉得在自己以及自己这一代人身上，"虚耗"的特别多，具体体现在：你先抓住一个价值体系（通常是主流价值体系），觉得自己按这个做就对了，比如说赚很多钱、得到一个好工作、买一辆好车就会开心；然而，这套价值体系可能并不适合你，你在执行它的时候，心里会有个小声音告诉你，那么做没有什么价值，"拒绝苟且的人生"，于是你就会动摇、困惑。不知道自己要什么，要了哪个都不开心，空虚感由此产生。

解决问题的关键，就是建构自己的价值体系。古话说，"知止而后能定"，知道自己的底线和边界所在，就有了定力，不会为别人所左右。史航说自己是不会游泳的双鱼座，觉得海洋里最美好的东西是潜水艇，人在里面可以看到周遭的一切，鱼也围着打转，但外力进不来——"这就是我对人世间的态度"。他的意思是，一方面保持对世界的开放心态，另一方面坚持自我，"我可以在自己的空间里跟它们非常亲近，几乎我们都接上吻了，但是我们中间隔着东西"。每个人都可以找到自己跟世界打交道的方式。

正如心理学者李松蔚所说，有的时候人就是把自己看得太重了，焦虑也随之放大，比如人们常说的"拖延症""懒癌"，心理学上并不存在这些病症，那只是一种夸张的修辞而已。"身体被掏空"的说法也一样，你并不是真的被掏空，而只是在撒娇。或者，更糟糕的是，你没有被掏空，因为你本来就是空的。

《感觉身体被掏空》末尾喊出的那句"不要加班"，几乎是我们当前所能想象的最终极的反抗。

在《隔间》(Cubed，即我们常说的"格子间")一书的开头，印度裔作家尼基·萨瓦尔（Nikil Saval）展现了一段让上班族大快人心的视频所记录的景象：在日光灯照明的狭小空间里，设置着密密麻麻的方形格子间，员工双眼都盯着电脑。一个穿衬衫打领带的男人坐在自己的办公桌前，有个同事蹲在他桌旁的档案柜前取文件——一切都很平常，正是上班族熟悉的场景。突然，蹲着的男人抓起文件扔向坐着的同事，同事往后倒退；接着，这个男人举起沉重的电脑显示屏（还是那种巨大的显像管屏幕），摔向旁边的格子间，撞到桌角摔落到地上冒出黑烟。他又跳到桌子上，猛踢向办公室隔成方格的薄隔板，直到扭曲变形。两名同事躲在角落内用手机拍摄，这个盛怒的男人从一张办公桌后面找来一根长棍，立刻拿来攻击复印机。最后，终于有一个员工奋不顾身地从他手中夺走棍子，把他制伏。失去武器的男人被压在地上，遭电击枪电击，不断扭动，抓着自己的肚子、领子和领带。

这段来自监控摄像头、渣像素的视频，2008 年被人放到 Gizmodo 网站上后立即引发强烈的反响。有评论说，这一幕，"是所有办公室居民的幻想"。也有人质疑视频造假，因为这年头谁没有平板液晶屏幕？姑且不论其真伪，这段视频的确触动了上班族的心弦（他们把办公室称为监狱，同事则是狱友），很可能，在内心深处，他们已经上百回、上千回这么干过了。

对很多人而言，上班即意味着加班，所以《感觉身体被掏空》末尾喊出的那句"不要加班"，就像专栏作家沈河西所说，"几乎是我们当前所能想象的最终极的反抗"。

那么，不要工作又如何？沈河西在文章里写到，20世纪60年代，法国思想家德波在墙上写下一句振聋发聩、离经叛道的宣言：永不工作！德波确实没工作过，甚至不屑进入大学接受科班教育。他喝酒、逛街、写作、拍摄电影，他用怠工和停工来抵抗堕落的社会。这在思想批判层面很有意义，但在现实中实现的可能性很低——除非，你能像当年的德波那样，得到妻子的经济支持。

这也是"来一场说走就走的旅行"轻易就能打动苦×的上班族的原因，因为他们至少得有一点念想，以度过难挨的格子间生涯。确实也有一些公司开始推动不加班的文化。像荷兰的一家设计公司，索性把办公桌设计成可移动的：每到下午6点的下班时间，这些办公桌就会自动升空，飞到天花板上。快下班的时候可得小心，千万不要把个人物品如手机摆在桌子上，不然就会被"消失"的桌子带走。办公桌"消失"后，办公室就成了开放的空间，员工们可以在这里练习瑜伽、跳舞。

听上去真不错，对不对？

亚健康的"骆驼祥子"

文 / 叶丹颖

比起表面上看似庞大的工作量，其实太多不必要的消耗才是累垮我们的根本原因——"你只是看起来很努力"。

看着邮件里的圈红和批注，安迪感到内疚。在前一天的工作会议中，身为公司高管的安迪发现员工刘思明的文案里竟存在一处重要的数字错误，怒不可遏的安迪突然朝刘思明发火，并厉声命令他："今天晚上你加班也好，通宵也好，明天早上 8 点钟之前，我必须看到一个修正版！"凌晨 3 点，刘思明因过劳陷入深度昏迷。

这是发生在热播剧《欢乐颂》里的一个场景，却真实反映了职场中人所面临的巨大精神压力以及长期郁积的身心疲惫。用一个字来概括，就是——累！

"不仅公司在消耗我们，我们自己也在消耗自己。"

婉婷（化名）是北京一家影视公司的文案策划，这是她今年换的第三份工作。"我辞了第一份工作后，公司就解散了，又重组。第二份工作，我干满了试用期，他们愿意跟我签合同，我又干了两周，还是辞职了。"

最主要的原因是总监太爱骂人，公司里每个人都被他骂过，包括不属于他管的保洁阿姨。此外，总监常常要她把 PDF 文件里的内容一字一字地敲成 Word 格式，婉婷只能在心里嘀咕：怎么不问人家要一份 Word 版呢？但位于职场生态链底层的她，只能按部就班完成这些在她看来无聊的工作。

在新的公司里，婉婷依然干着体会不到价值感的活儿。有一次，老板在周五下午快下班时才把一个大型活动策划案扔给她，要求她一天内完成。这份在正规活动策划公司需要用大量时间先做调研才能完成的工作，婉婷被迫用一天做完了，做好后她担心，可别做得不好，到时候砸了。但是，她的担心是多余的。

"我交上去以后就再也没有下文了。我问老板，他就跟我说，这个东西嘛，咱只是协助别人的一方，他们不做了，那就不做了呗。"扫兴的婉婷后来就习惯了，她继续做 PPT、改 PPT、做一些项目，但她已经意识到："都是这样啊，反正都不会执行，我也不会有机会真正参与其中，也不会有什么新的、好的想法，因为发现根本就没有用嘛，何必去想呢？"

说这些话的时候，婉婷其实很无奈。"慢慢地，我就发现，真的不必想着到一个公司去施展个人抱负。充其量吧，就是能体现你一点点的能力，其他的不要想太多，你就想着赚钱就好了。"

但婉婷的经济情况并不乐观。与许多北漂一样，她租住在离公司很远的北七家。"我每天上班来回要三个多小时，先坐 10 号线，再倒 5 号线到终点站，最后换乘公交车。每天吭哧吭哧跑来，再吭哧吭哧回去，什么东西都没有学到，我觉得我在消耗我自己。"

比婉婷晚进公司的 Ada（化名）工作上不在行，但她有自己的本领。"她喜欢发励志朋友圈，说自己如何努力、给自己打鸡血。她还喜欢找老板聊天、聊梦想，而老板是一个特别有梦想的人。"婉婷指的"有梦想"，其实是"爱谈梦想"，大大小小的会议中，老板都会用自己的梦想作为激励员工的口号。现在 Ada 已经被提为部门总监。

"比起 Ada，王鑫（化名）更会说。我每次见他，他都要说：我忙死了，忙死了，忙得饭都吃不了了。"婉婷说，"我们公司大多数是这样的人。这公司表面上要求你把什么任务都快速做完，其实呢，它只是让你学会一种技巧——显得你自己很忙。"

"为什么我总是找到亚健康的公司呢？"

婉婷想过再次跳槽，但这回她犹豫了："有很多人跟我说，不同的公司会有不同的问题。从我切身的经历来看，的确如此。我觉得自己是一个健康的人，受过好的教育，但为什么总会找到亚健康的公司呢？是不是我太喜欢挑了，或者是我太不现实了？"

后来她发现，自己潜意识里既希望公司很专业，让自己得到锻炼；但又怕它太专业，会不断在自己身上找毛病，而且过于激烈的竞争会让她感到压力很大。"这是很多人的一个困境，找到契合的公司真的很难。"婉婷感慨道。

在看到一篇分析人为什么穷的公众号文章时，婉婷恍然大悟："因为我就穷嘛，它说得很对，原来是我没有管好自己的注意力。"婉婷称，文章的核心观点是："你为什么穷？因为你的时间都用来忧国忧民、杞人忧天和多管闲事。"

"比如，那个后来没有下文的项目，也许我可以做得更好，但我没有，而是把注意力放在观察公司发展上。公司发展是跟自己的切身利益相关，但我这么做其实是多管闲事——因为手头是有工作的。"婉婷有些矛盾。

在婉婷看来，理想的上班体制是：领导不要逼问她几点能做完，而是告诉她——你什么时候做完，就什么时候回家。她听过的一期《罗辑思维》给了她启发："希望企业不要太死板，能想一些新的模式，比如不坐班的工作方式。"

婉婷的愿望其实正在被一些具有先进意识的企业实践着，英国《金融时报》的报道《办公室已死》称："加拿大电信提供商 Telus 在加拿大的 2.7 万名员工中，有 70% 现在是'移动的'——在家、办公室和其他地方工作，或者完全在家工作。"文中指出："那些在家工作的人接听的电话数量比在办公室工作的同事多出13.5%，而且离职率是后者的一半。"

在家办公其实是让员工更灵活、更高效率，而不是更长时间地工作。"每次下大雨，我就请假不来上班，但我从不耽误工作，我在家里把那天本来要在公司做的东西全做完了，还不用跑那么远的路程，我觉得特别开心。"不过，婉婷还是因请假被扣掉了当天的工资。

面对职场压力，婉婷每天下班回家都要玩游戏来给自己解压。"在《跑跑卡丁车》的世界里，我真的能全心投入，虽然它是一款很激烈的游戏，又很无脑，但我操控的那个人就勇往直前，我什么都不用想，真的能得到放松。"

大大小小的会、习惯性加班——我们有多少时间是在瞎忙?

采访完婉婷后，记者来到位于北京中关村的微软大厦，见到了 8 月 14 日在此做客吴晓波北京书友会的嘉宾杨帆。作为乐视的资深产品经理，杨帆发现："公司老开一些不必要的会，十几层的楼，员工跑上跑下，有的还要坐摆渡车，很浪费时间。"

"每次开会，其实很多人是被摁在会议室里的，和自己有关的只有一小部分。比如文案虽然跟美术确实有一定关系，但没有必要坐在会议室听 leader（团队负责人）跟美术（设计）讲一个多小时设计方面的东西。"宣亚国际传播集团策略总监梁天宇说。

除了大大小小的会，习惯性加班也是职场问题的老大难，杨帆告诉记者："很多人加班是在无意义地耗，后来我就定了一个制度，要求每个员工早上 10 点到，晚上 8 点 30 分之前一定要走，特殊情况除外。要是总弄不完、总加班，个人在能力或一些工作方法上肯定出了问题，我就直接给他们指出来。"

谈起职场中的消耗，杨帆对闲聊这个现象很在意："没事大家坐着闲聊，聊生活、聊食物、聊八卦就是不聊工作，一聊起中午去哪吃就特别热烈。所以我的做法是培养一种氛围，让这些人主动地去组织、分享、召集大家，比如要他们在做一个新项目前先征集大家的想法。因为个人的思维是有限的，如果懂得征求他人意见，这样就把闲聊时间收集起来了。很多人效率慢的真正原因，是没有注意到自己平常这些细小的事情。"

当天同时出席书友会的 Teambition 华北销售总监曹阳把"加班狗"的个人困境归结为"两大痛"：第一痛是工作事项太琐碎，有压力无法放松的原因，并不是由于承担了太多工作，而是大脑中要做却没做的事情越来越多；第二痛是信息碎片化，表现在需要不停切换平台，私人空间被侵入、工作节奏被打乱。对此，曹阳认为建立任务清单是清空大脑的一剂药方，并且按紧急程度、重要性将任务分类，及时总结任务完成效果；而一个统一的信息平台，是解决信息碎片化的有效途径。

针对"加班狗"的团队困境，曹阳则归结为"三大痛"：第一痛是目标不明确、职责不清晰，管理层不知道公司整体进展，基层不知道公司方向和上下游进展；第二痛是沟通低效，部门孤岛，无休止地开会、信息不流通、不透明、不信任，这就是内耗；第三痛是团队缺乏主动性、创造性，贡献不清晰、办公室政治、获取资源难、传递链太长等，都可能导致员工自我感觉只是一颗"螺丝钉"。

"大公司都是这样，把人变成一只蝼蚁。你先是一只小蝼蚁，然后变成一只中蝼蚁，接着是大蝼蚁。"

被职场之累侵袭的还有职场作家。

刚刚出了新书《火不是我点的》的于一爽对记者说："我虽然在互联网界工作，但我特别反对互联网。我负责的搜狐文化时尚中心，有文化、社会、艺术、时尚几个大的频道，涉及内容输出、流量输出以及销售。我每天都在忙内容业务，而且要发微信公众号，我比较不能接受文章底下的阅读量，所有的东西都可以变成数字，它让我特别容易紧张。其实真正花在做内容上的时间并不多，大部分都花在公司那些七七八八的事情上，比如沟通——沟通无效，然后再次沟通，再次沟通无效。"

"我觉得大公司都是这样，把人变成一只蝼蚁。你先是一只小蝼蚁，然后变成一只中蝼蚁，接着是大蝼蚁。本质上，它利用你，给你糖吃，所以我也很警惕这些东西。"于一爽说。

同样是职场作家的巫昂2003年9月从《三联生活周刊》辞职。"离开的原因首先是我不想做杂志的主编，我对这个职业没有任何喜好，也不喜欢领固定薪水；获得自由最快乐，无上限是我期待的未来。"诗人和虚构小说家的身份是巫昂最认同的，在自己开的手工作坊里，她获得了宁静和快乐，"我永远都不会想做文化部、教育部的部长，这取决于个人对价值的认定，我可能想让自己的灵魂在空中，看看人类忙些什么——就是这种感觉。所以我对于很落地、很坐实的事，反倒有一种莫名的恐惧。"

数不清的会议、日复一日的加班、烦琐非人性化的流程、不良的人际关系、职场潜规则……亚健康的职场环境催生了一个又一个"骆驼祥子"。他们怀揣梦想，他们努力疲惫，他们伤痕累累，他们像西西弗斯一样在无望中坚持。

当每个身陷职场的人都在喊"累"的时候，我们不得不思考：是什么导致了我们身心俱空？比起表面上看似庞大的工作量，其实太多不必要的消耗才是累垮我们的根本原因——"你只是看起来很努力"。

而一个健康的职场环境，应如马克思所说："能给人以尊严的只有这样的职业——在从事这种职业时，我们不是作为奴隶般的工具，而是在自己的领域内独立地进行创造。"

本应互相安慰，却成了互相拖累

文 / 宋爽

亲情关系是人际关系中最亲密的一环。这导致一部分人对亲情不经营、不维护，因为觉得它会一直存在，不会出现像朋友、同事、情侣之间那样老死不相往来的情况。

众所周知，没人能选择他们的亲人。这种由于血缘关系而建立起来的难舍难分的复杂关系，使得亲情具备了某种道义上的天然正当性，也成了控制他人生活最堂而皇之的理由。从很多方面看，亲情之所以累，是因为我们误以为那些欲求都是理所应当的，而这便足以导致矛盾和痛苦的产生。

"什么都不为，就因为我是你妈"，这是父母干预子女选择最常用的一个理由。

在所有关系中，似乎最有"资格"对别人的生活指手画脚的就是你的亲人了。"什么都不为，就因为我是你妈"无疑是政治正确的巅峰之作。

无数年轻人被父母、亲戚的意志所左右，无法自由选择人生道路。这便催生一个问题，即我们应该在多大程度上听从父母的安排，在多大程度上遵从自己内心的选择。很多人不得不在这两者之间苦苦挣扎，有能力有胆识的人一般选择后者，而对于其他人来说，不论选哪条路都不能令人满意。

赵新然，今年33岁，已经在政府机关工作了十年。这十年间他并没有晋升，也没有得到领导的赏识，用"混日子"来形容他的职业生涯恰如其分。所有人都以为赵新然是一个没有上进心的人，可只有他心里清楚，自己并非没有上进心，而是——从头到尾他就没想干这份工作。

刚毕业那会儿，他憋了半年，终于鼓足勇气告诉父母：自己想当一名自由摄影师。结果可想而知，这个想法刚从赵新然嘴里冒出来，老两口便胸闷乏力、愁眉苦脸，觉得这个儿子基本算是白养了。"什么自由摄影师，不就是没编制的闲散人员吗？既没前途又没钱途，你疯了吗！你要把我和你妈 × 死啊！"

赵新然对此早有心理准备。他没有立刻认输，而是展开了一场历时一年的艰苦卓绝的拉锯战。最后，拉锯战以赵新然败阵结束。原因是他无法面对父母不时发作的高血压以及永无止境的叹息、唠叨。

没过多久，赵新然穿着笔挺的白色短袖衬衣和妈妈准备的带盖儿茶杯坐进了办公室，父母笑得合不拢嘴。

他们逢人便夸自己儿子有出息，赵新然就在一边默默听着。事到如今，他只明确了一件事，那就是他是一个牺牲品。

尽管这种牺牲没有达到可歌可泣的地步，可他心知肚明，未来一眼就能望到头。对于一个人生本来充满无限可能的年轻人来说，没有比这更残忍的事了。

可谁也不能理解，这种莫大的痛苦竟然能让他的父母感到由衷的快乐——还有比这更荒谬的事情吗？这就是亲情之爱吗？赵新然百思不得其解。

他只是模糊地觉得，这种"爱"专制、自私并且残缺。限制一个人的自由什么时候变得天经地义了呢？而违抗它什么时候变成蔑视伦理抛弃道德了呢？

对于一部分长辈而言，这个问题问得多余。合理性就在于"我是你妈啊"。

因为我们是亲人，所以我可以不尊重你。

相当一部分人的亲情关系里，耐心、礼仪和尊重早已被抛诸脑后，在他们看来，这不仅多余，而且虚伪。人们往往对亲人出口不逊，对外人客气温柔，要是哪个人能做到"对待家人和对待外人"一个标准，那几乎能让人感动落泪了。

已经在国企上了三年班的小李，就是一个出色的反面教材。在单位里，他是出了名的好好先生，有教养，有耐心，甚至有些窝囊，不论遇见什么不公平的事情，都能轻而易举地做到退一步海阔天空。可一进家门，小李就变脸了。

他无时无刻不处于一种莫名其妙的烦躁情绪之中，说出来的话刻薄卑鄙，不论对待妻子还是父母，一丁点小事都能引发无名大火，他就像一头时刻准备发动攻击的斗牛一样，让所有人担惊受怕。

小李在外压抑欲望和需求，又缺乏勇气，所有不良情绪只能全部发泄在家人身上。今天土豆丝切得比昨日粗了一些，看电视换台遥控器接触不良，或家人善意的唠叨，都会演变成一场惊心动魄的闹剧，伴随着嘶吼、辱骂和人身攻击。

然而，正是由于亲情关系，父母、妻子只能纵容他，他们屈指可数的几次反抗招来的不过是更大的灾难。有相当一部分人认为，这种状态无伤大雅。但事实上，这已经属于家庭冷暴力或家庭暴力的范畴，并且这种情况，远没有各位想象的那么罕有。

中国法学会全国家庭暴力现状的一项社会调查表明，在发生矛盾的家庭中，有 88% 出现夫妻双方互不理睬的现象，30% 多出现负气使劲关门离家而去或摔东西的行为，48% 的家庭会出现互相辱骂的现象，还有 20% 左右的家庭，丈夫会威胁并殴打妻子。

如果深入思考冷暴力和暴力行为的最初起因，大多会朝向同一个线索，那就是对他人敬畏感的消失。这让人深感悲哀，但同时它又是千万个家庭和亲情关系走向毁灭的源头。

一般说来，在众多人际关系网中，亲情关系是最亲密的一环。简言之，这些人是你最熟悉，也最不可能轻易"一刀两断"的群体。这就让一部分人认为，无论关系维持得好坏，它都会一直存在，不会出现和朋友、同事、情侣之间那样老死不相往来的情况，这导致人们从根本上对于亲情关系的不重视、不经营、不维护。

亲戚的忙，帮还是不帮？

有的时候，发家致富并不是件好事，因为随之而来的便是这个亘古不变的棘手问题：亲戚的忙，帮还是不帮？

今年6月，在辽宁发生了一起灭门命案，一家五口被杀。警方怀疑是亲戚多次向男主人借钱遭拒后的报复行为。尽管这样的情况极为罕见，但借钱所导致的反目成仇却屡见不鲜。

有一个朋友曾经大吐苦水，说自己家已经被亲戚拖累得不成样子，终于有一次忍无可忍拒绝了对方的要求，结果亲戚立刻翻脸，跳着脚骂他的家人："有钱就不知道自己姓什么为老几了？我才让你帮过几次忙！你凭什么不帮我？！"

事实上，这个朋友的家人几乎每次都伸出援手，该帮的忙一次都没少帮：亲戚的孩子大学毕业找工作、介绍对象、生病借钱，他们家人几乎成了再生父母。然而只回绝了一次，便遭到对方的咒骂，甚至痛恨。

作家冯学荣曾写道："中国人找亲友借钱，遭到婉言拒绝，往往认为亲友很自私，但他没有意识到：他找亲友借钱的行为本身也是自私的。因为他陷入财务困境是他自己没有做到未雨绸缪的缘故，是他自己的责任，他现在要将自己的困难转嫁到亲友身上，不但不觉得羞耻，还以为自己理直气壮。"

在洛杉矶留学的Amelia第一次回国的时候，发生了一件到现在都让她难以释怀的事情。当亲戚们得知她要从美国回来，便一窝蜂似的让她带东西，从化妆品到名牌包袋应有尽有。在行李超重十几公斤、交了罚款之后，Amelia终于回到了国内。她毫无怨言，准备好迎接亲人们的夸奖。可谁都没想到，几乎每个人都在挑她的毛病，什么款式买错了、价格买贵了、看见实物后悔想退换，凡此种种，让她叹为观止，心里颇为难受。但那些给她添了这么多麻烦的亲戚，却丝毫不觉得自己哪里做错了，更有甚者还拖着不给她钱。

有时候想想，人真的很奇怪，一个忙都不帮，你们还能当亲友；帮了十个忙之后，倒有可能成仇人。

如果你不敢拒绝，那么在那些想让你帮忙的亲戚眼中，你的牺牲就变得合情合理，甚至不值一提。所以，从不拒绝的人一旦开始拒绝，那些曾经被帮助过的人就难以接受了，他们会用"你怎么变成这样了？你不是以前那个你了！"的言论羞辱你，让你感到自己做错了事，可事实上，你唯一做错的就是拒绝得晚了。如果从一开始便拒绝那些你不想帮助或者不够能力帮助的人，倒更有可能获得他们的尊重。他们会在下一次想要找你帮忙的时候，好好掂量一下自己提出的要求是否合理。

没有比刚休过假的人更需要假期了

文 / 曹园

"姿势"不对,越休越累。短暂的休假,如同一场还未真正开始便已结束的高潮。与其盼望下一个假期,不如开始一种无需逃避的生活。

从踏上旅途的第一天开始,你就在想,数天后又将回到这里,一切照旧。

多数人休假的第一步从请假审批开始。你的工作表现是否值得拥有一次假期?工作安排怎么交接?万事开头难,休假亦如此。而不用考虑上述困扰的公休假,实则面临更多的鸡毛蒜皮之事。幸运地买到一张"秒无"的高铁票,预定了高额的旺季门票和酒店费用后,假期如约而至。

"虽有黄金周,其实能去哪儿?"

《羊城晚报》和腾讯合作的一份调查发现,中国人出游欲望降低的原因,33.8% 的网友认为由"景区门票价格高"造成,17.4% 的网友认为是"交通住宿费用高"所致。因价格因素而踟蹰的假期游比例超过五成。

假日前夕的城市主干道,车辆如一地蠕虫密密麻麻。据国家旅游局的数据显示,2016 年上半年,有 22.36 亿人次参与了国内游,1.27 亿人次选择了出境游。

《兰州晨报》编辑龚剑没有双休日,也没有年假。他每晚 7 点 30 分上班,除非碰上重大突发新闻,一般凌晨 2 点可以回家。"我过的是美国时间。"每熬过漫长的 3 个月,龚剑能得到 1 个月的假期。轮休假的便利让龚剑可以错峰出行,法定长假他一般宅在家里。"虽有黄金周,其实能去哪儿?"

2015 年国庆节当天,成都高速路上,车辆寸步难行,司机和乘客索性下车，"创造性"地遛狗、玩牌、交友、打羽毛球，甚至摆开了马扎，喝起了下午茶。

即使你从拥挤的旅途解脱，也不会错过目的地景点的"盛况"：垃圾成堆、天价大虾。香港作家廖伟棠说："假期，中国哪里都过得不轻松，游客们嫌主人没有让他们宾至如归，本地人则嫌游客不懂入乡随俗、没个规矩。这既是文化冲突，也是素质展示。"

景区的女厕排队更是"中国式休假"的常态。世界厕所组织统计，女性平均如厕时间89秒，男性39秒，女性所花时间几乎是男性的2.3倍。但国内许多景区显然没有考量这一因素。

作家赵星认为："我们喜欢去远方，其实周边也很美好，却少被选择。待在家也不错，可大家总觉得休假就应该去干点什么。"认为瘫在家称得上完美假期的人依旧是少数。一部分人觉得，休假时的"无为"状态是和自己过不去，"低性价比"的假期令他们产生虚度自由的罪恶感，就像阿兰·德波顿在《旅行的艺术》一书中的嘲讽："人类不快乐的唯一原因是不知道如何安静地待在自己房间里。"

赵星之前在一家国际公关公司上班，每年有10天假期。她曾在文章《旅行的意义》里说，每次从公司出走一周，回来并不觉得旅行缓解了什么，反而加重了些什么。如今回想，她觉得加重的是"对逃避工作的向往"。那时，穷游和Gap Year（间隔年）概念盛行，市面上充斥着各种辞职去旅行的书，很多人在迷茫之际纷纷效仿，期盼能找到人生价值。

赵星觉得事实并非如此。"工作是为了赚钱去看世界，而旅行是为了开阔眼界，更好地实现自我价值，包括更有动力地工作。两者并不冲突，而是相辅相成。"她不喜欢穷游，"旅行就是要舒适放松，吃好、住好、玩好，否则出去也是受罪"。但越临近上班的日子，赵星就越疲惫："更多的是精神上的抵触，绷着一根弦儿，而且可能面临工作堆积的情况。"休假往往被当成逃避现实的一种途径，休假结束又意味着新一轮拼命赚钱、不容懈怠的日子。

休假旅行一定要带什么？有人说带钱，有人说带相机，也有人说带一位有趣的旅伴，还有一种答案说，要带回家的钥匙。短暂的休假，如同一场还未真正开始便已结束的高潮，如创业家赛思·戈丁所说，"与其盼望下一个假期，不如开始一种你不需逃避的生活"。

活在手机和相机里的"目不视物者",从不用眼睛看世界。

新版的"到此一游"不是在石头或碑文上刻字,社交软件里的定位才是既环保又科学的旅行打卡纪念。所以当你在同一个景区偶遇正在休假的朋友,也绝对不要打招呼。毕竟按照朋友圈的行程安排,休假这几天,他应该在巴黎铁塔下仰望星空,以及在伦敦的广场上闲适地喂鸽子。

休假之累,也累在没有安全感。国人的旅行假期离不开手机,更害怕断了Wi-Fi,最喜欢舞起自拍杆,承受不了低电量模式。他们一边旅行,一边向全世界直播,这些秀晒炫的行为撑起了休假者光鲜的一面:"你们苦 × 加班之际,正是我四海逍遥之时。"

他们还习惯于通过手机和相机看世界,而不善于用眼。埃利亚斯·卡内蒂在《耳证人》一书中描述过一类人叫"目不视物者",大致上和旅行者完美契合:"目不视物者并非天生看不见东西,而是通过一番努力才变成了这样。他有一台走到哪里都不离身的照相机,他喜欢闭上眼睛……目不视物者不会在拍照之前白费力气地亲眼观看。他将本该亲眼观看的东西拍成照片,高高兴兴地搜集并堆叠起来,就好像它们是邮票一样。"

购物也是国人旅游行程单上的重要一项。不趁机在国外扫一扫货,都觉得对不起机票和酒店的巨额花销。如果碰上圣诞前后或换季期的"on sale",囤货族便顾不上行李的笨重和海关限制,让无尽的"买买买"成为休假主旋律。

当你把海外假期行程公之于众,就离人肉代购又近了一步。操着 Chinglish,比划着手语,你奔波于各大商场,只为替家人、朋友和同事搜寻一款限量版包包,或者比国内价格便宜一倍的面膜。出境游变代购游,几乎是所有休假者最痛的领悟。

工作狂休假并不在状态,巴不得定个红眼航班,出机场后就直奔公司而去。

但一切都没有在休假时远程工作更让人绝望。旅游网站 Expedia 的调查显示,30% 的人即使休假也无法摆脱工作上的压力,有些人仍一刻不停地通过手机与外界保持联系,以至于同事和客户都没有察觉他们正在度假。

公司有什么新鲜事？客户有没有提出新的修改意见？假期里，很多人都在努力控制自己的思维，告诉自己不去想工作，但越想屏蔽的信息，大脑就越会调皮地着重提起。

工作狂一旦停止工作，就会出现头痛、疲倦、肌肉酸痛等症状，荷兰蒂尔堡大学心理学教授艾德·温格霍特称之为"休闲病"，约 3% 的人在休假时会患上此病。一旦和领导、同事联系不上，度假也寝食难安，巴不得定个红眼航班，出机场后直奔公司而去。

因为职业的缘故，龚剑即使在休假，也会每天关注新闻。但他也有同事能做到只要休假就绝对不问世事。

很少有职场人能将工作与休假完全隔离开。赵星觉得，人本身就处在相互交织的环境里，不能因为休假，就昭告全世界别来找你。"换个角度看，休假时接到工作电话也是同事和领导不得已而为之，表示你不可或缺。"

古人休假的困扰就少很多。王维在《寒食城东即事》一诗中描述："蹴鞠屡过飞鸟上，秋千竞出垂杨里。"他的节假日活动不过是闲适又愉悦地踢足球和荡秋千而已。王安石在《休假大佛寺》一诗中写道："挟书聊自娱，解带寺东廊。"临川先生偏爱看书、睡觉这类"独善其身"的度假方式。

奥巴马被认为是最懂得犒劳自己的总统之一。2014 年暑假，离开华盛顿的当天上午，他与英、法、德领导人通了电话，就伊拉克局势匆匆发表了演讲后，"海军一号"早已在等待他启程。下午，奥巴马就出现在玛莎葡萄园岛的高尔夫球场，悠闲地挥杆。

"每天走亲戚拜年，喝酒喝得晕晕乎乎。这种假还不如不休。"

在父母眼中，和孩子度过的假期简直是种幸福的折磨。职场父母宁可加班也不愿回家带娃的新闻常见诸报端。香港演员朱茵也曾表示，"和带孩子相比，出来工作简直像休假"。

夜间出没的"奶爸"龚剑白天都在补觉，凌晨回到家，孩子又已入睡。只有假期，两人的时间才能重合，他会带孩子踢足球，"嫁接"自己的兴趣。无奈兰州运动场地缺乏，他们只能在小区的空地上试试脚法。

3 岁正是男孩调皮的年龄，龚剑时常陪儿子玩积木，或上演"激烈"的枪战片。"我扮演坏人，全力配合他表演。他朝我开枪喊'晕倒晕倒'，我就得躺下，假装中枪。"如此循环往复，让龚剑头疼。"孩子的精力充沛到可怕，一点都不会累，从早上睁开眼，他能一直玩到晚上睡觉前。"

儿子还喜欢把房门反锁，龚剑一旦发现，就得赶紧打开，如果动作不够迅速，房里的场景会让他始料未及。"有次，儿子关了厨房门，我急忙进去，问他在干什么。他站在角落说没什么，我过去一看，发现他用彩笔把白色柜子画得不成样了。"

成为"奶爸"前龚剑总盼望着假期到来，现在反而对结束休假有些许期待。"入行十多年，每天该发哪些新闻我都心中有数，打交道的也是好沟通的成年人。现在假期里和孩子粘上一个礼拜就有些吃不消了，和工作相比，显然带小孩更累。"

假期总是不尽如人意，被喻为"世界最大规模哺乳动物迁徙"的春运就是经典案例之一。龚剑曾在微博里写道："最理想的休假状态是不用走亲戚拜年，一觉睡到自然醒，看电视，看杂志，开一罐啤酒，吃着鸭脖鸭肠，打着游戏。"

可现实很骨感。在兰州工作的龚剑逢年过节会回老家河西走廊一带。"过年七天假，第一天在路上，第二天开始就得给长辈们轮番拜年。"

春节就是人情假。《新周刊》曾在"不想过年"专题中提到过"过年九怕"：怕年终奖少、怕春运、怕催婚、怕亲戚邻居问工资、怕送礼、怕外甥侄子、怕堵车、怕同学聚会、怕提年龄。龚剑的怕，是怕喝酒。"每天走亲戚拜年，喝得晕晕乎乎，睡一觉醒来，第二天继续。这种假还不如不休。"

虽然厌恶，但他更多的是无奈："中国是一个人情社会，很多事情你不愿意，但碍于情面也非得做。每次喝多之后，我抱着马桶吐，心里都骂着，决定下次再也不喝了，但一上桌，还是得继续。"

疲倦、失眠、胃口欠佳、难以集中精神，乃至焦虑、空虚，节后综合征总与度假同行。龚剑需要花上一周时间，才能把虚脱的休假模式切换成黑白颠倒的工作生物钟。也许英国作家埃尔伯特·哈伯特道出了他的心声："没有比刚刚度过假的人更需要假期的了。"

滥社交无异于谋财害命

文 / 郑依妮

真正纯粹的社交是"为社交而社交",交谈双方仅从交谈本身就获得了无限的乐趣。缺乏知识与精神层面交流的沟通,充其量只是交际。

"混圈子""混脸熟"似乎是每个人从学生时期就开始修炼的"社会学科"。俗话说:"有关系就没关系,没关系就有关系。"在中国,"关系"就是社交的本质,人们进行社交,多数为的是打造坚固的关系网。过滥的社交,其实是场生命的内耗。

中国人是不是得了社交饥渴症?总是在约约约。

饭局是中国人社交的主战场。在澳大利亚留学 6 年,今年回来探亲的杨洋(化名)说:"从我回来后,各种加群、聚会从没停过,突然感觉中国人是不是得了社交饥渴症,总是在约约约。"

杨洋很不习惯这种社交轰炸。她说:"我高中就出国了,现在回到国内,很多朋友都不熟,但他们总能把我拉进各式各样的群里。我被迫看着一群我不认识的人聊个不停,三更半夜也是消息不断。以前退群会有消息提示,碍于朋友面子只能忍着,除了屏蔽别无选择。现在退群没有提示了,我多半都悄悄退掉,因为实在是太烦了!"

杨洋除了在网上"被拉群",现实中也"被聚会",赴各种饭局。以同学聚会为由头凑成的饭局,几乎是每人都经历过的社交活动。小学、中学、大学、MBA、党校,甚至幼儿园的同学,都能凑一个局。同学聚会的特殊性在于,它既不是熟人社交,也不是陌生人社交。那种似熟非熟、似近实远的关系,最难以琢磨。老同学被聚集起来，更多只是基于共同的经历与记忆，却忽略了现时的身份阶层、价值取向和利益主张。这种刻意安排的同学聚会，有悖于"人以群分"的社群聚合规律，于是各有立场、各有心思的"老同学"被草率地纠集一堂，难免尴尬。

逢聚会必喝酒。中国人酒桌上的社交规矩也多不胜数。坐在酒席上，就连座位也分三六九等。酒桌上常听到的一句劝酒话是："感情深，一口闷；感情厚，喝个够；感情浅，舔一舔。"客人喝得越多，主人就越高兴，说明客人看得起自己；如果客人不喝，主人就会觉得不给面子。杨洋说："要不要喝酒应该是个人权利，为什么就成了面子和交情的问题？简直是道德绑架！我常常是挡酒挡得饭也顾不上吃。"

过年是中国人最大的社交活动。对于杨洋来说，不好意思打电话拜年，见了亲戚不知道说啥，宁肯躺床上也不常主动联系朋友聚聚，微信宁愿打文字而不愿用语音，抢红包总是很积极，等等，这些都是她的常态。杨洋说："往年过年总要参加各种聚会。今年除了一些比较熟的亲戚朋友，其他聚会活动似乎少了很多。可能大家都跟我一样，对这些事情厌烦了吧。过年我更愿意一个人待在房间里吃零食、看韩剧！"

人情已被异化，请柬成了"红色炸弹"，只不过披了一层温馨的面纱。

除了各种同学聚会，还有一种让人身心疲惫的社交叫做"参加别人的婚礼"。周佩恩（化名）是深圳一名80后白领，毕业5年的他今年遇上了同学、朋友结婚的"高峰期"，"几乎每月都有同学或者朋友给我发来请柬，去参加他们的婚礼"。

"说实话，我也不知道去参加这样的婚礼有什么意义。见了新郎也就互相问候两句，不外乎那几句——'有女朋友了吗？什么时候轮到你啊？得赶紧啊！'他们甚至还没等我回答，就已转身去下一桌敬酒了。我知道他们并不是真的想了解我的私人生活，只是实在想不出什么话题聊了。"每次递上红包、敬完酒，周佩恩只想着赶紧离开。

参加这样的社交活动，除了伤时间，也伤财。周佩恩说："结婚随礼金、孩子满月随礼金、搬家随礼金，随礼少了拿不出手，不去吧又落个不够意思。我这半年下来，大概已经送出2000块钱的红包了。"明年，周佩恩也准备结婚，他和未婚妻商量着不办婚礼，因为在深圳办一场婚礼的成本实在太高。但是两边的老人都坚决反对，他们认为之前亲朋的孩子结婚已经随了不少份子钱，不办婚礼就没办法收回，"必须要赚回本才行"。

亲朋好友，喜事临门，礼尚往来，本是赏心乐事。然而，现在这种人情已被异化，请柬成了"红色炸弹"，只不过披了一层温馨的面纱。帕斯卡尔说："我们由于交往而形成了精神和感情，但我们也由于交往而败坏着精神和感情。"当人情消费异化为"强迫消费"，不见了人情只剩下"消费"的时候，还有多少意义？

在看似风光、忙忙碌碌的社交生活中，人们不禁开始反思，为何会对社交感到如此疲惫、厌倦？杨洋说："不是我不喜欢社交，我在国外也经常参加 party，每次都能遇到一些有趣的人，但是国内的社交实在太无聊了！看着别人拼酒、瞎聊、讲黄段子，你只想拿出手机看点儿什么，来掩饰你的尴尬和无所适从；看着人们和领导挨个敬酒，你只能挂着僵硬的笑容在一旁看着，装作融入其中。这完全是在浪费时间。"

社交对于中国人而言，更像一种目标明确的对利益关系的维护。中国人认可的价值，多数与物质有关。与之无关的，谓之没用。费孝通描述中国人的基本社交关系是"以己为中心，像石子一般投入水中，和别人所联系成的社会关系，不像团体中的分子一般大家立在一个平面上，而是像水的波纹一般，一圈圈推出去，愈推愈远，也愈推愈薄"。

"人们常常误认为，那些热心于社交的人是慷慨之士。泰戈尔说得好，他们只是在挥霍，不是在奉献，而挥霍者往往缺乏真正的慷慨。"

"社交"一词原指社会上人与人的交际往来，是人们运用一定的方式传递信息、交流思想，以达到某种目的的社会活动。社交这种东西在中国历史上似乎只是上流社会热衷的一个词，如皇亲贵族、文人雅士，后来是留洋人士。城市小市民的社交是各类聚餐，乡村农民的社交是赌博或赶集，其实都不是真正意义上的社交，形式不固定，也没有交流思想的氛围和空间。

齐美尔在《交际社会学》中说过，真正纯粹的社交是"为社交而社交"，这中间没有任何社会因素，没有丝毫利用的关系和功利主义，两人相向而坐，愉快地聊天，节奏适当，气氛轻松，交谈双方仅从交谈本身就获得了无限乐趣。他们根本不会想到要利用对方的社会资本为自己谋利。缺乏知识与精神层面交流的沟通，充其量只是交际。

从这个定义来看，严格来说，中国人喜欢聚会，但没有社交。真正的社交不累，耗费时间进行无效的"伪社交"才累死人！

学者周国平认为，社交更注重彼此交往的质量。他说："人们常常误认为，那些热心于社交的人是慷慨之士。泰戈尔说得好，他们只是在挥霍，不是在奉献，而挥霍者往往缺乏真正的慷慨。挥霍与慷慨的区别在哪里呢？我想是这样的：挥霍是把自己不珍惜的东西拿出来，慷慨是把自己珍惜的东西拿出来。社交场上的热心人正是这样，他们不觉得自己的时间、精力和心情有什么价值，所以毫不在乎地把它们挥霍掉。相反，一个珍惜生命的人必定宁愿在孤独中从事创造，然后把最好的果实奉献给世界。"

对于人际关系，周国平有自己的原则：尊重他人，亲疏随缘。他说："我相信，一切好的友谊都是自然而然形成的，不是刻意求得的。再好的朋友也应该有距离，太热闹的友谊往往是空洞无物的。使一种交往具有价值的不是交往本身，而是交往者各自的价值。高质量的友谊总是发生在两个优秀的独立人格之间，它的实质是双方互相由衷地欣赏和尊敬。"

白岩松回忆起他心目中的社交时说："我上大学的时候是 20 世纪 80 年代，80 年代经常有很深入的谈心。但现在手机这个第三者的出现，让深度的谈心很难了。那时候的卧谈会，会为一首诗、一部作品、一个观念彼此争论，最后谁都睡不着，天就慢慢亮了。"现在人们的精力除了满足基本欲望之外已经所剩无几，以致思想成了奢侈品，社交、聚会成了"无聊"的代名词。

随着"伪社交"无聊本质的暴露，越来越多人开始表现出对聚会等社交活动的"性冷淡"。面无表情，带着嘴角一点似是而非的上扬弧度就是最好的表情，这仿佛是在那张冷漠脸上贴一个"危险！生人勿近"的标签，可以消灭各种来自同事、朋友的周末邀约，并意味着获得一个无拘无束"宅"在家的周末。

耿直的蒙田说过："沉默较之言不由衷的话更有益于社交。"希望未来哪天社交饥渴的中国人可以"冷淡"下来。这样的冷淡，指的是情绪的平缓、欲望的削弱，注重向内的、对于知识与精神层面的追求。只有当中国人的知识涵养与其物质财富都同样富足的时候，社交才会变得有趣起来。到那个时候，我们再来谈社交也不迟。

话题越沉重，表达越轻松

文 / 阿饼

　　金承志不喜欢一本正经地去聊一些沉重的话题。他和他的彩虹室内合唱团，呈现给观众"嗨得像神经病"的现场表演。

　　最近，上海彩虹室内合唱团（以下简称"彩虹"）的观众席上出现了越来越多生面孔，现场演出场次也在不断增加。7月，上海两场日文作品专场音乐会的

2016 年 4 月 16 日，上海，彩虹室内合唱团进行排练。（插图—沈煜）

1600 张门票，开售 43 分钟即售罄。当然，绝大多数观众是冲着《张士超你昨天晚上到底把我家钥匙放哪里了》（以下简称《张士超》）和《感觉身体被掏空》（以下简称《感身空》）来的。"严肃作品 + 彩蛋"的方式，让更多观众走进音乐厅，开始接触合唱艺术。

围观一场大部分时间"像冬天的森林般寂静"，结尾却"嗨得像神经病"的音乐会。

"金老师您好！我是明晚音乐会的主持人，请问您这边有什么要求吗？"

"把话筒给我。"

看到这段对话，稍微对彩虹有一些了解的人，就能猜到当天的音乐会现场将是什么画风——用团长兼指挥金承志的话来说，就是大部分时间"像冬天的森林般寂静"，结尾却"嗨得像神经病"。

开场前，金承志拿起话筒，首先表达了对观众的首肯："本来他们跟我说，今天这场的上座率不是很高，结果我一看，蛮好的嘛。"观众笑。他又转过身，对背对舞台的观众说："这个区的人坐得特别满，你们都是来看我的吗？"观众又笑。

不知道是不是因为冷气开得太足，当团员们入席站定，唱出第一个音时，原本窸窸窣窣的音乐厅突然安静下来。《泽雅集》的七首曲子，从引子到尾声，从夏末到初春，天色，孩童，江川，荞麦，就像七幅淡雅的水墨画，一一被唱出。"真好听啊！"一声低叹从后座飘来。

这套曲子唱完，金承志放下手中的"避雷针"，拿起话筒，瞬间从指挥家变成卖萌的主持人。他引导观众如何欣赏一场音乐会：演出过程中，不允许任何人干扰。他讲了一个段子："有一天我实在忍不了了，一有声音就喊停。有一位女士屡教不改，最后我把她请出去了。结果第二天我妈给我发短信：'儿子，昨天是我……'"

"休息好了吗？我们可以开始下一首了吗？"他突然转身问团员们。事实上，"话痨指挥"的人设，是贴心的"金爸爸"在给团员们争取一点休息时间。

阳春白雪不敌搞笑金胖。万众瞩目的，还是名曲《张士超》——这意味着"彩蛋"环节开始了！"在《张士超》开始以后，你们可以做自己。"金承志用他温柔磁性的声音说，好像相声开始前的暖场。全场又大笑。

今年年初，张士超火了。很多人不知道他到底是谁、长什么样，可是都知道他弄丢了室友的钥匙、喜欢华师大的女生、家在五角场……这一切都被他的室友金承志写在了歌里。

这位非常爱演的指挥还要求观众配合他："我要像一个普通指挥家一样走下台，你们要鼓掌。"被逗乐了的观众热烈鼓掌。"欸欸欸，他们鼓就好了，你们鼓个什么劲！"冲着台上一起笑得很欢的团员们，金承志发起了嗲。

以为演出就要结束时，观众迎来了第二波小高潮：《泽雅集》番外篇《挑柴阿公歌》。团员们手挽着手唱道："快意飞马又如何，倒不如学我自在翁，三天打鱼两天种地，人生呀不过就是几个秋。来来来，来来来，三天打鱼两天种地，一到冬天就换老婆！"

"一到冬天就换老婆"——听到这句，在网上通过视频围观的观众评论道："难怪你们被掏空了。"现场观众大声的"哈哈哈"也如弹幕般涌现。

最后一首曲子是团歌《彩虹》。演唱之前，金承志做了一个很夸张的挥舞动作，鼓励大家打开手机的闪光灯。当第一个人拿起手机开始有节奏地摆动，全场默契哄笑，随后大家就自发组成了万人大合唱模式的蓝色星星海洋……是的，彩虹又一次把音乐会开成了演唱会。

至此，观众已彻底被"掏空"，恨不得把"值回票价"四个大字写在脸上。

"作为一个指挥，怎么能光会讲笑话呢？"

7月27日，彩虹团员们戴着毛茸茸的耳朵，一脸严肃地合唱一首吐槽加班的歌曲，并唱出了交响乐的恢弘气势。这首《感觉身体被掏空》作为"从天明到日暮"外文专场音乐会的番外曲，继《张士超》之后再次让彩虹一夜爆红。

聊起《感身空》，金承志深有同感："谁说胖子不会被掏空？胖子被掏空起来也是很可怕的，我写这个作品时就已经被'掏空'了。当时还有十天左右就要演出了，我连续熬夜好几天，到广州出差时突发痛风，他们用轮椅把我运回上海，那几天我就做了轮椅男，chairman，也是'主席'的意思。"

他回忆了和复旦大学ECHO合唱团团长、亦师亦友的洪川的一次夜谈。他问洪川，在扮演（团长和指挥）这些角色时，会不会觉得自己很孤单，别人无法理解你。洪川沉默许久，回答："是的。"洪川说："我摔过一次谱子。我当时把谱夹拎到这么高（比肩），手一松就摔了。其实不是很响，就这么'哐当'一下，我当时愣了一下，跟大家说，'对不起我没办法排练，你们好自为之'，不敢看任何人，也不知道该怎么办，然后书包一拎，走了。回到家，倒了满满一杯威士忌，一口灌下去，想睡觉。"

这个画面戳中了金承志的心。在彩虹的一次排练中，发生了情节几乎一模一样的事。他问自己："我干吗啊？为什么啊？干吗要让自己那么累？犯不着啊，跟所有人作对。"

他的段子手属性，起初是被质疑的。2012 年，因为种种原因，创立两年的彩虹几近解散，处于一个混沌的状态。彼时的金承志少年得志，排练前他一般不做太多准备，经常凭着段子手本色，将排练变成个人脱口秀。3 小时下来，排练没进展，所有人唯剩呵呵。

"为了让大家喜欢我、留在团队里，我经常讲很多笑话。但我发现，笑话讲得越多，人走得越多。原因不在于讲笑话，而是你作为一个指挥，怎么能光会讲笑话呢？"金承志回忆起那段经历，依然有些愧疚。

据女团员反映，当时的金承志留着披肩长发，戴着黑框眼镜，一身棉麻装束，一副恨不得把"艺术家"三个字挂在胸前的样子。"我每周花几个小时来排练，就是为了听一个刚毕业的小伙子说单口相声吗？"一同参与排练的还有"牙医"，他认为那时金承志在指挥和对乐曲的了解程度上功力尚浅。

"2012 年，问题都出现了，很多音乐团体、演出方表示不跟我们合作了。包括我的指挥、我的作曲、我的工作、我的交际圈，突然之间全都没有了，不以我的意志为转移地没有了。"那段时间，金承志的父亲得了癌症，工厂和公司也关了。金承志的优越感消失了。"唉，那种焦虑其实还挺锻炼人的。"

他想过出国留学，一走了之。凭专业背景和带团经验，他确信国外各大音乐院校都会伸出橄榄枝，可是他不甘心。"当时的彩虹太弱了，连海报都要我自己设计，我要走了这个团肯定就散了。"

他最后留了下来。"我要保护他们热爱的东西。"当然，这个"他们"也包括他自己。他知道父母不理解这些事情，价值观不同——新生代只要能解决生活温饱，就会去追逐自己的爱好。

"飞天只是一刹那，但是要准备很久。"

2014 年夏天，金承志带着彩虹到台湾参加两岸交流演唱会，那里的文化氛围让他感到"好久没有这么平静过"。演出归来，金承志回到温州泽雅山的家里，窝在书房里看书、写曲子，有时也会到田里摘菜。三个月后，再次出山的金承志想通了很多事情，一切都变得不一样了。

第一件事是剪掉留了七年的长发，"一切都从头开始"。曾经不可一世的"金大指"，开始心无旁骛，对着镜子从打拍子重新学起。他向同行请教声乐技巧，控制讲段子的频率，把曲目拆成若干个小节，挑出最难的地方反复练习。他还安排团员去他的出租屋里上小课，一对一抠问题。

他开始去做一些他称之为 dirty work 的杂事，学着去经营一个民间合唱团，而不是做一个只会比手划脚的指挥。《张士超》火之前，所有的事情，比如设计海报和节目单、送票、联系音乐厅、定档期、舞台监督、团员穿着、弄团购单子等，你能想到的除了音乐之外的事，都是我一个人在做。"

2014 年 4 月，彩虹在宁波有一场演出。距音乐会开场还有 10 天，只卖出去 40 多张二楼的"老人票"，一楼一张也没卖掉。他心想，如果没人来看，团员们难道演给空气看？不行，一定要让这个场子坐满人。于是他提前杀到宁波，挨个儿跑各个机构，推销团购票。"那个时候我就像一个销售，略显寒酸。"

一部《扶摇》终于结束了动荡，"怒而飞，其翼若垂天之云"。他希望能给观众呈现这样一个画面："一个乱糟糟的积累过程，到最后'嘭'的一下，突然变成了全世界最轻的一个音，很轻很轻。飞天只是一刹那，但是要准备很久，这不仅是鲲的扶摇，也是我自己的扶摇。"作为一个段子手，其实不太好意思让别人看到自己的心路历程，他马上又嬉皮笑脸起来，"好啦，我鸡汤不说了，再说有人要打我了"。

"我没火，我也是被消费的，我就是一庞麦郎。"

金承志刚过完 29 岁生日。他的生活并未因变成"网红"改变太多，他在微博上说："我没火，我也是被消费的，我就是一庞麦郎。"

彩虹每周一的排练依然坚持着。排练室里，伴随着笑声，大家统一向右转，"先按摩，用力！用力按！"这是彩虹的传统，开唱前团员互相按摩，颈、肩，然后是背，一起进行肢体和精神上的放松。他还教团员自创的开嗓方法："哈、哈、哈、哈、哈，我爱吃西瓜！"

金承志有很多外号：金老师、金爸爸、金大大、金瘦瘦、金指、老金、阿金爷叔……还有一个是"金璐璐"，这是因为他自曝"我妈从小给我穿裙子、梳辫子，直到上小学我才知道我是个男的"。

在团员周齐昕眼中，金承志性格中最吸引人的一点，就是既能阳春白雪，又能下里巴人。排练时，"金爸爸"会对唱得不到位的人说："你们是不是没喝大力浑身难受？！"有时他也会故意指责一个团员，然后在她不知所措的时候把她的生日蛋糕推出来。他制定的彩虹团规，前九条挺正常，到了第十条画风突变——"金承志是神。"

翻开金承志设计的《双城记》曲谱，更能体会这位"神"的独门秘籍：本应写着"柔和地"或者"轻快地"，换成了金承志自己的注释——绝赞の优越感、自信而装 × 的、优越感升级中，最后是"炸观众一脸"；《挑柴阿公歌》上，用漫画般的字体赫然写着"完美逆袭？"；他甚至把自拍照印在上面！

看似幼稚搞笑，其实这些注释能让团员更快地掌握演绎歌曲的要诀。这源自他做歌剧助理导演的经验。当时那位歌剧导演把案头工作做到极致，精确到每分每秒，乃至演员在舞台上的每一步。这给了他启发："指挥的功力，90% 体现在案头工作和排练上。演出则是加分项，是给你出彩的，而不是最重要的。很多时候我们会本末倒置。"

一旦认真起来，《张士超》这样的曲子，金承志也可以让团员们在笑场一遍之后一丝不苟地唱出来。金承志说，他们是一个"家庭"。这个"家庭"中有化学博士、美食博主、流浪歌手和演员，也有航天建筑行业的工程师。他们总结这个团"除了音乐，我们基本上什么都会"。金承志说，大家在一起几年，混得很铁、很默契。《张士超》和《感身空》这种作品绝不仅仅是我个人的能量，它是年轻人对于当下生活的一种表达。"

金承志用不到一周时间创作了《感身空》，第一次唱给团员听时，他们说他有病；之后花了十多天排练四次，搬上了舞台。歌中"爸爸来自西伯利亚"的说法，来自团里各种荒诞的请假理由。有一次，金承志跟一个指挥朋友吐槽，说下一次暴雨，团里就有七八个人没来排练。结果这位朋友说这都算好的："每次演出、加排，我们团员家人的病逝率就非常非常高。他们都不记得用家长请了多少回假，有个哥们儿的爸爸都过世三回了。"像找钥匙一样，擅长观察生活的金承志就把这件事写入了歌里。

对于行内人而言，彩虹最让人不可思议的不是演唱"神曲"，而是"三遍成型"的传说。团员金禧透露："这个传闻是真的。即拿到一首歌曲，第一遍先 lululu 地哼唱一次；第二遍加歌词唱；第三遍在外行听来，就已经完整了。一首曲子十几分钟就能练出来。"2013 年 9 月进入彩虹的诸春飞发现，团员不仅拿到谱基本就能唱，而且还有默契感，"节奏好快，我有点跟不上了"。

"话题越沉重，口吻就应该越诙谐。面对生活需要多点幽默感。"

如今，团员们稳定下来，演出场次也多起来，金承志和他的彩虹终于翻过了一个低沉的乐章，向另一个未知的乐章平缓过渡。他现在对作品的要求是："一种情感，一种画面，一种音乐语言。"他喜欢研究中国古汉语和日本俳句，彩虹的团训，就来自日本俳圣松尾芭蕉的"造化随顺，风雅之诚"。

《去来抄》里有一篇俳句叫《身体轻松放》。话说一天傍晚，先师对宗次说："来，休息一会儿吧！我也想躺下。"宗次说："那就不见外了。身体好放松啊，像这样舒舒服服躺下来，才觉得有凉风来啊！"先师说："你刚才说的，实际上就是俳句呀！你将它整理一下编到集子里吧！"于是有了《身体轻松放》："身体轻松放，四仰八叉席上躺，心静自然凉。"这正是芭蕉的主张——变"风"为"雅"，将大众的、底层的、卑俗的东西予以提炼与提升，把最日常、最通行、最民众、最俚俗的事物加以审美化。

"我很不喜欢大家一本正经地去聊一些沉重的话题。我觉得话题越沉重，口吻就应该越诙谐。面对生活需要多点幽默感。"金承志说。他的作品多从日常生活取材，有一次，他看见一个十几岁的小姑娘坐在妈妈的自行车后座上，就有了《小溪》这首"吃货之歌"："大口吃瓜、麦穗面好香、春天咧五香干……"而家乡的净光山，有各种鸟叫、虫鸣、人语，小孩子、妇女、和尚在走路，在金承志心里，那里有"小山藏世界"，也有他打群架的年少时光。

他透露，年底将会表演新作品《落霞集》，它是由八首曲子组成的故事，描写的是一家三口来到一个无忧无虑的小岛，还带了一只小狗。"小男孩一点点长大，父母一点点老去，小狗先去世，然后是父母。父母对他说，当四面八方都是晚霞时，我们会化作清风回到你身边。于是他一直在等待那样一个傍晚，最后在孤独与天真中去世了。"他一边描述着，一边用钢琴弹奏一些简单的调子，试图补充那个电影一般的画面。

闲适不等于颓废与堕落

文 / 曾园

在很多国家，强调舒适曾经等同于堕落行径。日本"无赖派作家"坂口安吾则说，人首先得本真地生活。"想要的东西坦诚去索取，厌恶的东西就直白地说讨厌。"

"不被时间和社会束缚，幸福地填饱肚子的时候，短时间内他变得随心所欲，重获自由。不受任何人打扰，无须顾忌，大快朵颐，享受美食的这种孤高行为，正是所谓现代人被平等赋予的最佳治愈。"这是日剧《孤独的美食家》每一集开头的独白。有人也许会觉得它话里有话：干吗要说"享受美食"是"孤高行为"？又为什么要强调"被平等赋予"？作者无非是强调物质文明的重要性而已，真的需要这么多套路吗？

在很多国家，强调舒适曾经等同于堕落。也许是日本"无赖派作家"坂口安吾的《堕落论》给了《孤独的美食家》原作者久住昌之安心享受美食的底气。

坂口安吾在《堕落论》与《堕落论·续》中，有许多惊世骇俗的言论，如："他们思考出'武士道'这一粗莽万分的法则，其最大的意义就是面向人性的弱点筑起了一道御墙。"他说堕落是美的，"人类顺从命运的身姿，总是带着一种奇特的美感"。"特攻队的勇士们不过是一层幻象，人类的历史是从他们变成黑市商人开始的。"基本上可以说，这些言论摧毁了战前"武士道"精神的基础。

堕落文学的创作者大部分是贵族。坂口安吾与太宰治的父亲都是议员，算得上出身贵族。太宰治的《人间失格》，主人公也是贵族，表面上容易让人想起文风奢靡的意大利兰佩杜萨亲王的小说《豹》。但日本无赖派作家的精神内核，更接近的则是法国诗人波德莱尔。在波德莱尔的生平中随意选取一段就与《人间失格》的情节相撞：由于不节制地挥霍，波德莱尔的家人于1844年指定了一名监护人管理他的财产，按月拨给他200法郎。次年，波德莱尔企图自杀……

在导演筱田正浩根据坂口安吾小说《盛开的樱花林下》改编的电影《樱之森之满开之下》里，我们会感到惊悚与恐惧，但可能

捕食者的偶遇（插画—石金玲）

会忽视坂口安吾喜爱的波德莱尔的影响。在波德莱尔那首惊动了法国政府、不可思议的诗《腐尸》里，最后两段（也是全诗中最为雅驯的部分）如下：

是的！优美之女王，你也难以避免／在领过临终圣事之后／当你前去那野草繁花之下长眠／在白骨之间归于腐朽。

那时，我的美人，请你告诉它们／那些吻你吃你的蛆子／旧爱虽已分解，可是，我已保存／爱的形姿和爱的神髓！

请允许我不将《盛开的樱花林下》与此诗的相似段落列举出来。刚接触这类文学的人震惊之余，多半会认为日本人就好这一口，但这种风格其实是日本人从法国人那里有样学样、一步步临摹来的。影片中岩下志麻玩人头玩得不亦乐乎的镜头，灵感极有可能来自王尔德（另一个来自欧洲的声名狼藉的堕落派大师）的《莎乐美》。莎乐美与约翰的头对话固然令人惊骇，而美女岩下志麻玩人头的情节可能就让人魂飞魄散了。

这派作家的想法不仅局限于美学。波德莱尔除了写诗，还参加过起义，他在街垒中挥舞步枪的时候，呼喊的口号是："打倒奥皮克将军！"奥皮克就是发给他生活费的继父。

出身贵族，醉心于美学革命与社会革命，生活方式颓废，这是他们的共同特点。兰佩杜萨亲王要收敛许多，读他小说的人不多，维斯康蒂（父亲是公爵）

根据他的小说改编的电影《浩气盖山河》更为有名，从中看不出有多少离经叛道的东西。这是因为亲王的领地、爵位并未丧失，他不能造次。

出身于俄国贵族的纳博科夫写出了全世界公认的堕落小说《洛丽塔》。当然，这本小说后来的社会地位越来越高。值得留意的是，纳博科夫身上的贵族气质吸引了华裔评论家刘禾的注意。在纳博科夫的自传里，这个地主少爷坦承自己曾对农民的女儿波兰卡有好感，但他没有采取更进一步的措施："我害怕她结满泥土的脚和衣服上的污浊气味会使我反感，更甚于害怕以准庄园主的老一套的挑逗去侮辱她。"

刘禾用阶级分析手法出其不意地袭击贵族子弟："纳博科夫与波兰卡之间的那种隔膜，很难用概念去捕捉，它是一道看不见的鸿沟、无法穿越的屏障，几乎就是禁忌本身……我反复琢磨这种禁忌背后的神秘力量，忽然得到一个启示：它不正是俄国革命爆发的深刻原因吗？"

堕落，通常的意义是指道德层面的滑坡。但道德标准本身一直在变；文学也一样，从被统治阶级豢养到卷入充满竞争的印刷行业，使命也在发生变化。

波德莱尔被法庭删除的几首诗，很快就准许印刷了，他甚至获准参评法兰西院士。在欧洲，人们习惯了宽容地对待艺术。随后，也许更堕落的作家萨德侯爵被发掘，其作品广泛传播，甚至中国人也不陌生，所谓 SM（Sadomasochism，性施虐受虐狂）中就有萨德名字的缩写。这个名单在 20 世纪又添补了巴塔耶、热内等人，说前赴后继应该不为过。萨特写过一篇歌颂热内的文章，标题就是离经叛道的《圣热内》。

但日本作家不太一样，他们虽有反天皇、反战争的主动要求，在美学上则有被迫反抗的成分。战后坂口安吾曾在电影公司负责文案。当时的社会舆论认为，必须回到战前那种"健全"的道义状态，日本才有救。有人认为应该拍一部电影，"要有老农夫树皮一样粗硬的手，以及打了补丁的和服等代表了日本父传子、子传孙的吃苦耐劳精神的象征物"。

出于美学上的反感，坂口安吾"婉拒"了写这种剧本的差事。他认为，战前的所谓"武士道精神"根本就没真正存在过。战败后大家也都看到了"六七十岁的将军们不选择切腹，反倒是像马一样被人拉着嚼子，并排挨着走上法庭"。

坂口安吾认为，人首先得本真地生活。"想要的东西坦诚去索取，厌恶的东西就直白地说讨厌。"他因此倡导："日本及日本民族必须堕落！寡妇们请自由恋爱，坠入地狱吧！复员军人们去当黑市商人吧！虽然堕落本身是恶的，可不花本钱绝不能得到真金白银。"

"花本钱"的意思是丢脸，"真金白银"的意思是未来。也就是说，舍不得说那些丢脸的真话，民族不会有未来。

中国当然也有堕落文学，不过不必再提那些人尽皆知的书籍了。值得一说的是从 80 年代到 90 年代，文化人普遍有一种时代堕落了的感觉。原因不在于大众读了什么堕落之书，而是他们不怎么读书了。文化人的骄矜与愤懑之态，回忆起来仍历历在目。某著名诗人在当时最著名的《读书》杂志撰稿评议全球文化事件，以轻蔑的口气说今天的美国电影已经堕落到了不可思议的地步，1994 年获奥斯卡奖的电影名字居然叫做《浆状小说》，可想而知是什么货色。但，那究竟是什么货色呢？其实，是作者翻译错了。所谓"浆状小说"的原文是"Pulp Fiction"，翻译成"低俗小说"才是合适的。今天，这部昆汀·塔伦蒂诺导演的作品几乎是无法撼动的经典了。

新周刊
NEW WEEKLY

2016 年度佳作

安全课：不安世界的生存指南

插图—John Labbe/Getty

安全课：不安世界的生存指南

今天，定义一个富人，不是富有金钱、富有时间或富有社会资源，而是富有安全感。

这是个不安的世界。

恐怖主义、种族冲突、战争阴云也许离我们遥远。

离我们更近的，是不放心的食物和空气质量，让人焦躁的城市交通，社会治安问题和陌生的邻里；

是不时会接到冒充熟人、领导、电商、航空公司客服、公检法的诈骗电话；

是买套房或者买辆车，甚至寄个快递，就暴露了所有个人信息；

是一下雨就看海、一上路就路怒、一言不合就大拆大建的城市；

是男人困惑于"你是男人""你还是不是男人"以及"你不是男人"的尴尬之问。

富人恐惧着婚变、出轨、谎言、欺诈、阶级、财富转移和泡沫。

穷人焦虑于房价高、收入低、就业难，上学、生病和养老。

马斯洛说安全感是"一种从恐惧和焦虑中脱离出来的信心、安全和自由的感觉"。

我们生活的这个时代，每个人都是时代症状的小小出口。

一千万个人，就有一千万种不安。

在不安世界里，安全感，才是人的第一愿望。

早年徐静蕾在她的电影里说：我爱你，和你无关。如今她更加气定神闲：我什么都有，你有单纯善良帅就可以了——最富有的女人，不是拥有美貌或才华、财富，而是充满安全感。

此时此刻，我们能给你的，唯有这个不安世界的生存指南。

愿我们各自安好。

给不安世界的生存指南

给这个不安世界的生存指南其中之一，就是要建立规则和遵守规则。安全问题是一个社会问题，但归根到底是一个个人问题。每一个具体的个人，才是这个世界安全的最后一道防线！

21 世纪是一个安全问题全球化的时代，便捷的国际交往把危险扩张到了人类生活的方方面面。

在 1994 年发布的《人类发展世界报告》中，联合国开发计划署提出了人类安全的概念，认为它包括以下形式：政治安全（人权和民主原则遭到侵犯）；个人和人身安全（冲突、贫穷、与毒品有关的犯罪、对妇女和儿童施加暴力、恐怖主义）；环境安全（空气、水、土地和森林恶化）；食品安全（食物的数量和质量方面，食物的可追溯性）；卫生安全（疾病、传染病、空气污染造成的呼吸系统疾病）；经济安全（失业、工作不安全、收入和资源不平等、贫穷和没有住房）。

在这样一个一切不确定的年代，安全感成了金子般的东西。伦理学家赵汀阳说，生活的价值并不由人决定，而是由生活的需要所决定。一个缺乏安全感的时代，是一个不幸福的时代。

生理需要（衣、食、住）是马斯洛需求层次理论中的第一层，其次是安全需求（人身安全、健康保护）。温饱解决之后，中国集体奔小康，进入一个亟需建立安全体系的时代。安全体系建立不起来，其他三种需求——社交、尊重与自我实现，就无从谈起。

中国人到底要拥有多少钱才有安全感？答案也许是 400 万，也许是 1000 万。

当互联网世界激辩"延迟退休"政策时，一个庞大的群体——农民工却丝毫没有闲情逸致去思考这个问题，因为他们所面临的现实是——无法退休。他们所担心的是能不能领到每日的工钱，明天又将去往何处。2014 年《全国农民工监测调查报告》显示，在中国目前的 2.73 亿农民工里，50 岁以上的占了 17%，总数超过 4600 万人。

工薪族看着不断飙升的房价、与 CPI 不成比例的涨薪幅度，早已感觉身体被掏空。"这个世界叫人类坚持下去，世界叫穷人奋斗下去。"香港乐队 My Little Airport 给香港青年写的歌，在内地青年中引发共鸣。一家互联网公司因为实行"996 工作制"（早上 9 点上班，晚上 9 点下班，一周工作 6 天）而遭曝光，网民不再感到愤怒，觉得媒体少见多怪——说得好像我们不是 996 一样。香港没有人可以在 10 点钟前入睡，内地的白领也开始对 9 点钟下班习以为常。经济下行时，996 们背锅逆行。

大学不再是象牙塔，反倒像金矿，人人都想进校园捞一把。电信骗子觊觎大学生的学费，互联网放贷人手里攥着一张张"裸条"，青年导师猛灌心灵鸡汤，忽悠人人去创业个个都发财。最后的结局被写成段子：十个创业九个死，还有一个在烧纸。

当下中国，从依靠伦理规则生存的熟人社会，进入到一个规则与契约尚不健全的"半熟人"社会，在这一过渡期中，人们的不安全感与不适感更为强烈。

缺少安全感的表现是，一有风吹草动，人们便惊慌失措。譬如，房地产市场刚透露出一点限购二套房的消息，人们就风风火火地跑去民政局排队抢号办离婚。我们抢过盐，抢过奶粉，抢过板蓝根，还要抢一个更大的东西——房子，抢的都是安全感。

中国人到底要拥有多少钱才有安全感？有人算了笔账，如果一生康健，也许是 400 万元。也有人说要 1000 万元，但是又有多少中了 1000 万彩票的人，最终还是没能过上好日子呢？

在这样一个便利至极的信息时代、智能时代，人人都可能被一个个 bug 攻击，从而击破我们脆弱的安全感。

在互联网时代，我们面临的一个新问题是——信息安全。

截至 2015 年 11 月，中国手机用户突破 13 亿；2016 年 6 月，中国网民达 7.10 亿，农村网民达 1.91 亿，手机网民达 6.56 亿，人均每周上网时长 26.5 小时……

人人都从这组数据中看到了巨大商机，包括诈骗分子：几乎每个中国人都拥有一台可以接收电话诈骗信息的手机，其中一半中国人还有可能随时遭遇花样百出的网络诈骗。

手机和电脑成为人的某种器官，一条数据流通过手机和电脑把我们与世界连接，同时连接的还有我们的所有隐私。在无良隐私批发商眼中，我们就形同一个个透明人。准女大学生徐玉玉因被骗 9900 元学费猝死后，个人资料贩卖并没有得到抑制，反而因为"风声紧"，被紧急抛售每条的价格从 3 毛钱降到了 1 毛钱。只要花上 1 万元，你就可以买到 10 万个准大学生的详细信息，从中"掘金"。

中国有一半人每天使用微信，它几乎满足了我们所需的一切——社交、出行、购物、投资、理财、公益、娱乐、挂号、订报、办证、违章缴费、市政查询……

对个人安全特别敏感的美国人，把微信称为"超级应用"。它似乎可以承包人类的一切需求，让我们 24 小时不能离线，因此它也前所未有地搜集了规模庞大的个人信息。这不由让人想到奥威尔笔下的不安世界——看起来很严密，但内里却是漏洞百出。

在这样一个便利至极的信息时代、智能时代，人人都可能被一个个 bug 攻击，从而击破我们脆弱的安全感。

归根到底，我们总是想逃离不安的世界，找到一个安全的栖息之地。

"白银杀手"高承勇归案后，歌手张玮玮撰文讲述甘肃白银在 20 世纪 90 年代的变迁。这是一个在"三线建设"中发展起来的工业小城，工人来自全国各地，像一块块浮木聚集到西北的破落小城，备战备荒。

在 20 世纪 90 年代的国有企业改革中，这些地方无一例外成了下岗潮的重灾区。在西北的白银、西南的綦江、中南的蒲坊，至今仍能看到大片废弃的厂房和工人宿舍。张玮玮在文中写道："1994 年到 1998 年这四年，白银一直在绝望的处境之中，大小工厂纷纷倒闭，依附在工厂的一个个家庭靠着微薄的低保维持生活。几乎全城的年轻人都在往外跑，拼命地逃离这个困境。"

这一逃，就是 20 年。20 年后的今天，我们仍然在逃往大城市的路上，其中有的是农民工，有的是上班族，有的是准大学生。在大城市穷忙而无望之际，我们又开始谈论"逃离北上广"。其实，一线城市的人口仍在持续增长，且有大量流动人口未被及时统计。譬如，统计局统计的广州常住人口总数为 1308 万（截至 2015 年年底），但移动手机用户却有 3223.92 万。

人往高处走，高处意味着更多安全感。在村里种田，不如外出打工实际，外出的是壮年之士，留守的是老幼；新富者为了呼吸更好的空气、享受更好的人生，投资移民；家长想方设法买下最好的学区房，试图通过房子给孩子许一个更好的未来。人们讨厌大城市也热爱大城市，因为所有优质资源都集中在这个庞大的怪胎，它就是一个"超级应用"。

归根到底，我们总是想逃离不安的世界，找到一个安全的栖息之地。可是，有 3000 万人的城市，就有 3000 万种不安。

每一个具体的个人，才是安全的最后一道防线。

人人都在喊着：给我生活，地方随便。

中国是急之国，中国人总是很急躁，在路上的表现是，人人都是路怒族，就算是脾气再好的人，也会被那些不守规则随意穿插的人逼成路怒症患者。广泛存在的路怒，成了对无规则的集体愤怒与发泄。只是，他们没有把这股气用在要求建立规则和守护规则之上，而是通过猛按喇叭、胡骂一通来获得宣泄。这是一种典型的"无能的力量"，无疑给世界的不安又点了一把火。

给这个不安世界的生存指南其中之一，就是要建立规则和遵守规则。略显讽刺的是，由于安全教育在中国的公共教育系统中只占很小的位置，我们的规则意识常常是通过别人遭遇的安全事故来培养的。诺奖得主约翰·纳什夫妇在出租车后座上没有系安全带，结果在车祸中被甩出车外，当场身亡。消息传来，很多中国人才发现，平时坐后座懒得系安全带原来这么危险。

建立规则和遵守规则，意味着你盖的一栋房子，不会随意崩塌；你造的一条路，不是纸糊路；你卖的是一棵白菜，而不是一瓶农药；你卖的是一罐奶粉，而不是一罐化学药剂……

一个富裕、文明、平等、自由、法治的国度才是一个安全的国度。

王小波说："我们生活的支点是什么？就是我们自己。"

运动健康观念已经深入人心，却仍然有那么多人无法摆脱对药物的依赖而致死。我们已经知道吸二手烟对健康的危害，却有人无视各种禁烟规定而致他人于死地。城市道路安全系统已经如此先进，却偏有那么多人不遵守交通规则而致死。汽车已经有一套安全系统，却有人不系安全带而致死。教育水平已经普遍提高，却有人无知地去冒犯他人的文化禁忌而致死。安全问题是一个社会问题，但归根到底是一个个人问题。每一个具体的个人，才是这个世界安全的最后一道防线！

人类安全简史

文 / 谭山山

工业革命前，人类对安全问题的认识是宿命论的，只能被动承受；工业革命后，人类开始由被动变为主动，用各种方法解决安全问题，这不能不说是一种进步。

"当 1478 年淋巴腺鼠疫波及米兰时，列奥纳多·达·芬奇 27 岁，在这个城市已经住了四五年。在 1347 年黑死病杀死三分之一的欧陆人口之后，各种可怕的传染病不定期地横扫欧洲，这是又一次。"在《城市》一书中，英国作家约翰·里德在"永远的难题"章节这样写道。

城市生活危机四伏，除了面临火灾的威胁，还得经受瘟疫的侵袭。在那个时代，当一场疫病袭击一座城市，绝大多数居民只能听天由命，让瘟疫的恶魔来挑出牺牲品。当时意大利流行一句谚语："药丸有三种成分，叫做 cito、longe 和 tarde（意思是'跑得快''走得远'和'回来得慢'）。"那些没有逃脱的人就没救了。

1478 年的这次疫病，导致 2.2 万米兰居民丧生（当时米兰总人口约 15 万）。达·芬奇没有在著作中直接提及这场瘟疫，但在他那个时期所写的笔记中，可以看到，他忽然对卫生学和市镇规划发生了兴趣。他提出一个激进的主张：米兰应该被分裂成 10 个新城，每个有 5000 栋房屋，最多容纳 3 万人居住。他写道："以这种方式，你就可以疏散大量的人口，而现在他们像羊群一样挤在一起，每个角落都散发着臭气，并且传染致死的瘟疫。"

在达·芬奇所设想的理想城市中，居民的生活质量是"需要考虑的首要事情"，每栋房屋应尽可能得到更多阳光，废弃物也需特别处理；人行道高于街面和排水沟，排水沟将雨水和其他污水排到下水道里（下水道埋在地下并与运河截然分开）；多设立公共厕所，并在公共建筑中设计螺旋楼梯，这样人们就不能在黑暗的拐角处小便了——他们之前经常在方形楼梯的平台上干这种事。不过，遗憾的是，达·芬奇的新城规划没有得到实施。

在人类的进化和发展过程中，安全问题始终是一个生死攸关的重大问题。石器时代的原始人用石块砍砸、砍削而成的石器、棍棒，既是生产工具，也是防卫工具，以抵御野兽的袭击。六七千年前，半坡氏族就知道在所居住的村落周围开挖壕沟；而春秋战国时期已开始修筑的长城，无疑是世界上最著名的防御工程。

在古代，对人类安全构成威胁的主要是各种自然灾害。比如洪灾，西方的诺亚方舟故事、中国的大禹治水传说，都反映了洪灾的肆虐；再比如火灾，一直是城市居民最大的焦虑之一，从罗马到伦敦、江户，这些著名的城市都经历过重大火灾。1666 年的伦敦大火，是人类历史上最严重的火灾之一，伦敦城内五分之四的房屋被烧毁，整座城市几乎都得重建。

随着科学技术的发展，人类对自然的控制力大大提高，对自然灾害可以施以防控，似乎人类的生存环境比过去安全多了。然而，旧的威胁得到缓解，新的安全问题又出现了。贫穷、污染、新的疫病（比如 SARS）、恐怖主义……这些是人类所面对的新威胁。

"人类安全不是一种努力达到的结果，而是有关人类尊严的实现过程。"联合国的主页上这样写道。

东汉政治家荀况说过："先其未然谓之防，发而止之谓之救，行而责之谓之戒。防为上，救次之，戒为下。"同样，著名的"墨菲定律"也是事前定律。其

公式是 $pn=1-(1-p)n$，p 为概率，n 为实验的次数（可以理解为事故隐患次数），不论 p 有多小，当 n 越来越大时，坏事 pn 就越来越接近 1。也就是说，只要有发生坏事的可能，不管可能性多小，这个坏事肯定会发生。所以，正确的做法是：尽可能降低概率 p，尽可能减少事件 n，使 pn 值始终小于 1，也就是防患于未然。

比如，要对付火灾，需建立消防队，这是从古罗马时期就流传下来的经验。公元前 1 世纪，罗马首富克拉苏（他和恺撒、庞培组成"前三头同盟"）组建了一支由 500 名奴隶组成的私人消防队，在当时的罗马仅此一家。克拉苏是个奸商，他的消防队是他敛财的工具，方法有二：一是低价收购火灾蔓延地段的房产；二是坐地起价，除非接受提出的救火价码，不然就不出动消防队。公元前 1 世纪晚期，奥古斯都执政，摈弃了克拉苏这种趁火打劫的做法，将消防转为公办，组建火警队(Vigiles)，分为 7 个大队，每个大队 500 人左右。除了消防之外，火警队也担任夜间巡逻、缉拿盗贼的任务。

和罗马的火警队一样，我国最早的专业消防队——北宋的"潜火队"同样既防火又防盗。潜火队配备的消防装备，有"大小桶、洒子、麻搭、斧锯、梯子、火叉、火索、铁锚儿之类"。另据《武经总要》记载，潜火队还有云梯、唧筒（"用长竹，下开窍，以絮裹水杆，自窍取水"，相当于消防泵）等当时最先进的装备。

1886 年是特别有意义的年份，这一年，Heinrich Hertz 为电报创造了基础，Josephine Cochrane 发明了洗碗机，John Pemberton 发明了可口可乐，Carl Benz 发明了世界上第一辆汽车，他们四个人彻底改变了后代人的生活方式。其中，梅赛德斯–奔驰的安全历史，也是一部汽车工业发展史：1951 年，首次提出溃缩区；1978 年，发明了防抱死制动系统；1980 年，发明了安全气囊与安全带收紧器……2011 年，广泛应用碰撞预防辅助系统……今天的汽车比以往任何时候都更加安全、清洁和高效，正如梅赛德斯–奔驰所宣称的那样，世界每天在变，只有一件事情保持不变：我们每天努力确保世界上历史最悠久的汽车制造商继续为人类提供世界上最好的汽车。

工业革命之前，人类对安全问题的认识是宿命论的，只能被动承受（所以达·芬奇的城市规划并未实施）；工业革命之后，人类开始由被动变为主动，用各种方法解决安全问题，这不能不说是一种进步。尽管安全威胁有着"道高一尺，魔高一丈"的特点，但还有一句话，叫"人定胜天"。

最好的安全课是父母有能力离开

文 / 冯嘉安

父母的角色，就像孙悟空用金箍棒给唐僧画一个保护圈。这个圈不能太小，否则孩子一旦缺乏自己面对世界的能力，最终将造成安全感的缺失。

尤瓦尔·赫拉利在《人类简史》里写道："与其他动物相较，人类可说都是早产儿，许多重要器官的发育都还不够完善。看看小马，出生没多久就能开始小跑步；小猫出生不过几周，也能离开母亲自行觅食。相较之下，人类的婴儿只能说没用得很，许多年都得当个啃老族来被抚养、保护和教育。"

人类在体格上比不上很多动物，婴儿在面对危险世界时，父母的保护显得尤为重要。人类会通过抚养、保护、教育等行为，帮助婴儿抵御初来人世时的种种危险。

中国古人喜欢用"舐犊情深""乌鸟私情"等动物的行为来寄寓人类亲情。实际上，任何动物的亲情，都没有人类父母与子女之间那么深厚，人类的亲情在保护与被保护之间深刻地建立起来。

"社会学中有一个非常重要的概念，叫做'重要他人'，我喜欢称之为'权威

成长观

角色'。"国家二级心理咨询师、亲子教育专家刘勇赫表示："在儿童的社会化过程中，总会有一个或多个人扮演某人崇拜、效仿或学习的对象，儿童将其视为在某一阶段生命中最重要的角色。在不同时期，幼儿、童年和少年与其心目中的权威角色（分别对应父母、教师和偶像）之间的关系是影响安全感的第一因素。当然，也有些发育较早的孩子，会对自身成长的环境进行评估，当他认定环境有利于个人成长，不会有危险或困境时，他会产生安全感。"

现代生活让人类免于祖先那种赤裸裸地生活在原野的危险，然而，复杂的人类在创造出高度发达的社会的同时，也为这个自己建立的社会带来人为的危险，孩子在这些危险面前更是弱不禁风：

婴儿奶粉是母乳不足孩子的口粮，然而，有人竟为了牟利加入三聚氰胺；

人类在车轮上为生活提速，然而，吝啬于安装儿童安全座椅的父母，把孩子置于一个比自己危险百倍的处境；

塑胶跑道本来提供给孩子一个不怕摔倒的奔跑场地，然而，跑道释放出来的毒气，却比摔倒更让孩子受伤；

学校本应该是孩子成长的花园，老师本应该是学生的人生导师，然而，竟有老师把性侵的黑手伸向孩子，给孩子留下一生不能抹去的阴影……

父母的角色，就像孙悟空用金箍棒给唐僧画一个保护圈那样，把孩子置于一个与危险隔绝的圈中。为了画好这个圈，父母不得不预判孩子成长过程中种种潜在危险，防患于未然。

不过，如果这个圈画得太小，就会变成一种"过度保护"。在这种保护圈下成长的孩子，缺乏自己面对世界的能力，最终造成安全感的缺失。

心理学家胡慎之认为："安全不需要太多的维护，恰恰相反，一个妈妈在孩子后来成长的过程中，有能力'离开'孩子，培养孩子独立的能力，才能更好地形成安全感。有些妈妈在照顾孩子的过程中有一种价值感上的满足，因此她不愿意离开孩子。这时孩子就会产生焦虑，探索世界的欲望会被妈妈阻隔。妈妈人为地给孩子制造了一个'舒适圈'，容不得孩子离开这个圈半步。安全感源自能力，就像一个武林高手，到哪里都不会没有安全感，一个手无缚鸡之力的人，到哪里都缺乏安全感。"

刘勇赫也认为："在安全的条件范围内，应允许孩子尝试，允许孩子犯错误，给孩子犯错的机会，给孩子成长的空间，不能剥夺孩子犯错误、自我反思、自我改善的机会。过度保护便是主观地隔离孩子与环境之间的接触，试图避免犯错或接触一切危险——典型的行为即哭必哄、摔必扶、玩必陪等，从而导致孩子对于环境的无知与茫然，最终导致适应环境能力低下的恶果。"

一个不放心孩子自己去接触世界的妈妈，是不会跟孩子说"这个世界是相对安全的"。胡慎之举了一个例子：有迫害妄想症的妈妈，养育出来的孩子往往会延续这种精神问题，因为他们从小就接受一个信息——这个世界是不安全的。这样的孩子会长期处于恐慌之中，发展到后来就是，"人家看我一眼，我就认为他要杀我"的程度。

因此，父母要学习的安全教育课，正是如何把保护圈画得尽可能大，既不让孩子受到直接的生命威胁，又能让孩子认识危险、直面危险。据统计，在中国每年有超过 1.85 万名 14 岁以下儿童死于交通安全事故，死亡率是欧洲的 2.5 倍、美国的 2.6 倍，交通事故已成中国 14 岁以下儿童的第二大死亡原因，但儿童座椅的使用率却不足 5%，要知道，发生车祸时，车内未安装儿童安全座椅的婴童死亡率是安装了儿童安全座椅的 8 倍，受伤率是 3 倍。

孩子遭受一些微小的意外或损伤，例如磕碰到膝盖、小刀划到手等情况时，父母无需过于紧张，这时反而是最好的安全教育时机。胡慎之说："父母要懂得让孩子知道，一样东西在什么时候是安全的，在什么时候是危险的，而不是绝对化地让孩子远离这些东西。"

刘勇赫建议："安全教育课一定是在亲子互动中进行的，因为亲子互动本身就是产生儿童安全感的主要路径。同时，亲子互动中儿童可以学习到社会规范、生活经验、社会交往技巧以及自我保护的办法，这些都是安全教育的重要组成部分。亲子游戏是帮助实现安全教育的最佳方式与途径：例如对比游戏，用图片或实物展示，将安全与危险情况对比，通过对比与选择加深儿童的记忆；又如让孩子当安全讲解员，引导孩子寻找家庭中容易产生危险的地方，将它们整理出来，让孩子给我们总结与讲解；还可以用玩具模拟，通过情境创设，教会孩子自我保护的正确方式方法。"

总而言之，放心让孩子大胆探索这个世界是最好的安全课。一个人的安全感，最终来源于自己拥有与这个世界相处的能力。

逃离抑郁，走出孤岛

文 / 阿饼

中国每 7 个成年人里就有 1 个抑郁症患者，抑郁症并非"名人病"或"富贵病"，它不分年龄、性别或职业，每个抑郁症患者身上都背负着时代烙下的伤痛，只有在生死边缘走了一遭的人，才能看清、放下，回归本心，无所畏惧。

中国人时常自嘲：自从得了精神病，整个人精神多了。

然而，对于真正的精神病人来说，一种挥之不去的"病耻感"会深深地烙在心底：一旦得了精神疾病，别人便会认为你是"不正常、低人一等的疯子"。

世界卫生组织、世界银行和哈佛大学的一项联合研究表明，抑郁症已经成为中国疾病负担的第二大疾病，几乎每 7 个成年人中就有 1 个抑郁症患者。

"抑郁症最难治和可怕的地方，源于大家的不了解。"2011 年 10 月 25 日，出演过《杜拉拉升职记》《娘家的故事》等热播剧，年仅 28 岁的青年演员尚于博因抑郁症跳楼自杀，他的母亲毛爱珍一直后悔"没有早点发现，没能帮助到他"。儿子去世一年后，毛爱珍在北京成立了尚善公益基金会。这是国内唯一一家专门关注精神健康和抑郁症防治的公益基金会，四年间一直致力于抑郁症防治的宣传和普及。

自杀倾向是抑郁症最为可怕的症状。67% 的抑郁症患者有自杀的想法与行为，15%—20% 的抑郁症患者最终自杀。中国每年因抑郁症而自杀的人数达 20 万，自杀未遂者更是数倍于此。

"每个人都是一座孤岛。"这是一位抑郁症患者的内心独白。这些患者就像一座座漂浮的孤岛，隐匿在我们身边。

观念的扭曲、信息的匮乏、资源的紧缺，像笼罩在孤岛上的浓雾，让无数患者和家属迷失在求医治病的路上。

在北京安定医院，姜涛是最受欢迎的医生之一，他从医 25 年，接诊 4 万多患者。每当他出诊，天不亮，就有许多来自全国各地的患者蹲在诊室门口，最忙的时候，姜涛从早八点看到晚六点，一天要看八十来个病人。

以前，来找姜涛的七八成是精神分裂症患者，如今，超过一半的病人为抑郁症而来。安定医院也因此在 2006 年特别开设了抑郁症研究中心。然而，与抑郁症高发病率、高复发率、高自杀率的特征相反，我国抑郁症的就诊率和治疗率都很低。

躯体类疾病能借助一大堆仪器和生化指标进行判断，抑郁症的诊断和治疗基本靠病人诉说和医生经验。可是，找到合适的医生并不容易，姜涛打了个比方："如果说当代医学对糖尿病的认识达到近代的话，对大脑疾病的认识，恐怕还停留在公元前。"

中国在 2012 年 12 月才颁布了第一部《中华人民共和国精神卫生法》，在法律上规范和保障了精神障碍患者的治疗和权益。而中国有执业资格的精神科医生是 2 万人，他们集中在有限的城市医院里，与之对应的，是庞大的病人群体——中国各类精神障碍患者有 1 亿多人，其中重性精神类疾病患者有 1600 万人。

对于国内抑郁症防治领域的痛点，北京尚善公益基金会通过四年的时间总结出四个字：无知、无助。秘书长伍华进一步解释："这个无知，不仅是关于'抑郁症是什么'，更有关乎'如何有效防治抑郁症'；不仅是个别人'我应该找哪位医生给我看病'的无知，还包括多数人对'靠谱的医疗机构和心理咨询机构'的无知。这个无助，也不只是患者和家属单向的无助，还是医生和心理咨询师共同的无助；不是'吃药还是不吃药'的困惑性无助，而是'症状治愈了问题依然在'的社会性无助。"

无知无助，最后变为无望。失去信心，往往是压垮抑郁症患者的最后一根稻草。观念的扭曲、信息的匮乏、资源的紧缺，像笼罩在孤岛上的浓雾，让无数患者和家属迷失在求医治病的路上。

针对这个痛点，尚善公益基金会目前正在做一项工作——开发"抑郁症援助地图"，即通过一张互联网地图，把散落在全国不同地区的抑郁症援助机构信息收集到一起，让陷于痛苦无助的抑郁症患者和家属能够通过互联网，及时、便捷地找到离自己最近的援助机构。

2015 年 8 月 25 日，全国抑郁症援助地图 1.0 公测版正式上线，这个地图收录了全国 3290 个援助机构的数据。这是 3290 座桥梁，是 3290 座通往生命的桥梁，任何一名抑郁症患者或家属只要一部能够上网的手机，就能通过互联网搭建的数字桥梁在数秒钟内找到离自己最近的援助机构。

抑郁症并不是"名人病"或"富贵病"，抑郁症不分年龄、性别或职业。

财新传媒编委、财新《中国改革》杂志执行总编辑张进是一位重度抑郁症治愈患者，他把自己当作抑郁症的研究样本，将三年来抑郁症病发与临床治愈的过程详细地写进《渡过：抑郁症治愈笔记》一书中。这本书出版不到 3 个月，已加印 4 次，印刷量达 2.8 万册，也因为这本书，张进被评为 2015 "健康中国年度十大风尚人物"。

媒体人胡舒立在书的序言中说："很多得了抑郁症的人，都遮遮掩掩，羞于承认自己得过这个病。张进则不然。"作为一个公众人物，张进在著书立作的同时，不断地做各种演讲、接受采访，为抑郁症患者发声，呼吁社会多一点关心这个群体。"简单一句话：改变全社会对于抑郁症的认知扭曲。"他说，"是无知而非疾病，构成了对病痛的巨大恐惧。当恐惧笼罩你的时候，你就失败了。怎么样才能够战胜恐惧呢？就是靠信心。信心从科学中来。这本书就是从生理、病理、心理，从科学、从技术手段获得信心。"

姜涛作为张进的主治医师，肯定了这个"外行"对精神疾病领域所作的贡献："由于精神疾病诊断没有客观的实验室指标，都需要靠语言的交流，张进恰恰在这个方面做了很大的弥补，把这个疾病从里到外，用最朴实、最精确的描述给大家展现出来。"

在张进的观察里，抑郁症并非有些人理解的城里人或社会精英才有的"富贵病"，抑郁症其实不分年龄、性别或职业，多个专科医院的接诊记录表明，前来就诊的农村居民占一半以上。是的，中国抑郁症的最大人群，是穷人，在农村。只是这群人在公众和大众媒体的视野之外，他们中的绝大多数甚至不知道自己罹患这种疾病。

对此现象，张进猜测："在社会大变迁面前，不能与时俱进、被时代抛弃的人，因其焦虑、惶恐、绝望，可能成为抑郁症的俘虏——这或许可以解释，为什么近十几年来，中国国企下岗人员和农村留守人员成为抑郁症高发群体。"

我们背负着好多时代烙下的伤痛，还没有消化和处理伤口。

《中国人的焦虑从哪里来》一书，剖析了当下影响中国人心理情绪的九大起源：社会不公、高房价、贫富差距、特权横行、收入太低、就业难、食品安全问题、应试教育和环境污染。抑郁症的大规模出现有其社会成因，说它是一种"现代病"未尝不可。

"我们也不能把人们的很多问题都归结于抑郁症，抑郁症是结果不是原因，"北京大学心理咨询中心副主任兼心理学博士徐凯文说，"比如孩子的抑郁，你要看到教育体制的问题、父母教育方式的问题。如果职员抑郁的话，要看到工作压力的问题；如果官员抑郁的话，你要看到官场的文化和体制对人的压力。"

《简单心理》创始人、心理咨询师简里里喜欢用精神分析的方式去看历史、看社会、看个人，在她看来，每个个体和家庭，都承载着民族、文化和历史所赠予的资源和创伤。"我们还背负着好多时代烙下的伤痛，还没有消化和处理伤口。每个人都是这个时代症状的小小出口。所以姿势几乎必然难看，味道有时候也很难忍受。不着急去改变谁，思考一下。不要着急责怪和嘲讽。绝大多数时候，没有人故意想要折磨谁。"

社会的"现代病"，还需回到个体去治愈。张进在《渡过：抑郁症治愈笔记》中提出了"临床治愈"的说法，他认为抑郁症的治愈只是一个开始，距离"彻底治愈"，还有很长很长的路要走。这条漫长的路，就是依靠心理学的自我疗救之路。先由病理，再过渡到心理，这是一个自然的过程。

而这个过程会给予患者一个追溯自己性格养成、直面既往生活内心深处幽暗一面的机会。在他看来，抑郁的本质是人体的自我保护。如果说抑郁症有好处，那就是，当一个人临床治愈，他应该能获得面对自己的勇气。"因为他已经在生死边缘走了一遭，人生很多问题，应该可以看清、放下。这就可以让他获得勇气，来面对自己，解剖自己，发现自己的本来面目。假如一个人能够真正完成这个历程，那他就会所向无敌、无所畏惧。"

中国女人为何最缺安全感?

文 / 郑依妮

两性学者李银河认为:"不管是男人还是女人,安全感都是取决于经济条件的。经济独立是起码的,其次也要精神上的独立。但有些人经济独立,精神不独立,特别依赖一个人,这也是缺乏安全感的人。"

"相对于男性而言,中国女性更缺乏安全感。毕竟这是一个男权社会,多数资源、文化、政治权利都掌握在男性的手中,男性占据了大部分社会资源,因此相对于女性而言,男性会更有安全感。"两性学者李银河说。

在父权话语体系的社会下,女人被列入"低等物种",甚至不被当作"人"。比如:女人没有人的理性——别和女人讲道理;女人没有人的感性——女人翻脸就是快;女人没有人的三观——女人想那么多干吗;女人没有人的理想——女人应该以家庭为重。

据统计,全世界每年自杀的男性数量比女性多。然而,中国是世界上唯一的女性自杀人数高于男性的国家,且农村自杀人数高于城市自杀人数。李银河认为,中国自杀人数也间接体现了中国重男轻女的传统观念,很多女人觉得自己的命特别贱,轻视自己,没有安全感可言,因此也更容易选择轻生。

在男权社会的语境中,男人出轨情有可原,女人出轨就罪不可赦。

然而,也存在一些例外,比如王宝强离婚事件中,王宝强成了婚姻关系中最没有安全感的人。"男女关系也看是谁追谁的,主动追求的人没有安全感,而享受被追求的人更有安全感。越匹配的人,越稳定。越是求着对方越是卑微的,就越没有安全感，越不稳定。"李银河分析，"在王宝强的婚姻关系里，王宝强是比较缺乏安全感的人。他出生于农村，性格比较憨厚，但也自知农村人的出身不如城里人。马蓉是城市里的姑娘，感觉是下嫁了王宝强。因此王宝强的婚姻，不是女人占了男人的便宜，更像是农村人占了城市人便宜。"

性别观

但李银河并不认为婚姻中男性比女性缺乏安全感，相反，从王宝强离婚一边倒的舆论风向中，就可以看出中国是男权社会心理。李银河说："出轨这事，在中国传统价值观看来是男的能干，女的不能干。中国传统婚姻自古就是男尊女卑的妻妾制，男人要娶三妻四妾，大老婆连嫉妒的权利都没有。在男权社会的语境中，男人出轨是情有可原的，女性出轨是罪不可赦的。在古代，女性出轨要被'浸猪笼'或丢在街上施以石头刑，用乱石砸死。"台湾诗人蒋勋更是一语中的："为什么寡妇这个词我们很熟？为什么鳏夫我们很少听到？文字本身有社会的含义在里面，因为我们上千年的父权社会，男性可以再续弦，女性要等贞节牌坊，所以最后寡妇很多，鳏夫很少。"

"若事件的男女双方角色互换，那恐怕多数舆论是'男人都是会花心乱搞的，女人就忍着点吧，他玩够了就会回来的了'。因为在现实生活中更多的是男性出轨，而女性被迫接受这个现实。"李银河说。

"以前有一句话说，男人是大树，女人是绕树生长的藤。但现在有一批女性，她们自己就是大树，为何要做藤呢？"

中国有句流传甚广的俗语——"干得好不如嫁得好"，选择拥抱高富帅，其实就是选择一种安全感。

"以前的我总在寻找别人为你营造的安全感，后来才明白安全感谁也不能一直给你，只有自己是自己最坚强的后盾……"高晓松前妻夕又米发长文交代离婚事件始末。

但范冰冰的一句"我不用嫁给豪门，我自己就是豪门。"也让她获得"范爷"的封号。"大家通常都说，女孩子安全感很重要，我觉得以前大家所谓的安全感，都是男朋友或者身边的男性给你安全感，觉得女孩天生是弱势。不过现在很多女性其实都拥有自己的一技之长，有自己的定位，能够独立自强。所以我觉得有的时候，安全感是女生自己给自己的，内心强大很重要。"在李银河看来，范冰冰是一个对自我有足够安全感的人。

"以前有一句话说，男人是大树，女人是绕树生长的藤。但现在有一批女性，她们自己就是大树，为何要做藤呢？我觉得这就是一批有自己独立经济来源、有自己的事业的女性。"李银河说。

在 20 世纪 80 年代之前，中国大多数是双职工家庭，男女都工作，"妇女能顶半边天"。改革开放后，一部分男人先富了起来，"干得好不如嫁得好"的说法开始兴起，为了"嫁入豪门"，有人甚至还专门开起"名媛培训班"。"讽刺的是，西方 70 年代女权运动就是由家庭妇女发起的。她们觉得被养起来，生活没有意义，要求参加劳动当职业女性。现在中国的现象完全是反过来的，许多女性回到家庭中去了。我认为这是中国从 20 世纪 50 年代妇女解放以来的一个大倒退。"李银河说。

"不管嫁一个有钱没钱的，女性都不能放弃自我价值实现。如今，女性不只要钱，更要尊严。"

李银河认为自己一直是一个很有安全感的人："我从来没有过不安全感。我一直保持经济独立，可以不靠男人来养活我，那我就有了基本的安全感。精神上独立，并不依赖任何人，自己是独立支撑的大树，对任何男人没有依赖性。"

在她和王小波的关系里面，甚至是王小波更依赖她。当年李银河去美国读博士期间，王小波过去陪读。两人用李银河的奖学金维持生活。"那段时间他在经济上是挺依赖我的，然而他在精神上一点儿也不依赖我。他的精神是非常独立的，他有自己的才能、事业。"李银河说。

"不管是男人还是女人，安全感都是取决于经济条件的。经济独立是起码的，其次也要精神上的独立。但有些人经济独立，精神不独立，特别依赖一个人，这也是缺乏安全感的人。因此安全感必须是这两个方面。对于安全感，不分性别，诉求都是一样的。情感上，当你爱一个人的时候，你会特别依赖他，然而你的精神世界不能说缺了任何人就不行。双方的爱是平等的，作为一个人格独立的人去爱对方，而不是完全依赖对方。只有在经济上和精神上都保持独立性，才能给予自己、给予对方安全感。"

如今，不婚族也成为一种被接受的小众潮流，"个人最主要的义务在于对自身负责，而非对他的伴侣或者孩子"，这意味着无论男女，越来越多的人开始把安全感建立在个体之上。"不管嫁一个有钱没钱的，女性都不能放弃自我价值实现。如今，女性不只要钱，更要尊严。"

宁愚勿蠢，待着不动也比瞎锻炼强

文 / 苏静

从中医的运动、身体、健康概念出发，没有任何一项运动、一个指标适合所有人。西方国家居民的户外运动理念是经过许多代的积累而形成的，相比之下，近年来国人的跟风式运动和炫耀式运动让人担心。

一整天宅家坐着与一整天出门遛弯有什么不同？一两年前，绝大部分人会认为，这是一道关于心情与身材的问题，待着胖、遛弯瘦，宅家闷、出门嗨。而现在，你得到的答案或许更丰富莫测。

相比你的运动水准，你的朋友们更在乎这运动的消费水平。

如今，着迷姿势的人显然多过热爱运动本身的人。其中后者，或每天行走一万多步，在运动 App 中占领 n 位好友的封面；或上网晒出运动轨迹图，外加蓝天白云，以及健身房自拍照，并分享捐步链接，展示爱心求点赞。至于前者，要是不甘心，亦可在家举起手机，开足马力，猛摇胳膊，假装在运动。反正打开手机的人，没人真的关心你到底在不在运动，也没人在乎你玩平板支撑是不是只持续了拍照那几秒，更不会有人问你攀岩是跟着哪个俱乐部哪个教练，去马尔代夫潜水有没有考证，考的是 OW(开放水域初级潜水员) 还是 AOW（开放水域进阶潜水员）。

相比你的运动水准，你的朋友们更在乎这运动的消费水平。用台湾综艺大师王伟忠的语气便是——也不知道谁规定的，同样是白色小球，花一上午打场高尔夫总是要比打乒乓球收到更多赞。相比运动流汗多不多，你更在乎的是运动造型好不好，风度姿态高不高。

你和你的朋友们都太忙了，要上班晋升，要创业挣钱，为了维持关系还要踢球、跑步、爬山，为了体现 × 格则要射箭、出海、游泳、玩帆板，巴不得一秒学会整个奥运代表队的本事，抓紧时间拍出最流行的运动纪念照。所以，你还没系统地学跑步的呼吸、步伐、肢体配合，也不管有无专业教练，身体吃不吃得消，就挤着去报马拉松，学人午夜狂奔，跑着跑着呼吸不畅，到了比赛那天又听到有人肌肉拉伤、心脏罢工，吓得够呛。

按照中医，人应该根据天地变化规律来调整自己的节奏。

"自己作死，让别人负责，这是很多人的通病。"中医专家、厚朴中医学堂堂主徐文兵认为，越来越多人跟着潮流跑步，其实喜欢的是"动"，而不是"运"。他解释，运动的"运"应该是气血周流、肠胃蠕动，需要安静专注的情境。现代人心浮气躁，以酒为浆，以妄为常，就差裸奔了，他们需要被教育、被治疗，否则会有更多悲剧发生。

仅在今年已有不少坏消息。2016 年 7 月 30 日，一场 7 公里跑步比赛在深圳进行，当天多人现场晕倒，一人猝死；7 月 10 日，南宁一小伙夜跑后猝死；7 月初，上海一 20 岁女性健身跑步猝死。再往前一些，5 月 28 日，德兴铜矿马拉松赛，一位 53 岁参赛者猝死赛场；5 月 29 日，一名 43 岁中国男子在芝加哥参加跑步比赛，跑了半小时就倒地不醒，最终抢救无效身亡；2 月 28 日，武汉 34 岁女白领在跑步机上突发心脏病猝死。

媒体传播这些新闻时每每配上了提醒：跑步看上去简单、百利而无一害，若方式不正确反而会伤害身体，长期从事高压工作者、长期熬夜的人、冠心病患者、肥胖人士、老年人等高危人群尤其要注意运动安全，并且大部分猝死者发病前是有症状的，主要表现为胸闷、胸痛，如果忽略不顾，继续运动，极易出问题。

徐文兵建议，日出而作，日入而息。即人们可以在春夏放开了锻炼，秋天逐渐收敛，冬天就猫着，遇到恶劣天气不要锻炼，喜欢夜跑的朋友，则最好白天出去活动晚上静养。理由很简单，"春生夏长，秋收冬藏"是天道，按照中医，人应该按照天地变化规律来调整自己的节奏。《黄帝内经》亦主张晚上不要锻炼，曰"暮而收聚，勿扰筋骨，勿见雾露"。

运动观

盲从运动是冒险，不是探险。

"人到中年，散步好过跑步，缓坡慢走好过爬楼梯，具体每个人应该怎么锻炼，还应先去做个体检和身心健康评估，听听专业医师的建议，避免运动性损伤和猝死。"徐文兵表示，各种运动都会有相应的风险，相比有人在健身房跑步机上与马拉松赛场猝死，冬泳诱发心脑血管病的更多，也有爬山、长跑、蹲马步损伤膝盖的，还有打高尔夫扭伤腰椎、打网球出现网球肘、练瑜伽高温出汗脱水或造成关节筋骨损伤等意外状况。

从中医的运动、身体、健康概念出发，没有任何一项运动适合所有人。徐文兵曾在讲授《黄帝内经·灵枢·天年》时介绍，古人分年龄段，基于气血的充盈情况才去运动，比如男性生理高峰以32岁为分水岭，在32岁前熬夜或剧烈运动都不至于伤身，但过了这个年龄，即使是体育锻炼，也要选择缓和型为主。

朋友圈里打着架刷屏的养生文章，一会儿说"要长寿，学习日本人每天运动一万步"，一会儿说"每天一万步不等于健身"。在徐文兵看来，这些说法都不负责任。他说，没有一个数字、一个指标适合所有人，宁愚勿蠢，待着不动也比瞎锻炼强。

现定居云南大理的专业水肺潜水教练"深海漫游"（本名何伟），曾于 20 世纪 90 年代到法国留学、工作、生活过 7 年，并在那儿成为最早体验潜水等新兴运动的中国人之一。对比西方社会，他认为国人的运动理念中有两点特别让人担心。

一是喜欢跟风。比如马拉松、越野跑，这两年非常红火正是这个原因。这本是好事，但在这些比赛中，经常听到跑友伤亡，很令人难受。何伟分析，其中很多参与者是缺乏相应运动基础的普通人，他们没有意识到跑步等运动是有风险的，也没有专业的教练给予引导——告诉他们全过程的运动除了热身，在运动过程中也是要分阶段的，此外，预热、途中的冲刺跑，最后肌肉的放松，以及运动生理、运动营养等，都是非常科学系统的东西。

二是有些人参与跑步的出发点不纯粹。正常而言，跑步是为了锻炼身体，让自己的身体机能更加健康，让身体的能量、耐力更加强劲。但是有些人参加这些运动，更多的是盲目模仿，他们觉得某个朋友做了什么事情，说出去多么炫，他们也要去试试，或想当然地认为，别人都可以那就是安全的。

"很多学潜水的人说：我的一个朋友不会游泳，他现在潜水很好，在水下很开心，那我也不用会游泳就能潜水。"何伟说，这其实是很大的误区，海底风险时刻存在，从心理上、意识上、技能上做好准备的人，遇险时的求生反应是完全不一样的，他最后逃生获救的概率也会比没有准备好的人大很多。

何伟认为，法国等西方国家居民的户外运动理念是经过许多代的积累而形成的，他们从小就在安全保障的基础上培养冒险精神，在教育过程中灌输给孩子们如何预防风险，发现风险时如何去应对，教给孩子们整体的户外知识，而不仅仅是运动项目技巧。

何伟的儿子今年 11 岁，小小年纪已经对自然、对运动展现出热爱与天赋，攀岩、跑步、潜水、帆船、漂流都学得不错。"尝试一些新的东西时，我们会告诉他可能的风险是哪些，我们是怎样去预防风险的，这样孩子去运动时，他心里有底，是踏实的。"何伟说，带着孩子到户外运动，不是去冒险，而是探险。

越自信的人越容易上当

文 / 曹园

成立两年、有 60 位技术控的腾讯反诈骗实验室发现，中国网络诈骗报案量最多，电信诈骗金额最大，越自信的人越容易上当。诈骗业已经形成一条产业链，他们的诈骗手册编得比电影剧本还逼真。

山东临沂女孩徐玉玉遭遇助学金骗局，9900 元学费被骗光，郁结于心而身亡。

开学季，俨然成了瞄准学生的诈骗季，为此，江苏省甚至专门为大学新生定制了一场"安全知识考试"，60% 以上的题目和预防电信诈骗有关，不达 80 分的新生需重考。

"学生受骗事件最近成为焦点，实际上，每天发生的诈骗案数不胜数，诈骗团伙层出不穷。"腾讯反诈骗实验室安全技术专家李旭阳说，"之前有人因遭遇仿冒公检法的诈骗而跳楼，也有老人被骗几千元而在银行门口自杀。"

"论诈骗金额和对受害者的伤害程度，都不及冒充公检法的诈骗。"

在诈骗电话呼叫之前，徐玉玉确实曾接到过教育部门发放助学金的通知。这是骗子得手的一个关键点，也意味着骗子精准掌握了她的个人信息。我们的私人信息有多不安全？李旭阳深感无奈："信息泄露已经是既成事实。我们的现状是漏洞太多，不是堵一个点就能堵住，到处都是窟窿。"

遗憾的是，对个人而言，防范信息泄露并无有效手段。车票、快递单、手机业务受理单、水费电费收据和个人简历等，都可能泄露隐私。"你去买套房或者买台车，所有的个人信息就都暴露了。"李旭阳说。

徐玉玉接到的这通手机号码属于虚拟运营商的 171 号段，而寄生在虚拟运营商上的诈骗只是众多电信诈骗中的一种。海外改号、010 和 400 开头的号码所造成的诈骗伤害比 171 号段严重得多。

"电信诈骗类型繁多，有冒充熟人、领导、电商和航空公司客服的，但论诈骗金额和对受害者的伤害程度，都不及冒充公检法的诈骗。"李旭阳提供了一组数据："在我们的统计中，仿冒公检法的诈骗金额占到总涉案金额 60%。"今年 8 月 29 日，清华大学一教授就被冒充公检法的电话骗取了 1760 万元。

"公检法诈骗采用恐吓震慑的手法，利用了人们避害的心理。"通常，骗子会假冒公安局或检察院人员打电话，谎称用户的银行卡被复制盗用，涉嫌贩毒、洗钱、走私等犯罪，以冻结账户、保护资金安全为由，要求用户将存款转入安全账户，并称案件告破后就退钱。

短信诈骗则利用手机运营商或银行客服等伪基站，仿冒"10086"或"95555"等号码发送积分兑现和信用卡提现的消息；或提示你的网银即将过期，需要登录网站填写资料；又或者恭喜你中奖，送你万元电脑，但需要预缴个人所得税。

而人们要防范的诈骗点就在于短信后所附的网址链接或电话号码。李旭阳解释道："当你回拨电话，提供各种私人信息，或点开网址，不小心装上了病毒，你银行卡上的钱就会被马上划走。"

他认为，诈骗短信一般是广撒网式的群发，但也有特殊情况。"有一类短信专门针对航空旅客，不知是售票的哪个环节泄露了，很多人买了机票后，很快就收到短信，被告知航班由于机械故障等原因需要退改签。"

电信诈骗的金额巨大，而网络诈骗的报案量最多，占所有诈骗案件总数的 20%—30%。在李旭阳的印象中，最严重的是网络兼职诈骗，这类诈骗瞄准了在校学生和家庭主妇。

兼职诈骗的模式是在网上刷单就给返金。比如你花了 2000 元下单购物，返还金额为 2200 元，多出的 200 元即为"酬劳"。"但实际是，你付账后，东西不会寄出，钱也不会退还。"

"诈骗内容编得像电影剧本一样逼真，让受害者深信不疑。"

科技发展让生活越来越智能，也越来越危险。理论上，我们只要在上网、在与外界保持联系，就无法避免被各种骗局盯上。

诈骗分子懂得紧贴热点。沸沸扬扬的王宝强离婚事件，激发了新鲜的"创作题材"，他们在短信里写道："你好，我是演员王宝强，相信最近我离婚的消息大家都知道了，我账户的钱被他人转走了，现在身无分文，在借钱打官司，你能借给我 5000 元吗？等我胜诉了，10 倍奉还。这是我朋友的支付宝……"

诈骗分子也懂得与时俱进。他们将以往撒网式的诈骗模式向精准诈骗升级，从常规的姓名、年龄、性别、籍贯、身份证号、手机号和住址，到详尽的工作职务、健康状况、出入境记录及子女亲属信息，对你的了解堪称"闺密级"。

李旭阳所在的反诈骗实验室长期和警方合作，同步了大量警情数据。从警方的案情报告里，他们发现过针对残疾人的诈骗。"国家对残疾人有补助，诈骗分子连这一点也不放过。"

还有一类新的诈骗形式：某汽车车主发生交通事故，申请保险理赔，然后就接到了"保险公司"的电话，称打钱给他并指示他到 ATM 操作，误导他进入英文界面，最后将钱转给了骗子。

更有一种诈骗版本追求剧情的环环相扣，由多个诈骗分子一起完成。"这种诈骗主要针对小商贩，骗子冒充军方采购部向商贩购买一些军用物资。接到一笔万元大单，商贩当然高兴。"李旭阳说。

"但骗子还需要另一批货，而这是商家绝对没有的。骗子推荐了一家之前合作得不太愉快的供应商，希望商贩能从中代为购买。商贩联系供应商，对方称已不做此业务，又推荐了另外一家，几经周折，到最后一家谈妥。"

"这时，冒充军方的骗子要商贩先把货款付一下，之后一并结算。商贩垫付之后，所有联系过的电话马上全部关机，几万元也随之烟消云散。"

对手下进行培训、分工，诈骗分子的操作"井井有条"。"诈骗内容编得像电影剧本一样逼真，让受害者深信不疑。老'剧本'如果骗不到钱就会放弃，不断更新换代。只要人们还会上当受骗，诈骗分子就会存在。骗子雇人打电话也要开工资，骗不到钱可能就要转行了。"

"自信的人更容易上当受骗。他们完全相信自己的判断力，而不去求助别人。"

据媒体报道，被称为"电信诈骗之乡"的福建安溪，高峰期每天发出的诈骗短信多达数百万条。诈骗在当地被视为一种职业和谋生手段，他们不以诈骗为耻，而以骗不到钱为耻，即使诈骗被抓也不觉得很丢脸。

这种"蓬勃发展"的态势也体现在数据上。近十年，国内电信诈骗案件以每年 20%—30% 的速度增长。2015 年，全国公安机关共立电信诈骗案件 59 万起，同比上升 32.5%，共造成经济损失 222 亿元。

接到诈骗电话怎么办？"很简单，不要理睬，并把号码举报出来。"李旭阳自己也遭遇过电信诈骗。好几次，他接到了"领导"的电话。

——"小李啊，知道我是谁吗？"

——"哦！×总？"

——"是的，你明早到我办公室来一趟。"

——（第二天早上）"小李啊，有没有到啊？"

——"我马上就到！"

——"我现在不方便，有市领导在我办公室，你帮我取 2000 块钱，中午吃饭时我要给领导包个红包。"

——（取完钱后）"我现在不太方便，你先转账给我。"

所有的铺垫都是为了转账的一瞬间。这些漏洞百出的诈骗电话，也曾让不少"好员工"心甘情愿地为"领导"付出。逮住这种机会，李旭阳不会轻易挂掉电话。"我会和骗子聊下去，摸清整个作案过程，吃透这个剧本。"

哪类人更容易上当受骗？李旭阳给出的答案是自信的人："他们完全相信自己的判断力，而不去求助别人。"保有一丝怀疑精神显得尤为可贵。遇事咨询朋友或家人，识破诈骗的概率也将提高。

"警方有揭发权，但没有诈骗数据；运营商有数据，但又受制于司法的管制（如隐私权）没人能动。"

李旭阳学的是计算机专业，在腾讯工作十年有余。2004 年，他开始从事反诈骗工作。"网络'黑产'（黑色产业）十几年前就已兴起，我之前在腾讯内部做反黑产诈骗。近几年，电信诈骗更为严重，我们就把之前'打黑'的经验用到反电信诈骗上去。"

2014 年，反诈骗实验室成立。如今，实验室已拥有约 60 位技术人才，按不同的诈骗类型，分工识别电话诈骗、短信诈骗、手机病毒和网络钓鱼。

他们根据诈骗案例的特征进行大数据建模，把搜集到的诈骗数据、假基站和病毒信息上传至安全云。"警方提供警情和笔录数据，我们再去分析新出现的诈骗手法，把打击模式进行优化，升级反诈骗引擎。"李旭阳说。

拿着工资做着偏公益的事，某种意义上，这也是团队的情怀。反诈骗实验室考量成功的指标不是帮运营商封停了多少诈骗号码，而是看中警情数据和涉案金额的降低。

针对电信诈骗，实验室用了一个叫"鹰眼盒子"的设备来解决：输入判定规则，在运营商的机房里加密运行，用户的任何敏感数据都不会走出机房。

李旭阳认为，整套反诈骗系统提升了坏人的诈骗成本。"从警情数据上来看，试用地方的涉案金额下降了70%—80%。但由于试点太少，打击的方式和范围都还不够。"

"治理诈骗不是一两天能够根除的。最直接有效的方式就是普及安全教育，提升每个人的防范意识，比如遇到诈骗第一时间报警。此外注重对诈骗技术的打击。第三就是加大对诈骗分子的处罚力度，国家严打犯罪必要且有效。"

网络和电信诈骗为何能如此嚣张？李旭阳思考良久。

"警方有揭发权，但没有诈骗数据；运营商有数据，但受制于司法的管制（如隐私权）没人能动；而银行也有行业顾虑……真正去打击诈骗，需要进一步完善法律法规，同时警方、运营商、银行和有识别诈骗能力的公司通力合作。但现状是，这几方还处于割裂状态，没法完全配合起来。"

到底要有多少钱才有安全感？

文 / 曾园

有段子说，富豪的敌人是信托，中产的敌人是理财、股市，×丝的敌人是P2P。到底该如何是好？

中国人经常会相互问一个问题：到底要拥有多少钱才有安全感？ 20世纪80年代，

资产安全观

万元户是个遥不可及的目标。到了 90 年代，百万富翁也只是极少数人。现在，人们聊的是："先定一个小目标，比如挣一个亿。"

为什么需要这么多钱？《鲁滨逊漂流记》中，鲁滨逊获救后，在床板上铺厚厚一层面包才睡得着觉——他是饿怕了。这似乎是一个中国式隐喻。

最近出了几桩事，大学生遭遇电信诈骗，明星婚内财产被转移，清华教授被骗上千万。有段子甚至说，富豪的敌人是信托，中产的敌人是理财、股市，×丝的敌人是 P2P。

个人对于资产安全的恐慌并不奇怪，该如何应对呢？叶檀认为："中产的敌人有可能是股市。周期踏错，加上公司信用不好，尤其是加杠杆的话，股市是会死人的。""富豪的敌人是信托，这话不对。中国的信托极少违约，没有一家信托公司会有意地去富豪那儿违约——那它是不想活了。我们应该坚信，高收入群体得到的服务一定是最好的。"

对于个人来说，虽然"买房到现在为止没有亏过，但是不等于未来不亏"。叶檀强调这一点，同时再一次警告购房者要量力而行，"房地产配置不能超过人民币资产配置的三分之一"。

"目前有些基础工作必须做到：第一，产权保护；第二，投资者权益保护；第三，建立规范的市场。欺诈的事情我们不可能杜绝，但可以把它的规模压缩在 30% 以下，让诚信的人还可以活。"

胡润研究院发布的《2014 年中国投资移民白皮书》显示，教育质量、环境污染和食品安全，是中国高净值人群移民的最主要原因，分别达到 21%、20% 和 19%。

当人们谈及"安全感"时，常常会觉得那是一种抽象的、难以捕捉的东西。心理学家丛非从说，安全感就像一个洞穴，或一个加油站。当人们感到危险，就会逃往洞穴，本能地认为洞穴可以抵挡住外面的危险。而加油站提供的则是前行的能量。

一个可持续发展、有足够保障的社会，才是安全感的加油站。

对中国人来说，有再多的钱，似乎也不够用。

许多身居高位者，依然没有安全感。广东韶钢集团阎蜀南贪污案发后，办案人员在其家中搜出大量现金，许多钞票都已经发霉。北戴河供水总公司原总经理马超群被查处，家中搜出现金上亿、黄金37公斤。安远县原县委书记邝光华一直将"风水先生"奉为座上宾，办案人员从他身上搜出七八种"求神避邪"符。家中藏了上亿现金的国家能源局煤炭司原副司长魏鹏远，平时穿旧衣，骑旧自行车上班，吃饭只点一碗面。权力与钱财并未给他们带来真正的安全感。

金钱同样未能给中国富豪带来精神上的安全感。许多商界大佬和娱乐明星与李一、王林交往甚密，他们亲近仁波切，迷恋"秘术"，求的就是安全感与灵魂抚慰。

中国人爱算账。有人算来算去，发现生活在北上广，月薪上万依然没有安全感。有人算了笔账，发现这一辈子没病没灾至少也得要400万（房子50万，孩子30万，车子90万，家用108万，养老48万，赡养父母43.2万，休闲30万）。在一线城市，按如今这房价和物价，400万显然扛不住。有人因此寄希望于一夜暴富，譬如勇于投身股市，譬如坚持买彩票，许多中了千万大奖的得主回到家后，意外之财被迅速挥霍一空，最终还是没能过上好日子。

就个人而言，试图靠挣很多钱来保证自身安全感，其实是徒劳的。"洁身自好、明哲保身的生存哲学已经站不住脚了，社会的体温会因此下降。""我们不能用一个最低标准来运作这个社会，套用米歇尔·福柯的话，我们'必须保卫社会'。"

你必须要有个人安全知识体系
文 / 刘振华

在隐私几近裸奔的网络信息时代，防骗其实就是与犯罪分子进行一场知识储备竞赛。犯罪分子的骗术防不胜防，我们的防骗知识系统也要与时俱进及时更新，每个人都建立起一套属于自己的安全知识体系后，就能自动启动安全防御，避免被骗。

随着金融、通信业、互联网的快速发展，虚假信息诈骗犯罪迅速在国内蔓延，借助于手机、固定电话、网络等通信工具和现代网银技术实施的非接触式诈骗犯罪也在迅速蔓延。由于这种行为完全不使用暴力，而且是在一派平静甚至"愉快"的气氛下进行，受害人防范意识较差时，很容易上当受骗。

电信诈骗案件频频发生，让全民关注个人隐私泄露的问题，认识到骗子的可恶。这一系列事件更凸显当下民众防范电信诈骗的意识不强，甚至缺乏最基本的安全常识。那么，我们应该如何提高安全防范意识，如何建构基本的安全知识体系，如何活在隐私裸奔的信息时代呢？

48 种电信诈骗手法，每一种都对应人性的弱点。

曾经有人写了一个段子：自本人拥有手机以来，短信一直没删，昨日得出不完全统计——中奖 137 次，资金总额 7260 万元，各种 iPhone 手机 168 部，笔记本电脑 136 台，轿车 27 辆，中过电视台一等奖 56 次，被大学录取 15 次，儿子被拐 13 次，女儿被拐 43 次，被法庭传召 31 次，银行卡异常 231 次，儿子嫖娼在外被抓 103 次……请大声告诉我，我这一生是不是传奇！

虽然是笑话，但现在看来似乎一点也不好笑，里面提到的每一项，都是诈骗分子经常使用的诈骗手段。公安机关从实践中梳理出 48 种常见电信诈骗手法，每一种都对应人性的弱点。

任何诈骗都要经历两个阶段。第一阶段是用各种方式获取你的信任：借熟人关系或以特殊身份如银行、公检法人员获取信任；以遇到某种祸害急需别人帮助的身份出现；以小利引诱。认真你就输了。你的每一种不良心理，都有可能成为骗子的可乘之机，比如虚荣心，不作分析的同情、怜悯心理，贪占小便宜的心理，轻率、轻信、麻痹、缺乏责任感，好逸恶劳、想入非非，贪求美色的意识，易受暗示、诱惑的心理品质等等。

诈骗的第二阶段是交易转账。第三方支付的发展，也丰富了骗子的金融渠道。

信用卡诈骗：犯罪分子通过报纸、邮件等刊登可办理高额透支信用卡的广告，一旦事主与其联系，犯罪分子则以"手续费""中介费""保证金"等虚假理由要求事主连续转款。

医保、社保诈骗：犯罪分子冒充医保、社保中心工作人员，谎称受害人医保、社保出现异常，可能被他人冒用、透支，涉嫌洗钱、制贩毒等犯罪，之后冒充司法机关工作人员，以公正调查便于核查为由，诱骗受害人向所谓的"安全账户"汇款实施诈骗。

二维码诈骗：犯罪分子以降价、奖励为诱饵，引诱受害人扫描二维码加入会员，实则附带木马病毒。一旦扫描安装，木马就会盗取受害人的银行账号、密码等个人隐私信息。

你对他一无所知，他对你却了如指掌。

在这个大数据的网络时代，个人隐私是很容易被泄露的。除非你没有户口，要不然没法让自己的资料百分之百不泄露。在这个意义上，安全也只能是相对的。

根据侦破的案例，互联网服务商、电信运营商、银行、房产中介、保险公司、快递公司等企业的不法员工，为了谋取利益向违法机构和个人售卖公民的个人信息早已不是新鲜事。

《齐鲁晚报》的记者对此曾做过一个调查，他们找到一个身份信息贩子，仅仅花费 600 元，便买到了湖北某地 6 万名学生的身份信息。

而骗子又是如何得到这些信息的呢？人民网记者的调查显示，个人信息泄露有三种情况：一是接触到数据的工作人员人为泄密，二是黑客入侵目标获取数据，三是提供服务的第三方（如 IT 系统服务公司）获取数据后泄密。倒卖公民个人信息已成为黑色产业链，可以轻易购买到特定人群的信息。

要知道，即使对方知道了你的基本信息，哪怕是一字不落地说出了你的姓名和身份证号码，也并不意味着什么。

很多看似不可能的技术是很容易实现的。现如今，连诈骗都实现了"互联网+"，利用数据开展"精准诈骗"。一个电话打过来，你对他一无所知，他对你却了如指掌。

我们看到很多表象的东西都是可以伪造的，可能不需要多大的技术，但普通人一般不懂这些技术，往往无法识别。诈骗分子甚至可以在软件中任意填写"显示号码"，也就是说骗子输入什么号码，用户手机上就会显示什么号码。诈骗分子往往会冒充银行、运营商等公信力较强的服务号码来骗取用户的信任。

作为警醒，我们可以谨记"六个一律"。

所有骗局一般都利用了人们对某方面的不熟悉，这包括我们的知识盲点以及信息的不对称。一般人很少和警察打过交道，对银行的金融流程也缺乏了解，这些知识盲区是骗子最爱利用的。

比如，警察从来不会在电话里办案，有什么事只会打电话通知你到派出所一趟；信用卡催收公司找到你，不管是真的信用卡欠钱或者被冒办，都只会告诉你欠款这个事，让你直接联系银行。

其实，好多 ATM 都有提示公检法不设安全账户，打电话的都是骗子，公安不会打电话办案。大家除了可以在日常生活中多留意一些相关信息，还可以特意了解一下公安、银行以及政府的一些工作流程，这能很好地帮我们建立法律常识。

很多诈骗的手段并不新鲜，甚至很老套，但犯罪分子却屡试不爽。这说明，大众对犯罪分子的一些骗术缺乏基本了解。知彼知己，百战不殆，要安全地活在这个毫无信息隐私的信息社会，就要对以往犯罪分子诈骗的特点、形式、套路有一定的了解，只有知彼才能防患于未然。

电信诈骗不像其他案件，要破案一般很难，主要是因为电信诈骗有以下几个特征：

第一，涉及范围广，发展迅速。犯罪分子往往利用人们趋利避害的心理，通过编造虚假电话、短信扫荡式发布虚假信息，在极短时间内发布范围很广，侵害面很大。

第二，破案成本高。诈骗团伙涉及的地域一般也很大，往往是开卡在山东，诈骗电话归属地在浙江，取款在广西，要侦查，就得全国各地甚至世界各地跑，消耗极大的人力物力。

第三，诈骗手段翻新速度快。从诈骗借口来讲，从最原始的中奖诈骗、消费信息发展到绑架、勒索、电话欠费、汽车退税、发放助学金，等等。犯罪分子总能想出五花八门的骗术获取民众的信任，然后实施诈骗。

第四，团伙作案，反侦查能力强。诈骗一般是团伙作案，有很深的套路，而且有严密的组织纪律，以及极强的心理素质。犯罪团伙一般采取远程的非接触式诈骗，诈骗的主犯很多都藏在台湾或者国外，很难找寻。

当然，我们有时虽然知道其中的道理和心理，但遇到事情时往往难免一时疏忽。为了更简单地记忆，作为警醒，我们可以谨记"六个一律"：

接电话，不管对方是谁，只要一谈到银行卡，一律挂掉；只要一谈到中奖了，一律挂掉；只要一谈到是公检法、税务或领导干部的，一律挂掉；所有短信，但凡让点击链接的，一律删掉；微信不认识的人发来的链接，一律不点；所有170开头的电话，一律不接。

这是与犯罪分子进行的一场知识储备竞赛。犯罪分子的骗术防不胜防，我们防骗也要与时俱进。

想对某方面的知识构建一个体系，就要先搭建一个框架，然后在日常生活和工作中留意相关信息，再把知识点补充进去。我们每个人的心里都要有一个安全知识体系，遇到犯罪分子时，就能自动启动安全防御，避免被骗。

比如，平时看到诈骗新闻、犯罪事件，就可以把相关的骗术和案例补充进你的安全知识体系里。其实，很多时候犯罪分子是在和我们进行知识储备博弈。我们相关的安全知识储备得越少，被骗的可能性就会越大。

为了更好地行骗，犯罪分子也在不断更新自己的知识储备，他们的诈骗手法也在不断更新，所以我们的安全知识体系不能一成不变。犯罪分子的骗术防不胜防，我们防骗也要与时俱进。

除了个人，政府和社会各界也一直在努力打击网络诈骗。日前，为打击治理电信网络新型违法犯罪，山东省公安厅出台相关措施，确保在接到电信诈骗案情后第一时间录入信息，经初步审查后，一律立为刑事案件侦办。反诈骗中心实行24小时快速响应，开展资金查询止付。

《人民公安报》报道称，为有效防范、打击电信网络诈骗犯罪，上海市公安局牵头组建上海市反电信网络诈骗中心平台，公安机关有关警种、商业银行、通信运营商、金融清算机构和第三方支付机构联合入驻，实行防范、打击、治理一体化运作的实战机制，对犯罪行为开展主动拦截和精确打击。自今年3月底该中心平台试运行以来，已冻结涉案资金折合人民币7900余万元，成功劝阻潜在被害人3.5万余人次，全市电信网络诈骗案件案值同比下降20.6%。

8月31日，中国移动旗下全资子公司中移在线联合芝麻信用宣布，将对各类通信诈骗行为进行全面的信息披露和信用惩戒。早在今年4月，腾讯公司就宣布成立一个致力于反诈骗的合作平台"守护者计划"，以腾讯在大数据技术和海量用户基础上建立的优势，与社会各方力量携手共进，打击网络诈骗，推进我国移动互联网的生态安全体系建设。

预防犯罪诈骗是一项涉及个人、企业和政府等社会各界的系统工程，虽然浩大，但只要一步一个脚印，我们每个人的内心就会越来越感觉到安全踏实。

2016 年度佳作

低价社会——中国式消费批判

　　法国摄影师 Alain Delorme 在摄影集《图腾》中展示了上海人力车奇观，那些垂直堆放的物品，象征了以不断出现的新建筑为代表的城市扩张。Delorme 以幽默和诗意的眼光看待搬运工：他们既是英雄，也是蚂蚁，搬运着轮胎、水桶、座椅、鲜花……

低价社会——中国式消费批判

中国式消费有两种病：奢侈病和低价病。

奢侈病患者以大为美，以贵为荣，热爱秀名牌 logo，最怕的是不像"富人"。

低价病患者迷恋折扣、偏爱山寨、疯狂剁手，"物美价廉"是其消费唯一准则，但低价低质带来的却是低生活：参加廉价旅行团其实是被绑架的购物团，热爱的快时尚其实是衣橱里的千年木乃伊，疯狂剁手的结果是成功上演了买家秀，揣山寨机、开山寨车上路的感觉就像脱掉了"底裤"去兜风。

"物美价廉"的真相其实是：廉价并不省钱，反而是一种新浪费。廉价破坏创新，廉价抹杀品质，廉价远离匠心，廉价滋生血汗工厂，廉价产生更多的快递与垃圾——廉价没有让你生活得更美好，而是让你生活得更糟糕。

中国几十年的发展，是一场"从苦行者社会到消费者社会"的转型，是一场"从生活必需品时代向耐用消费品时代"的转型。国家也从过去的"抑制消费"、"合理引导消费"变成今天的"刺激消费"、"着力加强供给侧结构性改革，着力提高供给体系质量和效率"。

中国不缺钱，就缺好货，在消费这件事情上，人们只会用钱包投信任票。

中国社会正从生产型社会向消费型社会转变，需要一场从 × 丝消费迈向中产消费的升级和革命。

中国人需要通过消费重新学习什么才是好生活，什么样的生活方式才是有品质的生活方式。

廉价的复仇

文 / 于青

　　一个关于廉价品的真相是：它们其实并不廉价，反而是一种新的浪费。廉价破坏了人的价值，让我们失去对品质的尊重、对匠人的感情。越爱买便宜货的人赚得越少，而一味省钱，只会让我们的生活更不美好。

　　当一件毛衣的标价由 499 元变为 299 元时，我们会毫不犹豫地买下它——同时对原价 299 元的毛衣视而不见。当一双可买可不买的鞋子在品牌官网以 3 折出售时，我们会狂点鼠标争先恐后地买下它——完全忽略掉堆满鞋柜浮夸而糟糕的打折款。我们会为了买更便宜的东西烧掉本已不多的工资，会为了"双十一"那些标着半价的非生活必需品刷爆信用卡，我们狂欢在便宜货和打折品的海洋里，毫不吝啬地奉献着对便宜货的爱。然后我们会找尽理由为自己开脱。其中最好用的一条是：之所以喜欢买便宜货，是因为我们赚得少。

越爱买便宜货的人赚得越少。

　　我们为什么赚得少？一个残酷的、完美体现因果报应的根本源头是，因为我们太爱买便宜货。

　　众所周知，消费社会的形成与大工业时代有关。在 19 世纪末，主要的资本主义国家开始大规模机器生产，机器产能占据到国民生产的大半。工人不再需要技术，只需要将大机器生产环节拆解开来，每位工人只负责一小部分，并在一天中无限重复毫无技术含量的枯燥动作。

　　一战之后，连锁店开始遍布全美，曾经的奢侈品如钟表、缝纫机和打字机开始带着价签出现在千家万户的购买清单中——本地独立商店开始衰落，那些能够记住老顾客喜好与需求的销售员也渐渐成为不被需要的人。为了削减成本、压低商品价格，连锁店只雇佣廉价的年轻未婚女性，每周只付给她们不够糊口的两三美元。连锁店大亨弗兰克·W.伍尔沃斯这样说："如果没有廉价劳动力，我们就无法享用便宜的商品。当售货员过于优秀需要加薪时，让她走好了。"

通过压榨劳动力的方式，大量廉价品出现在了大盒子式的卖场中供人选择。越来越多的"奢侈品"走下神坛，成为寻常百姓家的平常消费：1908 年，一辆福特 T 型车的价格为 850 美元。20 世纪 20 年代初，它的价格降至 290 美元。

在 20 世纪 30 年代的美国，拥有汽车、收音机和洗衣机的仅是少量富裕家庭。但是讲究自由平等的美国人相信，终有一天，所有人都能轻松地拥有它们。历史学家查尔斯·麦戈文在《受骗的美国人》一书中写道，在 20 世纪最初十几年，"美国人开始明白消费也是公民身份的一部分，是每日重要的仪式，是拥有美国国籍的标志。美国人欢迎这种物质化的民族主义，并且将商品和消费看成社会生活的中心。新的社会并不以地理、宗教或者政治为特征，而是以消费为特征，在这样的社会中，市场代替了政治"。

于是美国很快成为全球最大的廉价理念输出基地。一个"消费共和国"开始崛起。哈佛大学历史学家莉莎贝斯·科恩这样解释它："其经济、文化以及政治都建于大规模消费之上，这种消费将迷人的物质生活和对于更伟大的自由、民主以及平等的承诺联系在一起。"价格的民主成了工人的任务——他们有必要更服从机器与市场，努力地加快生产速度以降低商品售价。与此同时，拥有选举权的美国人组建了各种联盟，比如国家消费者联盟——他们要确保自己拥有"买得起"的权利。

要达成一个以低价为重要基石的平等消费社会，首先需要消灭"匠人"。

要达成一个以低价为基石的平等消费社会，首先需要消灭工匠。纽约大学社会学家理查德·森尼特在《工匠》一书中解析了"工匠"一词的含义：在古英语中，一份工作的意思是"简单的一堆煤炭或者木材，可以随意地移动"。工匠永远不会被"工作"绑住，他们拥有的是通过数十载的学徒期才精通的职业生涯——这种技术、责任心和判断力，提高了商品的质量、品味、独特性，以及价格。

想要消灭工匠，需要每个人都可以成为任何行业的雇员。只要每一个人都能做任何工作，劳动技能和专业劳动力的价值就会被进一步贬低。不能让"匠人精神"将人与机器区分开来——要保持低价，人就不能比机器更昂贵。

经济学家罗伯特·布鲁诺描绘了一个由廉价而生的"下流社会"："公司因追求低成本而陷入了一种恶性循环，只有尽可能地压榨价值链上的工人。工人变穷，失去了实现社会流动性的可能。我们创造了低收入的工人，使其成为低薪的消费者，而他们又去寻求廉价商品。于是人们策划建立了廉价商店，来招呼这些低薪的顾客，上架货品存在的唯一理由就是这些人买得起。结果就是工人之间斗得你死我活，而那些公司大人物却作壁上观。"

与廉价劳动力相对的是廉价连锁企业头目的膨胀财富。热衷于低价的消费者并不关心这些——恰恰相反，他们感谢那些不把人当人的连锁店与大卖场。在这里，低价品种类齐全、数量泛滥，并以奇快的速度更新换代。虽然它们从设计到做工均乏善可陈，但你永远可以在用坏它之前就满心快慰地买来下一个。我们抢着在"双十一"和新年促销时购买促销品，再为它低劣的质量和设计开脱：并不是因为我没有美感，而是因为它本来就是半价品。花半价买到便宜货的我依然是聪明的、会省钱的——人家沃尔玛都将"永远低价"的口号换掉啦。现在，这个全球廉价品基地的口号是："省钱，让生活更美好。"

消费社会反对节俭。购买廉价品并不意味着节俭。

沃尔玛的口号看起来很美，却并不是真相。真相是，廉价商品压根不会让你省钱，它只会养大你花钱的胃口——这也要感谢跟随消费共和国而崛起的广告和媒体业。每一天，它们都在不遗余力地让你相信，你的购买欲不再是一种象征着贪婪与挥霍的罪恶，而是一种民主权利。于是你任凭消费欲望几何级地超过了收入增长的速度。你什么都想要，并且你认为，所有想要的东西，都应该在某一天理所当然地降低售价，成为你的囊中物。

消费社会不需要节俭。购买廉价品更不意味着节俭。《大西洋月刊》与《纽约时报》著名写手埃伦·拉佩尔说出了有关节俭与廉价的真相："节俭意味着某种程度上的牺牲和自我约束，耐心地衡量自己所面临的选择，摒弃更深层次的满足感。一个节俭的人会未雨绸缪，为长期的拉锯战作准备。一个节俭的人不会驱车几英里，只为在买中筒袜时省下3美元，一个追求廉价的人才会这样做。廉价可为我们止痒，可以将那些无法达成的梦想变成现实，我们就是买廉价的账。"

发达国家的劳动力已经不能满足人们对于廉价、廉价更廉价的追求啦。于是聪明的生产商借着全球化的东风，将生产基地大规模转移到劳动法规不那么健全、劳动力也不那么值钱的发展中国家。带来的后果是，别人家的孩子成为被盘剥的童工，别人家的工人被剥除了本就少得可怜的社保福利，别人家的资源被大量地用来制造一次性垃圾，别人家的空气中盘旋着大量灰霾……而那些终于能够享受到低价的发达国家发现，本国人口失业率暴增。

埃伦·拉佩尔描绘了全球化生产下的美国消费者："我们为亚洲受尽剥削的廉价劳工鸣不平，可是却驱车20分钟去大盒子连锁店购买中筒袜和内衣，好省下那几美元。我们对农业综合企业不善待动物而感到气愤，但只要食品价格上涨就会抓狂。我们教育孩子要有社会责任感，可是给孩子们买的玩具却是由那些海外贫困的童工所制造。"在全球各地，劳动者总是一边抱怨着没有得到应有的报酬，一边肆无忌惮地享受低价。

廉价的复仇，先从孩子开始。2007年，从美国零售店回收的1700万件含铅超标的产品中，有150万件是从世界三大一元连锁店收回来的。在明尼阿波利斯，一个4岁儿童死于一根手链——他吞下了一根百分百纯铅制的手链。但这丝毫挡不住家长对于廉价商品的喜爱——2007年，美元均一店的净销售额增长了3.25亿美元，同年，家庭美元店从市场上回收了34.2万件含铅产品，但它的财政收入却增加了4.4亿美元。

接下来是环境。在洛杉矶，昼夜不间断的运输工具所排放出的有害烟尘和粉尘使得城市上空1/3的大气受到污染，加利福尼亚有2400人因污染死亡——相信长期生活在雾霾中的中国人对此不会感到惊讶。一个更残酷的事实是，全球航运造成的温室气体排放量已经超过《京都议定书》上公布的各国温室气体排放标准的总和——这还不包括那些使低价社会成为可能的大型集装箱运输行业。

最后，廉价的复仇扩散到了整个世界。为了生产廉价，我们创造了一批自杀率奇高的低薪劳动力。为了降低成本，我们不遗余力地耗尽资源和污染环境。为了追求"物美价廉"，我们逼死了原创和匠人。从生产者到消费者，都走上了一条以低价为名的发展道路。而它所通往的却并非精致与尊重——如同美国总统威廉·麦金利所说："廉价商品意味着廉价的人民，廉价的人民意味着一个廉价的国家，可廉价之国并不是我们的祖辈所建设的国家，并不是他们的后代打算继续维持的国家。"

低价社会可能已到尽头。人们虽然可以爱上廉价，却永远戒不掉附着在美好品质之上的记忆与感情。

一个关于廉价品的真相是：它们并不廉价。廉价破坏了人的价值，让我们失去对品质的尊重、对匠人的感情。想要重建对人与物的爱与尊重，想要节制被廉价品喂养出来的欲望，想要控制廉价生产业滋养出的环境污染与资源浪费，想要回到一个以独特和节约为基石的世界，我们需要付出更加高昂的代价。

对于一个习惯廉价的人来说，可以穿十年的大衣，比不过一年可以换十款的低价品。可以用十年的实木衣柜，比不过可以用完即抛的复合板新设计。一个杯子、一盏台灯，都用不着承载任何感情。当廉价品被用坏变成垃圾时，我们满心喜悦——终于可以换一个新的。

然而事实真的是这样吗？

埃伦·拉佩尔在《廉价》一书中写到了自己的一位朋友："当她 10 年前从华盛顿特区搬到纽约市时，搬家公司不愿打包宜家的 Billy 书柜，除非她自己拆卸并且放在包装盒里。他们警告她检查一下看看有没有裂痕，并收好所有的拆装零件；他们还说，不管她多么小心翼翼，他们也不能保证柜子安全送达。朋友不愿这么麻烦，她决定把 Billy 书柜扔到马路边，到曼哈顿后买新的。

一到曼哈顿，她在那儿上西城的一个跳蚤市场闲逛时，发现了个坚固的橡木书柜。不是很新，但是结实而与众不同，价格只比 Billy 书柜贵了几美元。

她买下了它，并把它运回家。10 年过去了，那个书架还在，有了岁月的痕迹，在又大又厚的书和记忆的重压之下摇摇欲坠。现在，朋友赚得更多了，有能力买个新书架。我问她是不是准备把它也扔到路边，她很吃惊地问我："为什么我要这样做呢？"

廉价团：做一回旅行乞丐

文 / 曹园

廉价团就像一场赌博，在和旅行社的利益争夺中，你永远不知道会在哪个点被坑。

"1 元出境游！" 2014 年，有 OTA（在线旅行社）放出揽客口号，白菜价的出国计划赚足了眼球，以超大型馅饼的阵势从天而降，让一众捂紧钱包的看客蠢蠢欲动。

如果 1 元出游你还拿不定主意，那么号称"零团费"的旅行团则让人不得不侧目，弥漫着时不我待、说走就走的出发快感，让人们在探索世界的道路上趋之若鹜。

然而，捡到了多大的便宜，就要承担多大的风险。

一方面，廉价团以省吃俭用来压缩成本。泡面团、盒饭团、馒头团任君选择，十五人轮番品尝五菜一汤；住在远离中心地段的郊外旅馆起早贪黑；能在大巴上参观的景点绝不下车，收费的景区更是"可远观而不可亵玩焉"。

另一方面，廉价团看似廉价，实则是购物团的变种。新浪网的一份调查数据显示，69.4% 的网友旅行中遇到过强制购物消费。有旅行社负责人直言，低价团的本质就是"购物返佣"。所谓的"市区观光、接送服务"，也是变相购物的委婉说辞。

既然在机票和酒店上做了亏本买卖，在购物上就得一票全赚回来，这种有争议和伪正义的手段，旅游业内称之为"填坑"，而加点消费、让游客购物返点是导游"填坑"的主要方式。所以就出现了北京一低价团的导游在十三陵景区前的惊声呐喊——"你们谁不买，我做鬼也不会放过你们！"

你报了一个廉价团，西南之云南双飞五日游，399 元机票酒店全包，于是窃喜自己机智地以最低价格搞定了丽江和大理的浪漫之旅，以为可以慵懒地坐在古城的街角晒太阳，与自然亲密做伴。实际上，敬业的导游确实会带你"路过"大研古城、玉龙雪山、泸沽湖和苍山洱海，但他更愿意带你"体验"翡翠批发市场、玉石加工销售中心、民间工艺交易市场和古镇特产金牌商店。

2013 年 10 月 1 日实施的新《旅游法》明文规定，"旅行社不得以不合理的低价组织旅游活动，诱骗旅游者，并通过安排购物或者另行付费旅游项目获取回扣等不正当利益"。虽然有了法律保障，但落地操作难度依旧较大，不合理的低价团屡禁不止。

你报了一个廉价团，东方之珠香港时尚之旅，繁华都市让购物来得更加理所当然。在弥敦道上重庆大厦任意一间 5 平方米的宾馆客房放下行李，匆匆吃过杯面，接受了导游和司机推荐，你便一头扎进贵重珠宝和名牌手表琳琅满目的摩登楼宇间。

2015 年 11 月，中国网跟拍了一组低价港澳团。在一家珠宝首饰店内，"导游规定必须在里面待够两个小时，每人至少购买一件珠宝"，购物店内没有坐的地方，游客只有不停地走动。而"影子团友"如影随形，充当着你购物时的好伙伴和自愿推销员，伙同导游一起挖坑。

如若在购物中表现出不情愿或不配合的举动，将成为非常危险的信号。2015 年 10 月，54 岁的内地游客苗春起在香港跟团游时，因嫌商品太贵拒绝消费，在一家珠宝店门外被人殴打后死于心脏病。因为廉价团强制购物闹出人命也不是首例。早在 2010 年 5 月，65 岁的前乒乓球国手陈佑铭同样因为拒绝购物与导游发生争执而猝死。

你报了一个廉价团，欧洲十国十一日深度游，德、法、荷、比、梵、意、奥、瑞、英、卢，3999 元这一连单程机票都要看运气的价格却带你走遍欧罗巴。热情的导游详解了各个城市的历史和人文，顺带"推荐"几家商店和餐馆，表示报"暗语"可享受折扣。游客进店后发现是华人老板，突然倍感亲切，也泛出一丝尴尬，千里迢迢将钱送进了同胞的口袋，殊不知同时也有一部分溜进了导游的钱夹。

牛津附近的比斯特购物村、巴黎的老佛爷百货、苏黎世的班霍夫大街，置身扫货天堂很难让人无动于衷，吝啬却多金的中老年团友忍不住刷掉了好几个 3999 元。景点不足以闲逛，而在商店逗留数小时嫌短，游客不是在购物，就是在去购物的路上。

国家旅游局监督管理司司长彭志凯曾公开表示，不合理低价问题是中国旅游市场秩序的"百病之源"。游客固然是廉价团的受害者，但导游这一职业也被架在旅行社和市场之间的刀片上百口莫辩。张家界当地导游小陈透露，高端团的导游有基本工资，而低价团的导游几乎只按"人头"算钱，旅游淡季的工资更是捉襟见肘。"廉价"的导游诱发了廉价服务，最终"被廉价"的游客成为压榨品。

追求物美价廉的心理人皆有之。香港旅游业前议会主席胡兆英说："'零团费'禁之不绝，主要原因是旅客贪小便宜。"加之OTA的壮大，传统旅行社也不得不祭出价格战应对。长沙某旅行社店面职员小谢表示："由于旅游电商网站平台较多，年轻人不再适应传统模式的跟团游，年长者成为线下旅行社的主力客户。"

廉价团就像一场赌博，在和旅行社的利益争夺中，你永远不会知道在哪个点被坑。

现在，请扪心自问：是否真的甘心做一回"旅游乞丐"，让廉价团搅黄你的假期？

快时尚："一水就扔"的血与泪
文 / 冯璐赟

你每次都满载而归，那些光鲜亮丽的新衣服，都会在不久后变成衣橱中的待处理品。而快时尚产品背后的抄袭、剥削、污染、丢弃、浪费，并不会让生活变得更好。

你已经加班一个星期，通体疲惫，满腔怨气，焦虑困扰，亟需在购物中解放灵魂，换取好心情。可是你的钱包这两年连连缩水，以往一年可以买两个LV

2015 年，快时尚品牌 H&M 与开云集团针对回收的服装使用新技术提炼化纤和棉花。中国消费者每年弃置的旧衣物高达 2000 多万吨，廉价与劣质是快抛的主因。

或 Prada，后来轻奢品牌成为心头好，现在经常逛的店，变成 Zara 或 Mango。

你似乎对快时尚品牌上瘾。货架上的款式更新快速，你总能在这里以低廉的价格买到大牌的设计和时髦的衣服。你相信时尚达人鼓吹的那一套奢侈品与快时尚混搭、时髦不一定靠大牌的理论，并享受低价带来的美丽民主。

你走进快时尚门店的次数越发频繁。直到有一天，你发现，衣橱换季的时候多了一堆需要处理的衣物：它们款型走样，掉色掉线，大部分只能穿一季，有些甚至只能洗一水。

过去一年里，奢侈品品牌一片哀鸿纷纷关店，放慢扩张速度甚至出现紧缩。然而，快时尚品牌却并不为此烦恼，反而逆市飘红。

在快时尚遮天蔽日之前，每年本只有春夏和秋冬两个时装季，如今一年变成 52 个时装周，每周都有新的潮流。快时尚的目标，无非是让消费者买尽可能多的衣服，换得越快越好，买得越多越好。Zara 有"两周"神话，H&M 和 Forever 21 如今也每天都有新款，Topshop 的网站上每周新装甚至达到 400 款。

它给你一种错觉，仿佛你不跟着买，一个礼拜就被抛弃在潮流之外。但是，紧凑快速的生产销售周期，必然导致快时尚的质量问题。据质检总局《进口服装质量》白皮书介绍，多数快时尚品牌从需求调研到产品设计、生产再到上架销售，整个周期仅需 14 天。这么短的时间不足以完成安全卫生环保项目检验。

时尚快销巨头只关心"最低标准"，它们的经营模式依赖顾客购买新衣服的欲望，这些衣服是为了销毁而设计的。当你下决心再穿它几次，你会发现它必会莫名其妙地走样或坏掉，然后直接送进垃圾场。

2015 年 8 月，H&M 宣布每年将拿出 100 万欧元，促进服装回收再利用的技术开发。顶着环保人士的白眼，该品牌已连续十三年推出了可持续发展报告。《2014 年度可持续报告》详细讲述了 H&M 过去一年在环保方面的努力，比如旧衣回收项目、环保自觉行动（绿标系列）、节约能源（牛仔布生产过程节约 3 亿升水）。品牌 CEO Karl Johan Persson 还说："为了保证在商业上取得成功，我们必须不停地发展，同时尊重地球限度。"

回收服装、可持续、节约能源、地球限度……听上去似乎很美好，而现实总是很残酷。就在 H&M 宣布增加开发计划的投入之前，《新闻周刊》推出封面专题，矛头直指 H&M、优衣库、Zara、Gap 等快时尚品牌工厂对印度南部小镇蒂鲁巴（Tirupur）造成的灾难性污染，以及对当地居民带来的伤害。

快时尚脸皮厚不是一家两家，也非一日两日。据环境健康中心相关人士透露，Forever 21 及其他快时尚品牌在签署一张限制重金属使用的协议多年后，仍然在售卖超过法律规定铅含量的钱包、皮带和鞋子。

环保团体"绿色和平组织"（Greenpeace）早在 2011 年公布的《时尚之毒 2》（Dirty Laundry 2）报告中就已发现 H&M、Abercrombie & Fitch、Kappa、Lacoste 等 14 个知名品牌服装，均残留对环境或人体生殖系统有害的毒性物质壬基苯酚聚乙氧基醇（NPE），会改变生物的性发育，甚至危害人体的生殖系统，导致男性睾丸癌及女性乳癌。

快时尚就是这样一边"漂绿"，一边"打脸"。时尚与环保仿佛一组天生的悖论，更遑论产品迭代迅速、能耗奇高的快时尚产业。如果说 Zara 每年 2 万款最新款服饰上架的数字，已经让人目瞪口呆，那 H&M 工厂每年至少生产 6 亿件产品的体量，简直是难以想象。即便每年都在环保路上不断探索，但毫无疑问，快时尚巨头离真正的环保可持续还差太远。

除了"对环境不友好"饱受诟病，对廉价劳工的压榨是快时尚的另一原罪——快时尚等同于剥削。

你穿的每一件衣服上的亮片，都有可能来自家庭作坊里非正式工人的缝制。数以百万计的家庭工绝望地隐藏在世界上最贫穷的地区，为世界衣橱缝制或刺绣，这里面少不了童工问题。贫民窟家庭往往捉襟见肘，来自工厂的中间商只支付他们最低的工资。

英国《卫报》报道，在巴西一个叫"A Liga"的调查性电视节目中，一个玻利维亚人说，一条售价 126 美元的 Zara 牛仔裤，其中的劳动成本只有 1.14 美元，还得整个制造过程中的 7 个工人来平分。工人每个月就只赚取 156 美元到 290 美元的工资，而巴西的最低工资是 344 美元。

全球快时尚巨头崛起的背后是越来越廉价的跨国生产，这些国际大品牌曾经承诺国际生产链带来的资本将为当地创造更多就业机会，时间证明的却是丑陋的现实：资本不过在追逐低廉的生产成本，钻尽空子掠夺暴利。

追逐这些"价廉物美"的消费者，其实很难脱得了干系——这句话听起来有点原教旨主义。并非劝你停止买买买，只是买一件衣服，是否应该关心一下这件衣服是怎么创设、制造出来的？你知道，快时尚产品背后的抄袭、剥削、污染、丢弃、浪费，并不会让生活变得更好。

剁手节：人生就是一场买家秀

文 / 陈婷婷

"买买买"是他们的格言，"打折季"是他们的战场。一年 365 天，有打折就是晴天。他们每日勤勤恳恳地"种草"又"拔草"，目标只有一个：花最少的钱，买到看似最好的货。

听说某电商网站最近要办一个降价大狂欢，紧握鼠标的你坐在电脑前，心潮澎湃，摩拳擦掌。

你在某网店看中了一条黑色小礼裙。商品描述的关键词是：100% 原单、真丝面料、手工蕾丝花边、施华洛世奇水晶镶钻……更漂亮的是它的价格，降到了原来的一半。你掐准半夜 12 点下单，幻想自己是《蒂凡尼的早餐》里穿着小黑裙的奥黛丽·赫本，楚楚动人。

你收到了包裹，拆开后傻了眼。成人款变成儿童款，蕾丝像蚊帐，水晶像塑料水钻，明明裙子是黑色的，看上去却脏兮兮。你找客服投诉，客服半小时后回复："亲，由于电脑显示问题，不能保证图片和实物完全无色差。"什么？黑色还有色差？

更焦心的是裙子的面料，说好是真丝，摸起来却有强烈的化纤感。你再次联系客服，一个小时后得到回复："我们的产品描述是'丝绸'，不是'真丝'，这么便宜，怎么可能是真丝呢？"

你无奈，打算凑合着穿，却发现背后的拉链是坏的。然而，你已经剪掉了标签，无法退货。好不容易卖家同意退货，登录退货平台却花了两个多小时，你最终选择放弃。

世界上出现了网购，从此就出现了"剁手党"。"买买买"是他们的格言，"打折季"是他们的战场。一年 365 天，有打折就是晴天。他们每日勤勤恳恳地"种草"又"拔草"，目标只有一个：花最少的钱，买到看似最好的货。

所以你知道，过了花钱盛会"双十一"，"剁手党"的节日才真正开始："双十二"、"圣诞打折季"、"黑色星期五"、"网络星期一"、春季上新前的 Final Sales……更别提去年除了天猫的"双十一狂欢节"，还有苏宁的"平京战役"、京东的"爽购十一天"。电商大战火力十足，分分钟准备抢劫你的荷包。

于是，你在"全场半价"、"满 500 减 100"、"满 88 包邮"等眼花缭乱的促销轰炸下刷爆了银行卡，为抢到微不足道的便宜而沾沾自喜。但很快，你就苦恼买来的衣服尺码太大、鞋子脱胶磨脚、包包色差明显。你一次次地在商品评论区上演"奇葩买家秀"，最后被卖家怀疑是"同行派来的猴子"。

网购水太深，下单需谨慎。2014 年，江苏"8·29"制售假冒国际知名品牌化妆品案曾轰动一时。犯罪嫌疑人开设的化妆品专卖网店中，一支香奈儿口红仅卖 19 元，而正品市场售价为 310 元，网店售价不足正品价格的十分之一，却挡不住向往低价的消费者纷纷上当。

微博上也有网友爆料，自己入手了一款很火的"Lush 星空入浴剂"，商家宣称把这个放进浴缸后，"泡澡的水会呈现星空一样的效果，色彩斑斓，特别炫酷"。但她发现，水根本没有变成星空状，而是变成一浴缸的葡萄味芬达果汁。

明明想买玫瑰花凉鞋扮太子妃，买回来穿成隔壁的村姑；明明想买翻领披风当梅长苏，买回来穿成街头魔术表演家；明明想买西装当霸道总裁何以琛，买回来穿成城乡结合部发廊总监。买家秀和卖家秀，你永远是前者。

根据《2015 年"双十一"综合信用评价报告》，2015 年的"双十一"全网当天总成交额达到 1229.37 亿元，与 2014 年同期的 805.11 亿相比，同比增长 52.70%，产生 6.78 亿个包裹，其中天猫更以超过 912 亿元的成交额创造了吉尼斯世界纪录。

然而，狂欢的外表之下，是数字游戏的价格浮动，以及随之而来的大量退货。连马云都说："25 块钱就想买一个劳力士手表，这是不可能的，这是你自己太贪。"网络上流传着以《当买家秀遇上卖家秀》《买家秀：治疗购物欲的良药》《世界上最心疼的距离，是卖家秀与买家秀的距离》为标题的帖子，篇篇代表你的心声。

2013 年 6 月 22 日，日本东京，西班牙服装品牌 Desigual 新店面在原宿明治通开业。该店当天举办"半裸派对"，凡穿着内衣到店的前 100 名顾客，都可以穿走店内任意两件自己喜欢的衣裤。

低价是网购中最大的撒手锏。你问一个忠实的"剁手党"，为什么明知是假货仍去购买？他会告诉你：便宜——同样一款 NIKE 篮球鞋，商店卖 1250 元，网上只需 185 元，穿坏了再买一双便宜的就是了。

日本杂物管理师山下英子在《断舍离》里描写了现代人的这种捡便宜心理："我们往往根本顾不来那么多，完全看不见自己要花多少钱，眼里全都是打的折扣了。越是在这种时候，我们越是会被折扣比例蒙蔽，看不清'是不是真的适合自己'，冲动之下买回家去。"

面对一样打折的物品，你不是思考"我现在需要吗"、"这个东西适合我吗"，而是思考"在搞促销活动耶，多买多划算啊"、"这个东西真便宜"。长此以往的结果便是：你用低廉的价格，买低廉的商品，过低廉的生活，久而久之，潜意识里，你只配得上这样低廉的人生。

事实是，一个人使用的物品，往往定义了他的自我形象——你喝水时，用的是普通玻璃杯，还是巴卡莱特酒杯？更重要的问题是：你到底给了自己什么样的东西？你到底想要变成什么样的人？少了有品质的买家秀，降价狂欢节终归只是属于卖家秀的一场狂欢。

花总卧底东莞做普工

文 / 阿饼

"长期待在长安镇上做流水线的日子，不需要太长时间，一个礼拜，就会把好好的一个人同化掉，麻木得像颗机械螺丝钉。"

2009 年，@花总丢了金箍棒（下简称"花总"）第一次来到东莞，成为一间印刷厂流水线上无数普工中的一员，这是他第一次近距离观察这个世界工厂。

他在文章《潜伏》中写道："所谓普工，就是工厂流水线上最低级的工人，是农民工相对容易找到却也最不甘心做的一个工种，是大多数打工者艰辛之路的起点，也是这个劳动密集型城市腾飞的基石。在这个金融风暴肆虐的春天，我想走进东莞的最前沿，亲眼看一看这里究竟在发生什么。"

正如花总的微博签名"Blogger | Adventurer"，他自嘲是"过气网红"，却是冒险爱好者。他能一眼识别大多数名表的品牌、型号和价格，但他更有兴趣了解手表表盘下是如何运转的。所以，他一"作"到底，把自己从金字塔的顶端下放到社会最底层——跑到东莞长安去做卧底普工，亲历这个世界工厂的内部运作规则。

观察世界的方式和角度有许多，最终促成花总动身前往东莞长安的，是另一件事。

2007 年，花总在四川支教，那些学生绝大部分的命运都是成为打工仔、打工妹，他当时给他们灌输许多"只要努力就能成功"的鸡汤。直到 2009 年的某天，一个女学生打来电话，向他求救——女孩在外出打工时被同宿舍的女孩蛊惑去做了性服务者，怀了孕，还被男朋友骗走了钱，她想要向花总借钱堕胎。她说她当初决定离开家乡去南方打工，就是因为他当年说的那些鼓励的话。

"老师，你讲的都是骗人的。"这句话就像刀子一样插在花总的心上，他感到很内疚，于是开始关注这群孩子以及与他们有着一样背景的年轻人，来到城市打工的生活状态。

追求现代化的过程中既有希望和渴求的躁动，也充斥着发展所带来的种种负面后果，而在这个过程中，底层劳动者的牺牲往往被视为发展所必需的。

在长安镇某泰印刷厂做普工时，花总每月的底薪是 750 元，符合本地的最低工资标准，加班费另计。但一入职要先扣除 50 元体检费和 35 元的暂住证费，每月吃住的成本还要再刨去 300 元，工厂给每个普工发放两套工衣，转正后一套可免费，另一套须按 50 元的成本自行购买。

由于当月工资是在下月底发放，所以对很多新进厂的农民工而言，开始的这段日子将会很难熬。"若是自断粮草，完全依靠做普工的收入，我根本无法负担这样的支出。"花总说。

花总发现，大家特别喜欢在周末和节假日加班，工友小王曾抱怨："按照劳动法，星期天加班会有双倍的工资，差不多一天就能挣一百，可厂里竟然在礼拜天放假！"

在难得的休息时间里，花总在自己的床上躺下，发现抬头两尺处赫然涂着四个大字：挣钱，钱啊！

两周后，他又去了另一家黑工厂做 USB 接口，熬了一周，最后带着工卡和手机仓皇而逃。那时，他经过肯德基，竟然不敢进去——那种明窗净几的正常城市人的生活让他感到恐慌和自卑。花总回忆道："长期待在长安镇上做流水线的日子，不需要太长时间，一个礼拜，就会把好好的一个人同化掉，麻木得像颗机械螺丝钉。我每天都觉得自己是在做一件非常愚蠢的事情，特别想回到正常的生活里去。"

隔了一段时间，他又开始了新的卧底探索。"有点像跑步，跑到一定的时候你就会突然之间觉得不是那么辛苦了。后面我基本上就非常得心应手。"

接下来的几年里，他每年都会回到长安镇，待两周左右，看看工厂招工的情况，与曾经的工友吃饭、喝酒，了解他们的近况，记录着这些由社会、跨国资本以及家庭三重社会压力创造出的以阶层、性别和城乡差别为基础的特殊劳动主体——中国打工者。

逐年观察下来，他发现，整整一代的打工者像漂在海面上的浪花，他们带着希望和期待来到城市，经历各种受骗、传销和工厂的艰苦待遇，然后或许会回家结婚，或许去参加各种培训班，学李阳英语、买陈安之教材、学驾驶，企图改变命运，一边挣扎着、期待着，一边被更多新来的年轻人更替。

当然，其中也有劳务工们有声和无声的种种抗争。作为酒店体验专家，花总提起 2015 年发生的"脏毛巾"丑闻事件，即电视台的记者去酒店暗访，发现酒店员工拿一块脏布擦马桶和擦杯子。

花总说，这就是不同阶层之间在消费链条上互相伤害的典型事件与结果："第一，很多酒店运营压力非常大，导致底层员工的薪资收入非常低；第二，为了压缩成本，酒店会降低培训投入，导致一些员工没有经过很好的培训或受更多的教育就进来，再加上酒店本身就是一个贫富对立非常明显的环境，很多员工内心深处都有可能产生不平衡的心态。"

作为酒店和时尚品牌的常客，他并没有感到愤怒，反而觉得体会很"小清新"："你是受害者，生产工人也是受害者，那些高级酒店、被仿冒的手袋和手表的品牌是更大的受害者。人跟人之间要多一些相互的尊重跟理解。这个世界上没有什么事情是真正公平合理的，但在这个过程中，我们要给更多的人创造更多的选择机会，或说改变命运的机会。"

吴晓波：为什么我们要反对 × 丝经济？
口述 / 吴晓波　整理 / 邝新华

中产消费者很难被忽悠，也不容易被广告打动，而是更看重口碑。中国第一次出现了一批理性的、愿意为高性能产品埋单的中产阶级。他们的集体出现，是消费升级的转折点。

在过去短短的两三年时间里，"× 丝"一词以非常荒诞的方式进入到主流的话语体系。从社会阶层而言，"× 丝"指向财富贫乏及底层边缘人群，但也不尽然，很多财富拥有者，比如骑狗的首富之子也以自诩 × 丝为乐。

曾经有一个网络剧《 × 丝男士》风靡一时——没有任何知识营养的调侃是最大卖点，对困乏和残疾的嘲讽变得公式化。千百年来的汉语言体系，与人体隐私有关的词汇大多隐晦而含有贬义。

× 丝承载着非常复杂且语义模糊的对象体，一个非常可悲的现象是，× 丝文化形成了商业文化形态，构成语言和视觉暴力，"得 × 丝者得天下"是这些人的口头禅，很多人甚至认为它是"互联网精神"的同义词。

更致命的是，对 × 丝及 × 丝文化的质疑，在今日是一个很冒险的行为。这一反对，会被定义为"精英式的挑衅和傲慢"。

"× 丝文化"是一场心态及叙事危机。

我们如何定义"× 丝"？

有一次在北京打车，从西山饭店到中央台的梅地亚。80 后司机小张开着一辆老爸退休后传下来的出租车。"龙生龙，凤生凤，老鼠的儿子会打洞，司机的儿子会开车。"小张说，一家人开车挣到的钱全款买了两套房子，一套自己住，一套父母住，"靠，有'神马'存款。都填在房子和车子里了。我每月赚这点，得养活两老和我自己，每月光光，就一 × 丝。"

由此，我总结了一套公式来测算"× 丝值"。

重度 × 丝：没有财产性收入、银行贷款为零。

中度 × 丝：财产性收入与职务性收入的比例低于 1/5，银行负债与个人资产的比例低于 1/5。

轻度 × 丝：财产性收入与职务性收入的比例低于 2/5，银行负债与个人资产的比例低于 2/5。

× 丝的标准与他从事的职业其实没有关系，而在于两个指标：第一，× 丝只有职务性收入，甚少有财产性收入；第二，× 丝的银行负债率为零。

司机老张，开了三十年车赚到的钱都买了房，房子自住，不产生租金收入。如果按揭购房，出两成首付，可以买两到三套同等面积的房子，这一部分的增值就不得了，一套自己住，另外的出租，几年下来，钱就套出来了。

当货币的杠杆效应被激活之后，一个人的财产性收入在家庭收入中的比例就会逐渐提高，而这一比例正是告别 × 丝、从工薪阶层向中产阶层递进的台阶。一个家庭的财产性收入与职务性收入各占一半之时，财务自由的曙光便可能出现了，而当前者占到绝大比例之后，你就会摆脱对职业的依赖，越来越自信，开始考虑如何过一种自己喜欢的生活。

这种从工薪阶层向中产阶层深化的过程，被 × 丝心态扼杀了。三十多年的经济繁荣，造就世界第二的经济大国，也造成了贫富悬殊，以及对机会平等的无能为力心态。这就是 × 丝心态的根源，它既是荒诞的真实，又是真实的荒诞。

互联网时代有一句流行语："得 × 丝者得天下。"降低身段，讨好拉拢，投其所好，与之共舞，似乎是互联网制胜的第一要义。正是这样的氛围，中国互联网出现了极度活泼的低级狂欢景象，× 丝经济大行其道。

2015 年，"吴晓波频道"做过的、最冒险的一件事，就是反 × 丝和反对 × 丝经济。

我的微信公众号涨粉很快，但早期是乌合之众，什么人都有，大家不知道要干什么，不知道彼此是谁，有什么样的价值观。如果大家茫然地跑到一起，这个社群是没有价值的。所以公号到第 300 天的时候，我写了一篇文章，开始定义粉丝社群的价值观。其中第四点是，我们明确地"反对 × 丝经济"。

写这句话的时候好纠结，我的团队跟我说，吴老师能不能不要写这句话，写这句话会得罪一堆人。但我还是坚持写上去，中国要向上走，中国不能变成一个"下流社会"，所以我们要反对 × 丝经济。× 丝不是一贫如洗，而是甘愿堕落在社会的下层和边缘。

我们要反抗的是 × 丝心态。× 丝是一个时代病，我们每个人概莫能外，但是，我们应该在自己的身上克服它。同时，我们要反抗"× 丝"这个词汇。"× 丝"的叙事主流化，已经与年轻无关，与财富无关，甚至与阶层无关，反讽的意味正在消失，取而代之的是一种拒绝进步和自甘堕落的暮年心态。

人一定要往上走，要有阳光的一面。我们的态度表明以后，每天有五六百人取消我们的关注，但是每天又有两千多人增加关注。大家有共同的价值取向时，社群才真正存在。

2015 年 10 月，瑞信发布了一个数据，中国有成熟购买能力的消费者有 8 亿人，其中 6 亿人是 × 丝，另外 2 亿人中的一大半属于中产阶级。这些人在最近几年渐渐成为中国主流消费人群。2016 年将是新中产消费的元年。

中产经济与 × 丝经济最大的区别我认为有三条：第一，这一拨是理性消费者。第二，他比较相信品质，不太相信物美价廉。第三，圈层化。

2015 年 2 月，我带着蓝狮子 20 位高管飞到日本冲绳岛开年会，他们在免税商场疯狂购物。这批高管出生于 1982 年到 1991 年之间，工资收入在二十多万到七八十万，属于中国 80 后的中产阶级。有人一口气买了六只电饭煲，后来听说，日本电饭煲有特殊材质，煮出来的米饭粒粒晶莹不黏锅。最让我吃惊的是，居然还有三个人买回了五只马桶盖。这款马桶盖一点也不便宜，2000 元人民币，具有抗菌、可冲洗和座圈瞬间加热等功能。

× 丝消费者一进店第一句话是问："这个东西打几折？"中产消费者不一定特别有钱，当然也喜欢物美价廉的商品，不过他们更是"性能偏好者"，愿意为新技术和新体验埋单。他们很难被忽悠，也不容易被广告打动，而是更看重口碑。中国第一次出现了一批理性的、愿意为高性能产品埋单的中产阶级。这一类型消费者的集体出现，是消费升级的转折点。

日本职人：他们不生产商品，他们传承生活
文 / 库索

为何日本的老铺千年不灭？有人把原因归结于社会安定，亦有人认为是保守的民族性格所致。但更深层原因也许来自职人的专业素养，秘诀是松尾芭蕉在 300 多年前说过的那四个字：不易流行。

2015 年秋天，在高野山见到一尊药师如来，这是自它 1934 年制作完成后，80 年来第一次面向大众开放参观，时间只有短短一个月，下一次也未知是何时。佛像的作者名叫高村光云，日本近代佛像大师能数得出名字的不超过 10 个，他是其中数一数二的人物。

受托雕刻高野山药师如来时，高村光云最初是拒绝的："我已经 76 岁，命不久矣，没有信心能活到完成这尊佛像。"对方回答："高野山会每天祈祷息灾延命，所以在佛像完成前你一定不会死。"高村光云整整 4 年闭门不出，药师如来完成时，他已 80 岁；82 岁，高村光云去世。他是尽兴的："在尽是不幸的一生中，最后的最后，竟能得到如此幸运。"

高村光云生活在对佛像师来说最糟糕的时代：1868 年，明治政府建立，奉行神道国教化政策，日本天皇下了一道神佛分离令，随之而来的，是对传统文化具有毁灭性打击的"废佛毁释"运动。这一时期，日本的寺院消失了一半以上，大量珍贵佛像被连夜推倒。那一年，高村光云 16 岁，正是拜师学习木雕的第 5 年，社会风向突转，不仅职业地位受到打压、极度缺乏工作量，而且西化风潮盛行，象牙雕刻逐渐取代木雕，他的生活变得穷困潦倒。在这样的境遇中，高村光云仍然坚定地要将木雕技能传承下去，他跑到东京学习西洋美术，努力用写实主义手法来赋予木雕工艺新的生命力。

药师如来是高村光云最后的代表作，在明确了将死的事实之后，他选择将生命

2009 年 12 月 10 日，日本甲府，一名手工艺人为虎年到来制作土铃铛。（图东方 IC）

的最后时光献给陪伴自己一生的雕刻刀。这尊佛像里满溢着生死意识，也代表了高村光云一生的职业修养，一个明显的特征是：佛像界以贴满金箔的高贵感为审美标准，高村光云的药师如来却罕见地保留了纯白的原木状态，仅仅在表面涂上了一层来自奥之院的泥土。

高村光云死后，儿子高村光太郎继承了他的手艺，后来他在回忆录中写道："父亲一年到头都很辛苦，然而从来赚不到大钱。直至晚年也是如此。彼时父亲的作品已经能卖到相当昂贵的价钱，但那只限于商人之间的交易。父亲始终坚持从前的定价，他的收费标准，只是按照每天的手工费来计算。至于材料，除了檀木之类的高级品稍有些差异，其余一切任何标准一致。"

在高村光太郎看来，一生献身于制作过程的父亲，淡泊名利的态度是他发自"职业魂"的矜持。光太郎的一生都被父亲的名言激励着："我的前方并没有路，但在我之后，便有了路。"

"我一直重复同样的事以求精进，我会继续向上，努力达到巅峰。"

高村光云这样的人，正是日本典型的"职人"代表。

所谓"职人"，是指那些拥有一门熟练技术，并依靠这门技术制作手工艺品作为职业的人。职人拥有的技术，被称之为"职人技"。追溯到细分"士农工商"的江户时代，职人便是被称之为"工"的那一群体，与地位低下的商人相比，日本历史上有尊重职人的传统，甚至有过将烧制陶器和锻造铁器的职人归为士族的例子。

今天的日本，不少老铺依然坚持着传统的职人技传承，这个过程必须具备两个基本特征。

一是严格的"师徒制度"。想要学习某门手艺的年轻人，需要先拜访拥有那门手艺的职人工作场所，得到许可后签订雇佣合同，才能正式成为学徒。虽说是雇佣合同，其实最好的条件也不过是包吃包住，别指望能拿到任何金钱报酬。师匠也从不会手把手地传授学徒技能，凡事都需要在日常工作中和烦琐杂事中自行偷师，因此，学成一门技术常常需要数十年——越是简单的工作，学成的时间反而越长。还记得"寿司之神"小野二郎吗？打杂打了整整 10 年，在一年内煎了 200 个玉子烧的徒弟，才终于得到他的认可，成为一个够格的寿司职人。

另一个特征，则是越发罕见的"职人气质"。职人唯一的追求，是让自己技术更娴熟，同时他们对自己的技术充满自信，抗拒一切以赚钱和高效为目的的工作，抗拒违背自己意志和妥协求全的工作，原则上只接受自己认可的工作。一旦接受了工作，便下定决心无视利益，穷尽自己的技术精髓将其完成。所以小野二郎的那句名言才会被视作职人的工作哲学："我一直重复同样的事以求精进，我会继续向上，努力达到巅峰，但没人知道巅峰在哪。即使到我这年纪，工作了数十年，我依然不认为自己已至臻至善。但我每天仍然感到欣喜，我就是爱捏寿司。"

受到认定的"人间国宝"，每年能从国家拿到大约 14 万元人民币的特别扶助金，用以磨炼技艺，培养传人。

现代日本，由于社会产业和生活样式变化，立志成为职人的年轻人激减，不少手艺无法延续。我曾在东京某家 300 年历史的筷子老铺,遇见一个传承至第 11 代的筷子职人,如今全日本只有他会制作"江户八角筷"。子女不愿继承这一手艺,70 岁的他正在尽自己最大努力工作到最后一秒,但凡有展示会和采访邀约也从不拒绝——这是他最后能留下的东西,是一双小小的筷子,也是某种被现代文明埋没的对生活方式的讲究。我是从他那里听来的:如果在超市里买筷子,全都是长度相同的套装;而职人在动手之前,首先会了解顾客的家庭组成和生活习惯,因此每双筷子多少会有所不同,最基本就是男女差异——同样设计的一款筷子,女性用比男性用要短 1 厘米左右,才能达到最合适的手感。"江户八角筷"不便宜,一双筷子的价格在 300 元到 1200 元人民币之间,但只要买下了,便能享受永久保养,用筷子的人一代又一代传承下去,便有一代又一代的职人替你打磨修整,保证它始终"用得舒服"。

日本有个叫"人间国宝"的电视节目,特邀嘉宾漫步在日本各地的市井街巷,寻找生活中那些有价值的人或店。在这个节目里,动辄能看到经营上百年的老店,或是传承好几代人的手艺。每个人看上去都平淡无奇,但却能感受到他们确实已成为保持街区平衡的力量:能看到全日本最古老的锦布商,全日本第一家开业的澡堂,60 年来几乎没有生意却一直开着的吴服店,80 年来每天只卖同一款冷面的人气店……某条商店街上有一家开了 40 年的面包店,附近的主妇搬家后还会隔三差五专程过来买早餐面包,说是"老公只吃这个"。

日本官方也有认定"人间国宝"的惯例,对那些造诣颇深、身怀绝技的艺人和工匠进行认定,类似于认证世界遗产那样,非常高大上。截至 2015 年,受到认定的工艺技术部门的重要无形文化财产保持者有超过 170 人,遍及陶艺、染织、漆芸、金工(刀剑)、人形、木竹工、和纸等各个领域。受到认定的"人间国宝",每年能从国家拿到大约 14 万元人民币的特别扶助金,用以磨炼技艺,培养传人。

算是很有钱吗?尽管歌舞伎演员市川海老藏曾有过"到 60 岁为止能从国家拿到 60 亿日元"的言论,但在漆器家室濑和美看来却并非如此。他被问及"成为'人间国宝'之后,作品能卖出很多钱吗"时,苦笑着回答:"并没有。也许一个窑每年可以烧制 200 至 300 个作品,但我每年只能制作两三个,就算是拼了命,能做 5 个也就到头了。"

为什么日本会有那么多千年老铺？秘诀是松尾芭蕉在 300 多年前说过的那四个字：不易流行。

在日本生活久了，便不再对百年老店感到惊异，它们实在是太常见了。韩国中央银行曾对世界长寿企业做过调查，得出一个数据：在日本，创业 100 年以上的企业超过 10 万家，200 年以上的企业超过 3146 家（全世界的总数是 5586 家），500 年以上的企业有 32 家，超过 1000 年以上的企业也有 7 家——当仁不让是全世界第一的"老铺大国"。

日本历史最悠久的企业，也是世界现存最古老的企业，是位于大阪市的建筑公司"金刚组"，至今已有 1400 年，大名鼎鼎的四天王寺和法隆都出自它之手。自第 32 代金刚八郎喜定的《遗言书》开始，金刚组便遵守着 4 条职人准则："寺社建造之事，一生悬命；饮酒之事，谨慎节制；越分之事，坚决不做；服务他人之事，尽全力做。"进入现代社会，金刚组又添加了 12 个条目，构成 16 条社训，其中包括："不忘谦虚，将之作为一种职业修养；尊重他人，珍惜每一次交流；凡事排除私心，正直对应；警惕利益至上主义，维持合适的价格；珍惜品牌和信用，珍惜创业精神……"

另一家千年老铺，山梨县的旅馆"庆云馆"，创业超过 1300 年，被吉尼斯世界纪录认定为"世界最古老的温泉旅馆"，庆云馆地理位置偏僻，距离最近的 JR车站还要转乘一个半小时巴士，实在不是经营一家旅馆的最好地方。但现任的第 52 代社长却把这种劣势视为它长寿的秘密："幸亏在这样的深山里，才使它免于战争的破坏，才使它免于外来资本的入侵，出于对孕育旅馆的自然的感激之情，才想把它继续经营下去。"

为何日本的老铺千年不灭？有人把原因归结于社会安定，亦有人认为是保守的民族性格所致。但更深层原因也许来自职人的专业素养，秘诀是松尾芭蕉在 300 多年前说过的那四个字：不易流行。不易，即无论世间怎样变化也不会改变的东西；流行，则是追随社会和状况连续不断变化的东西——将不易和流行融为一体，在变和不变之间保有原则性的偏执坚持，才有了我们今天所看到的日本老铺。

因为他们对自己在做的事，有骄傲心，有自豪感，所以才能保持平常心，充满责任感。

　　我曾经慕名去住过镰仓那家著名的茅崎馆，创业至今 116 年，因为小津安二郎常在此写剧本而名声大振。这家旅馆里，完好地保留着当年小津留下的痕迹，一个渔夫帽、一个杯子、一封书信……每个房间都还是当初的老式装修，设立了官网应对海外客人，但一律只接受电话预定。那里的老板娘，偶尔会聊起小津当年拍电影的八卦，类似的故事，我在伊豆的旅馆听过关于川端康成的，在东京的旅馆听过关于森鸥外的，在四国的旅馆听过关于夏目漱石的，甚至在和歌山的某间宿坊，见过 400 年前的武将真田幸村留下的痕迹。这些旅馆大多已是文化遗产，但定价标准却从未变化，远低于那些所谓的度假酒店数倍。为什么不涨价？因为祖祖辈辈传下来就是这个价格。为什么不批量生产？因为祖祖辈辈传下来就是这个规模。

　　时代在变化，但职人的精神总能以某种方式延续——我在日本遇到过种有机米的，就种刚好能养活一个家族的几亩地，因为精力只顾得过来这些；也遇到过在宇治卖茶的，多少厂家来谈也不愿意流水线化，300 年的技艺代代单传，明白小作坊不必做成大企业。我家楼下有一间只能容纳 10 个人的小咖啡店，门口挂着语气严肃的牌子：本店只供应咖啡，想用餐的，想开会的，想谈事的，请选择别处。后来才知道，这家店是日本咖啡界的名店，不少发烧友从别的城市赶来，只为享用一杯现场烘焙的咖啡，夫妇二人从 20 岁到 60 岁，从青年到老年，只为一杯比前一天更美味独到的咖啡。我常去剪头发的那家街区里的美发店，每每光顾，都会在第二天下午收到他们寄来的明信片，然后又每个月准时收到一次，对头发长势嘘寒问暖，紧张我的发型胜过我自己。

　　我也是从这些人身上明白，因为他们对自己在做的事，有骄傲心，有自豪感，所以才能保持平常心，充满责任感。这也是为什么，在一个越来越快的世界里，只有职人才能供应好生活。

中国不缺钱，就缺好货

文 / 谭山山

一方面，中国的产品和劳动力是廉价的，"Made in China"至今摆脱不了"低端"标签；另一方面，中国的生活成本和消费越来越贵，国人却并没有享受到优质的好产品。

在世界各地，100 万元能买到什么样的房子？

这个几年前的热帖，直到今天还有人在转发，因为它戳中了国人的痛点：100 万元人民币相当于约 15 万美元，用这笔钱，在南非东开普省的杰弗里湾，可以买下一套有五个卧室、三间浴室、带花园的别墅；在澳大利亚新南威尔士州的德尼利昆镇，除了能买到有五卧三卫的乡村大 house，还包括一块 27 英亩的农场；在美国的亚特兰大，可以买到一套建于 20 世纪 20 年代、内部装修十分舒适的公寓，两卧一卫，还带一个车位，完全可以拎包入住……而在北京，你只能到距国贸约两小时车程的房山买一套 60 平方米的小两居——而且是毛坯房！网友们纷纷评论：看到最后一张毛坯房的图，哭了……

类似的比较还包括中外物价对比，比如曾引发热议的一条微博："中国，吃一次肯德基 30 元，下馆子最少 100 元，买条 Levi's 400 元，买辆车最少 30000元（夏利）；美国，吃一次肯德基 4 美元，下馆子 40 美元，买条 Levi's 20 美元，买辆车最多 30000 美元（宝马）。"

一方面，中国产品和劳动力是廉价的——"Made in China"至今摆脱不了"低端"（低价、低质）标签，以至于像苹果，尽管其产品就在中国生产，却在产品标签上注明"Designed by Apple in California Assembled in China"（由加利福尼亚州的苹果公司设计，在中国组装），以此跟"Made in China"划清界限；另一方面，中国的生活成本和消费越来越贵——100 万元在北上广买不到三居室，工资跑不赢 CPI，可以生二孩了却发现养不起，等等，而且，花了大价钱，却未必能得到相应好产品、好服务和好体验。

这就是当下中国的现实："Made in China"以廉价劳动力、环境污染、微薄的代工利益为代价，收获物美价廉产品的却是西方发达国家的消费者，而不是生产出这些东西的中国劳动者。

将"中国加工"变成真正的"中国制造"，乃至"中国创造"。

中国生产得了圆珠笔，却生产不了圆珠笔头的"圆珠"。

2016 年 1 月，李克强总理在太原主持召开钢铁煤炭行业化解过剩产能、实现脱困发展座谈会，他表示，在钢铁产能严重过剩的情况下，一些特殊品类的高质量钢材，如圆珠笔头上的"圆珠"，仍然需要进口。有媒体因此惊呼："不是总理说出来，竟不知中国连圆珠笔的头都生产不了！"其实，早在 2011 年，科技部部长万钢就表示："我国每年生产 380 亿支圆珠笔，但笔尖珠芯近 90% 来自进口，墨水 80% 进口或用进口设备制造。常用的圆珠笔，美国卖 1.99 美元，我们制笔厂利润才 1 毛钱。"没有掌握核心技术，唯有受制于人。

2015 年 5 月正式出台的《中国制造 2025》，指出现阶段中国制造存在的主要问题："自主创新能力弱，对外依存度高"；"产品档次不高，缺乏世界知名品牌"；"产业结构不合理，高端装备制造业和生产性服务业发展滞后"；"产业国际化程度不高，企业全球化经营能力不足"。

从总体来说，中国制造业可以用"大而不强"来描述：据世界银行统计，2012 年，我国制造业增加值为 23306.8 亿美元，位居世界第一；然而，我国制造业增加值率仅为 21.5%，而工业发达国家均大于 35%。而"中国制造 2025"战略，就是要将"中国加工"变成真正的"中国制造"，乃至"中国创造"。

德国制造、日本制造早期也给世人留下低端的负面印象，但它们最终摆脱了这个标签，成为高品质的代名词。而今，德国更率先提出"工业 4.0"计划。

1887 年 8 月，英国议会公布了歧视性的商标法条款，规定所有从德国进口的产品都须注明"Made in Germany"，因为"德国制造"意味着设计山寨、假冒伪劣。但仅仅 20 年后，"德国制造"已洗脱恶名。有英国学者感慨："德国让我感到恐惧，德国人把一切都做得绝对的完美。我们超过德国了吗？刚好相反，我们落后了。"德国人是怎么做到的？除了对技能、工艺的推崇和匠心，还有责任感。据说，时任英国首相布莱尔曾向德国总理默克尔请教德国经济成功的秘诀，默克尔的回答是："我们至少还在做东西，布莱尔先生。"

"当我们国家自己的国产货变贵但有人买的时候，我们就有希望了。"

日本生活美学家松浦弥太郎有一个观点："如果眼睛只盯着廉价物品，就会变成廉价的男人。"因此，他主张在衣食住行上都尽己所能地甄选优品，不要停留在能用即可得过且过的层次，更不要怕花钱。"年轻的时候，咬咬牙做一些貌似超出自己支付能力的私人投资，不仅可以促进自己成长，而且将来也一定会得到加倍的回报。"

现在的年轻人并非不明白这个道理，只是，他们咬咬牙所做的投资，多半在房产上——基于房价不断上涨的紧迫感，买房成为他们的头等大事。2010 年的一份报告显示，北京首套房贷者的平均年龄只有 27 岁，而在英国为 37 岁，在德国和日本为 42 岁。官方的态度是鼓励年轻人先租后买，但是沦为房奴的他们也很委屈：那房价为什么这么高呢？

还有，谁不想买到好东西？财经评论员时寒冰写过一组关于美国物价的文章，其中有三篇是比较中美房价的。时寒冰认为，美国的房子性价比更高的原因在于：一是美国房子按使用面积计算，诸如车库、阳台、地下室、储藏室等都不计在内，比中国按"建筑面积"算划算；二是中国的房子不包括土地，相当于一次缴纳了 70 年租金，而美国的房子是包括土地的，永远归业主所有；其三，中国的是毛坯房，美国的是精装修房；其四，美国住宅平均寿命是 80—100 年，而中国是 25—30 年。而对于买不起房的人，美国政府通过提供房租补贴等方式帮助他们。

"中国制造"的低端形象，甚至在国人心目中也成为共识，一些品牌因此被拖累：海鸥一款定价 168 万元的高端手表，几年来只卖出两块。反而是"名创优品"这种 logo 像优衣库、店内陈设像无印良品的"山寨洋品牌"受到追捧，在探究它们受到消费者青睐的原因时，对"中国制造"的不信任恐怕得算一个。

"我们国家什么时候有希望？就是当我们国家自己的国产货变贵但有人买的时候，我们就有希望了，当整个民族都买便宜货和打折货，死亡就快了，包括我自己。"汉德工业促进资本主席蔡洪平这样表示。

新周刊
NEW WEEKLY
2016 年度佳作

吃瓜群众进化史

美国画家克莱德·辛格（Clyde Singer）作品《旁观者》（1937）。好奇是人类的天性，这是从古至今人们都喜好围观的心理动因。

吃瓜群众进化史

2016 年，贵圈依然很乱。

记者们跪求不要在节假日放猛料，以免加班之苦。但吃瓜群众冷热不忌，且十分享受随时前排吃瓜。

明星恋爱、结婚、离婚、怀孕、生子、出轨、与前任撕 ×。吃瓜群众要祝福，要深扒黑历史，要站队，要苦劝偶像"擦亮眼"，要创作段子，还要即时了解发展动态。

各地出台楼市紧缩新政，中国足球队给全国人民添堵。糟心的美国大选里，是看好把机密信息"不小心"放在私人邮件里的希拉里·克林顿，还是支持侮辱女性的录音被曝光的唐纳德·特朗普？近邻韩国总统的闺密"垂帘听政"，这背后是否有一盘很大的棋？

吃瓜群众要克服各种专业壁垒、语言障碍，运用发散思维，找寻匹配的蛛丝马迹，活生生总结出一部部连续剧。

吃瓜群众在直播平台上用弹幕报到，在微信朋友圈中转发长文，也深谙戏剧的冲突之道。当事人的剧情都由吃瓜群众推动和制造，网络实时热搜榜背后，是每一位吃瓜人的劳苦功高。

吃瓜群众的智慧无穷，热点话题无论潮起潮落，都能诞生数量及质量均可观的段子和表情包。

有时剧中人不按吃瓜群众的剧本走，或借势宣传，怒攒人气，群众"被吃瓜"后还要"被安利"，但也丝毫不影响他们的参与快感。

吃瓜群众目睹了所有事件却依旧不明真相。"关你屁事"和"关我屁事"这样的纠结，从来不会出现在吃瓜群众的字典里。

曲终人散，吃瓜群众丢下一句"贵圈真乱"，拍拍屁股，作鸟兽散。

我是吃瓜群众我怕谁?

文 / 谭山山

作为"围观群众"的进化版,"吃瓜群众"确实有了一些新的特点,比如,他们入戏更深,是具有表演属性的围观者。

吃瓜群众很忙。

他们忙着八卦:从王宝强离婚到张靓颖母亲开撕准女婿、林心如是否逼婚霍建华;他们忙着追星:不论老婆粉还是亲妈粉,总之都是脑残粉,包下纽约时代广场的 LED 大屏给"爱豆"(idol)庆生;他们忙着秀智力:国际、国内大事风云变幻,这背后肯定有人在下一盘很大的棋;他们忙着站队:自动变身亲友团,表示"宝宝不哭,我们挺你"……

吃瓜群众的前身是围观群众,2010 年微博刚兴起时人人大呼"关注就是力量,围观改变中国",如今"围观"变成了"吃瓜",后者以娱乐化的戏谑消解了前者的庄重感和使命感,也映照了一地鸡毛的现实。

"围观"是个中性词,相对而言,"看客""旁观者"以及"吃瓜"这几个变体就有情感倾向。

2015 年年初,作家羽戈在《围观改变中国,还是中国改变围观?》一书中有此看法:"相比围观对中国的改变,中国对围观的改变则更深,譬如围观这个词及其分裂,便充满了秘而不宣的中国特色。"

"吃瓜"取代"围观",是在这一两年发生的事。"吃瓜"是个网络用语,按照流行的解释,它是网友们回帖、聊天的常用语之一:在论坛或 IM(即时通信软件）群聊中，有人先抛一个有意思的话题，网友或群友纷纷前来围观，一人一句，以诸如"前排出售瓜子""前排吃瓜子""前排吃瓜""吃瓜群众""不明真相的吃瓜群众"等句子盖楼、刷屏。于是有人干脆用"不明真相的吃瓜群众""目睹了整个事件的吃瓜群众"来形容热衷于围观某事物的人们，再后来，"吃瓜群众"几乎等同于"群众"一词，并逐渐取代了"围观群众"。

"围观"是个中性词，相对而言，"看客""旁观者"以及"吃瓜"这几个变体就有情感倾向："看客"和"旁观者"都有隐含的指控性质，表示一个人在面对恶性事件时选择了不作为；"吃瓜"虽是戏谑的说法，但也含有漠不关心的意味。因此，有论者谴责吃瓜群众的冷漠与无情，甚至有论者上升到"吃瓜群众越多，社会就越危险"的地步。

署名"某之汪"的作者在《为什么说"吃瓜群众"是可耻的》一文中将"关我什么事，我是出来打酱油的"和"不明真相的吃瓜群众"进行比较，认为前者还停留在互联网发展初期，隐含着中国人固有的明哲保身的中庸思想，后者"则是在这个娱乐至死的时代，对一切真相保持距离，隔岸观火，甚至不惜煽风点火的最真实写照"，且劣根性隐藏得更深、危害更大。

"某之汪"的说法可能过于片面了。一方面，在群众前加上"吃瓜"二字，调侃之余，也暗含着对权力、权威的一种消解，是网友们大开脑洞的一个创造；另一方面，网友们自称"吃瓜群众"，是一种自嘲或自黑，初衷并不是冒犯他人。

当然，作为"围观群众"的进化版，"吃瓜群众"确实有了一些新的特点，比如，他们入戏更深，是具有表演属性的围观者。以往的围观群众是"沉默的大多数"，光潜水不说话；现在的吃瓜群众则不但爱憎分明地表明立场，还自诩万能的编剧，推断事件的走向。所以张靓颖那句"对不起，没有按你们的剧本去演"让吃瓜群众不爽，因为这等于是说"洗洗睡吧，没你们什么事"。但对吃瓜群众来说，剧情应该是这样的：你们在台上演你们的，绯闻、离婚、互撕，越狗血越好；我们在台下演我们的，坐在前排边嗑瓜子边看，越投入越好。大家联手，完成一台台大戏。

"每个个人都是非常有智慧、非常通情达理的，而在一个团体中，他们就变成了一群笨蛋。"

在著有《群氓的时代》的社会心理学者塞奇·莫斯科维奇看来，人是理性的："我们相信，一个名副其实的个人，其言行举止必定符合理智，判断人和事物必定冷静客观，行动时必定胸有成竹，接受他人观点时，必定深思熟虑，科学公正地反复考虑正反两方面的理由，而不是屈从于权威或者大多数人的判断。"

然而，他也承认，在现实生活中一个人不可能做到绝对理性，其判断会受到自身知识背景、情感倾向、与他人的上下关系和互动模式以及环境氛围的影响。"但观察结果表明，事情根本不是这样。每个人都时不时地被迫服从其主管和上级的决定。他往往不假思索地接受其朋友、邻居或者政党的观点。他还常常采纳周围人的态度、语言和品位格调。更糟的是，一个人一旦加入一个群体，深陷于一群民众之中，就可能变得过分暴躁、惊惶、热情或者残忍。他的行为举止与道德良心相抵触，与其利益也相违背。在这种情况下，他似乎已完全变成了另一个人。"

塞奇·莫斯科维奇的这段话，对入戏太深的吃瓜群众具有警示意义。他提醒人们，作为独立的个体，一个人应该尽可能避免被群体裹挟，不要为了融入群体或不被群体排斥，而抑制自己的真实想法，迎合、附庸群体的决策。德国诗人席勒说得更直接："每个个人都是非常有智慧、非常通情达理的，而在一个团体中，他们就变成了一群笨蛋。"

以吃瓜群众中的一大门类——脑残粉为例，盲目的爱令人偏执、失去理智，远有杨丽娟，为迷恋刘德华倾家荡产，她的父亲也因此跳海自尽；近则有被林心如工作室起诉的疯狂网友，他们或者是霍建华死忠粉，或者只是纯粹过嘴瘾，对林心如进行恶意谩骂——"试问说出'逼婚''捆绑炒作''滑胎'等言论的网友们，你们是否电视剧看多了？不出来否认就觉得是真的？"林心如工作室发出的长微博如此回应。

非常的偏执、可怕的敏感、荒唐的自大和极度的不负责任，这是社会心理学鼻祖之一塔德所概括的群氓的共同特征，他还指出，"原因就是因为他们过分自负、过分狂热"。

别看戏了！先把自己的人生角色演好！

从看客、围观群众到吃瓜群众，可以看出中国围观群体的进化轨迹。

传统意义上的围观产生看客。关于看客，再没有比鲁迅先生更敏锐的诠释了。他说中国的群众永远是"戏剧的'看客'"，这些看客在他的作品中以群体形象存在，是一种阴沉、庞大、无处不在的力量——"无物之阵"，或称"无主名、无意识的杀人团"。

在收录进鲁迅散文集《野草》的《这样的战士》中，一个孤独的战士（可以说是鲁迅的自况），就如同与风车作战的堂吉诃德，举起了投枪，进入无物之阵：那些人头上冠以慈善家、学者、文士、长者、青年、雅人、君子等，各自贴上学问、道德、国粹、民意、逻辑、公义等标签，对闯入的战士纷纷点头，"这点头就是敌人的武器，是杀人不见血的武器，许多战士都在此灭亡"。战士将投枪投向这些人的心窝，他们应声倒地，然而只剩下一件件外套，无物之物已经遁走。最终，战士在无物之阵中衰老、寿终，那些看客则是胜者。

鲁迅说："人们在社会里，当初并不是这样彼此漠不相关的，但因豺狼当道，事实上因此出过许多牺牲，后来就自然而然都走到这条路上去了。"

进入微博时代，微博具有社交媒体的公共属性，围观成了一种参与——围观群众有了表达诉求的平台，不管他们的诉求是否实现，但在场感是真实的。也因此，微博时代又称围观时代。蒋方舟曾写道："围观只需要一个简单的转发动作，但是照见的是自己并不冷漠的心，是虽无权势和本领但却为权势所忌惮的看似微不足道的力量。"

数年过去，围观群众成了吃瓜群众，成色更复杂了，关注点也更分散了：比如酱油党和浮云党，乍看上去都是无所谓、爱谁谁的样子，但其实有微妙区别。就心态来说，酱油党是从容的，他们是大时代边上的局外人，乐于过自己的小日子；浮云党则是迷茫的，他们焦虑于该不该逃离北上广、该不该创业等现实问题，想不出答案，唯有把一切视为浮云。

对于吃瓜群众来说，看戏、入戏已经成了人生的一个重要组成部分。当年鲁迅给沉湎于看戏的群众开出的药方是：要不让他们无戏可看？他的意思是，应该有人给他们来个棒喝：别看戏了！先把自己的人生角色演好！

中国围观进化史

文 / 李夏恩

今天的我们似乎比古代的围观者见得更多、看得更远，但围观的"品位"却没有太大的变化：血腥、暴力、灾难、色情和搞怪仍然占据着围观者的绝大部分视界。

"阿，阿，看呀！多么好看哪！……"

如果有什么比围观一场游街示众更"好看"的事情，那一定是杀头。在小说《药》中，鲁迅没有把笔墨泼洒在最具视觉效果的砍头瞬间，而是勾画了一群无聊民众如何聚精会神地围观杀头：他们"颈项都伸得很长，仿佛许多鸭，被无形的手捏住了，向上提着"，刽子手手起刀落，这群围观的人便"轰的一声，都往后退"。

"围观"恐怕是鲁迅最喜欢也最热衷描写的题材。《药》里围观处决革命党的情景，后来又出现在《阿 Q 正传》里，只不过这一次围观的是枪毙阿 Q，而且很不让人"满足"，因为"枪毙并无杀头这般好看；而且那是怎样的一个可笑的死囚呵，游了那么久的街，竟没有唱一句戏：他们白跟一趟了"。他还特意为"围观"量身定做了一篇小说《示众》，写一群路人如何三三两两地聚集起来，围观一个"穿蓝布大衫上罩白背心的男人"游街示众。

这些无聊的围观群众，被鲁迅一并打包，装进一个叫"看客"的篮子里。从此，"看客心态"成为中国国民性至关重要的组成部分。但实际上，在围观方面，其他国家的民众并不比中国人矜持多少。英国小说家狄更斯就描写过一次聚众围观的情景：1840 年，他和一大群人去新门监狱围观一个叫库瓦西耶的犯人被处以绞刑，他没有在围观群众中看到"与这个场合相适应的情绪……没有悲伤苦痛、没有富有效益的恐惧、没有憎恶、没有严肃性"。同时在场的小说家威廉·萨克雷则在人群中看到了技师、绅士、扒手、新闻记者，甚至还有议会议员，他将围观比作一场"淫秽的娱乐"，在这些"有罪的围观者"中间，也让他为"把我带向这一野蛮景象的那种冷酷无情的好奇心"感到"羞愧和堕落"。

东西方的文学大师们在谴责民众的围观欲望方面可以说达成了一致，但人们还是乐此不疲地加入围观的行列。借用鲁迅的句式："世上本没有围观，看的人多了，也便成了围观。"

他省悟了，这是绕到法场去的路，这一定是"嚓"的去杀头。他惘惘的向左右看，全跟着蚂蚁似的人，而在无意中，却在路旁的人丛中看见了一个吴妈。——《阿Q正传》插画，丁聪绘图，胥书平木刻。

关于围观的记载，最早可以追溯到 6400 年前的古埃及。

第一个围观者是谁？这个问题几乎可以肯定没有答案。因为一个人只有在一群围观的人当中才能称之为"围观者"。但关于围观的记载却很久远，最早可以追溯到 6400 年前的古埃及。在一卷题为《伊西斯的哀伤》的莎草纸上，讲述了酒鬼们"你推我搡，发出嘘嘘的惊叹"，眼睁睁地看着善良的国王奥西里斯被封进棺材里，扔下河。

相对而言，中国最早将围观形诸文字的记载显得温文尔雅。2300 年前的人们围观了一棵百人才能合抱的栎树，庄子称"观者如市"。就在庄子笔下的齐国百姓兴致勃勃围观大树之时，魏国邺城的百姓则聚众围观一个年轻漂亮的女子被当成河伯的媳妇扔进黄河里，司马迁在《史记》里如此描述围观人群之盛："三老、官属、豪长者、里父老皆会，以人民往观之者三二千人。"

这些关于围观的最早记载有一个共同特点：善于描写围观对象和群众，却从不解释围观者为何围观。仿佛只要有事情发生就自然有人围观，乃是一个理固宜然、无须解释的自然现象——这也难怪，在几乎所有围观事件中，群众不过是走来走去的人肉背景，充当围观对象的点缀——后者才是聚焦的中心。围观者起到的唯一作用，就是用数量证明围观对象的重要性。被几十个人围观的只能是街头杂耍或泼妇骂街，围观人数达到成百上千的话，则有可能在某位文人的私人笔记或当地方志上留下一笔可有可无的记录。西晋卫玠"风神秀异"，"观者如堵墙"，生生被"看杀"，就被写进《世说新语》里。但如果围观群众到了数以亿万计的地步，那就只能是国家庆典或改朝换代，注定在官方史书上大书特书了。

围观者靠数量为自己在历史上占据了一席之地。但这仍然没有解释围观的原因。也许是因为答案太简单了：好奇心使然。另一个问题随之出现：为何是这些事物而非其他会引发人们的好奇心，让人们聚集在一起去围观？无论是公开的谋杀、仪式上的投河抑或巨大的树木，都是日常生活中难得一见的场景；但是，最重要的是，它们一定要有强烈的视觉冲击力，就像谋杀或庆典一样，能够挑起人们内心的欲望和快感。

这种欲望和快感，两千年前围观秦始皇声势浩大的出巡场面的两个围观者曾明确表达："大丈夫当如此也！""彼必可取而代也。"他们是刘邦和项羽。那天围观秦始皇出巡的人必定数以万计，但最终史书留名的只有这两个人，日后他们也成了别人围观的对象。这些围观者中，说不定还有当年和他们一起围观秦始皇的人。这多少说明了一个道理：如果围观者不能成为围观对象，无论他们的数量有多巨大，起源如何地符合天性，都只能是历史的陪衬。

尽管立德对中国人的酷刑围观癖颇为不屑，但他恰恰身处"围观"进化的一次重要转折点。

公元 70 年，犹太历史学家约瑟夫斯记录了即将成为罗马皇帝的韦斯巴芗镇压犹太人起义后在罗马所举行的盛大凯旋式。"城中众多人口无人留在家中，人人走出来，尽管只有站立的空间，他们仍然在某处找个位置，以致没有为行进队伍本身留下足够的空间通过"，凯旋式开始，围观群众不约而同地"一起欢呼""一起肃静""一起叹为观止"，最后以"全场欢呼"圆满结束。

围观酷刑表演则是中西方围观者都相当偏爱的一大乐事。无论是西洋式的人头滚落，还是中国式的一刀一个，都能激起围观者的高昂兴趣。至少到17、18世纪，欧洲人仍然乐于花高价钱买一个好位置，观看刑场上犯人被绞死、肢解或"被文火活活烤死"。最典型的例子是1757年谋杀犯达米安在巴黎被处决：达米安先被融化的铅水和滚烫的沸油折磨，之后行刑人趁他还没完全断气，把他的头和四肢绑在几匹马后面，撕得七零八落，最后，由刽子手将他开膛破肚，剜心割肺，肉剁成碎块，烧成灰烬。这是一场典型的18世纪风格的酷刑展览，成千上万巴黎人挤满了行刑地的大街小巷，甚至爬上屋顶，租下房间好一饱眼福，"巴黎人伸长了脖子呆看，行为举止一如平常，甚至有些无动于衷，既没有痛恨，也毫无怜悯"。行刑结束，刽子手鞠躬致意时，围观群众还发出阵阵欢呼，对刽子手的精湛技艺表示赞叹。无须讳言，当时的中国人也不遑多让，沉迷于诸如"千刀万剐"之类的血腥娱乐当中。

进入19世纪，情况发生了变化。西方人对围观酷刑的感受越来越敏感，以至于刑场周围卖嗅盐的小贩生意兴隆。西方的女性围观者已经学会在刽子手手起刀落的那一刻，恰得其时地晕倒在地，好让身边的人买瓶嗅盐把她弄醒，这样可以显示自己是见不得血淋淋场面的文雅淑女。围观者对酷刑越来越敏感的反应，迫使当局不得不改良死刑，让其显得不那么具有晕眩性。

然而来华的西方人却惊讶地发现，中国的酷刑产业仍然如此发达，且花式多样。1904年，英国商人阿奇博尔德·立德在北京见证了一场凌迟处决："街上挤满了人群，都是来看凌迟处决的"，他不得不"费劲地从人群中找条出路"，一位参观者告诉他，"这次情况很凄惨，处决有一定程序，身上的肉块被一片片剐下，向人群丢去，民众纷纷抢夺血淋淋的残骸"。立德对这场中国人围观的酷刑表演的评价只有一句话："在中国，我们仍处于中古时代。"

尽管立德对中国人的酷刑围观癖颇为不屑，但他恰恰身处"围观"进化的一次重要转折点，而这个转折正是批评围观酷刑的西方人所创造的。就在立德参观凌迟酷刑后不久，德国犯罪学家罗伯特·海德尔也加入围观，并且做出同样苛刻的评论："我看见围观的人聊天、嬉笑，抽着纸烟，大啖水果！"实际上，海德尔根本没有真正"看见"这场凌迟——他看的是凌迟的照片。透过照片，他也加入围观，尽管他并不在场。

19世纪照相术的发明和完善，可以说重新定义了"围观"。在此之前，"围观"最重要的是"现场感"，它需要围观者身临其境才能见到围观对象。无论是"观者如市"，还是"万人空巷"，都说明了现场感对围观的重要性。在前照相时代，围观是很直观的方式。但照相术将围观者从现场"解放"了出来，一张栩栩如生的照片将围观对象最精彩的瞬间记录下来，然后大量复制、发行。只要看一看晚近中国满坑满谷印有砍头、凌迟照片的明信片，就可以明了其庞大的规模。至于现在的网络小视频，不过是扩大了的活动版照片围观而已。

照相术使每个人都成为潜在的围观者。从某种意义上说，也赋予了围观更为广阔的时空。从 19 世纪的照片到今天快手 App 上的小视频，只需坐在家中，我们就可以围观 19 世纪美国内战中尸横遍野的战场，可以围观晚清刽子手如何将一个犯人千刀万剐，可以围观"9·11"事件中世贸大厦的毁灭，可以围观叙利亚正在发生的战争，还可以围观一个家伙如何用电钻吃玉米吃得满嘴是血。我们似乎比古代的围观者见得更多、看得更远，但围观的"品位"却没有太大的变化：血腥、暴力、灾难、色情和搞怪仍然占据着围观者的绝大部分视界。

纵观围观史，无论渴望被围观的人如何想方设法制造围观，却始终无法左右围观者的自由。

无论形式如何变化，围观的本质一直未变，这也意味着，围观完全可以"制造"出来。

16 世纪的英国人在家居装修方面有一个怪癖，他们会把最漂亮、最昂贵的床放在楼下靠窗户的地方。倒不是因为他们不在乎隐私权——主人的私人卧室在楼上，那里放着"第二好的床"，而是为了方便过往路人围观他们的床有多好。这种渴望"被围观"的癖好，在今人看来颇为怪异，但在当时却是世界性的风潮。明人刘元卿在《应谐录》中记载了一个类似的故事：一个名叫张诩子的人新制了一张漂亮的床榻，希望被人围观，不惜装病卧床引人来看。而来探病的一位朋友更狠，穿上新袜子的他故意撩开下摆，跷着二郎腿坐在床上，因为这是唯一能让人围观袜子的方式。

"被围观"和"围观"一样，都是人类天性，而且就像前面提到的刘邦、项羽的例子，"被围观"甚至比"围观"更重要，"被围观"的价值越大，在历史上的存在感就越强。对那些渴望在时代和历史上留名的人来说，如何制造围观就是一件非常重要之事。古罗马人显然深谙此道，所以罗马的世家贵胄常常会一掷千金举办盛大的庆典、建筑宏伟的公共建筑、投资角斗竞技和戏剧表演，或干脆大张筵席。白手起家的罗马贵族特里马西翁举行一场场盛大的嘉年华，欢迎罗马公民来围观他的豪奢和财富，以获得"被围观"所带来的存在感——这确实使他青史留名。罗马皇帝提图斯修建罗马大竞技场，在万人围观的欢呼声中举行角斗大赛的目的则更为直接——权力。对罗马这样的公共社会来说，围观意味着民心，民心就是权力的来源。围观是检测民心最直观的方式。

纵观围观史，无论渴望被围观的人如何想方设法制造围观，却始终无法左右围观者的自由。围观与否的选择权取决于围观者。隋炀帝是唯一的特例：不仅围观场景可以制造，就连围观者都可以制造出来。

公元 609 年，隋炀帝一行巡幸至燕支山。为彰显天朝上国在开拓西域事业的赫赫功绩，大臣裴矩将这次巡幸打造成一场盛大的表演。他对西域诸国国王"啖以厚利"，诱使他们来朝见大国天子。但仅有表演，没有观众是远远不够的，于是，有司从附近的武威征调了一批群众，且为了"示中国之盛"，围观群众由当地郡县长官严格监督，换上光鲜亮丽的服装。这恐怕是中国也是全世界第一次由官方组织群众演员上演的围观大戏。

这种制造围观演员的方式，被后世历朝保留下来。唐代有所谓"与民同乐"，明代令百姓着锦绣衣裳拜伏皇帝恩典，到了清代，康熙皇帝巡幸江南，被当地官员精心组织的围观民众排成了"天子万年"四个大字，只为点缀盛世，博得皇帝一笑。皇帝也对这些表演甘之如饴。

从某种意义上说，通过这种制造出来的围观盛况，使围观者和被围观者达成了一种心照不宣的默契，双方都明知这不过是粉饰太平的表演，但谁也不会戳破。

吃瓜经济学：从情怀营销、粉丝营销到恶搞营销

文 / 冯嘉安

吃瓜也是生产力，吃瓜群众在围观品牌使尽浑身解数大谈情怀、煽动情感甚至恶搞的大戏中，用眼球带动流量，最终形成产值。

在经济学里，稀缺就是价值。美国学者迈克尔·戈德海伯提出"为注意力埋单"概念，他认为："当今社会是一个信息极为丰富甚至泛滥的社会，而互联网的出现，加快了这一进程，信息非但不是稀缺资源，相反是过剩的。只有一种资源是稀缺的，那就是人们的注意力。"

2016 年年初，最吸引人眼球的广告是六小龄童给百事可乐拍的贺岁微电影。"有的人，一上台就下不来了"，六小龄童以章家猴戏接班人的身份出镜，从"活猴章"到"赛活猴"，从"南猴王"到"美猴王"，还有那句"等你当上美猴王的那一天你就能见到我了"，让无数人泪奔。随后"六小龄童无缘央视春晚"事件在除夕前被推上舆论的风口浪尖。

情怀是一种容易让人留步的元素，人们一看到"六小龄童"这个符号，童年的记忆就喷涌而出。嗑着瓜子、喝着可乐、吐槽着没有六小龄童的春晚，群众看看热闹又一年，却没有意识到，自己的情感"被迎合"了，百事可乐成为最大赢家。

到了 5 月底，吃瓜群众敏感的情怀再次被一个男人俘虏，这次是李宗盛。一谈起李宗盛，"沧桑""阅历""匠心"之类的标签会马上浮现出来。这位华语乐坛的老大哥给 New Balance 拍摄了一段长广告片《每一步都算数》，上线仅 5 天，在腾讯视频的播放量已超过 500 万次。视频广告本身不易传播，视频长度与观看人数通常呈现明显的负相关，但这段片子足足有 12 分钟，其传播效果远远超出预期。

今天，人人都喜欢说"不忘初心"，成为购买力中坚力量的中产阶层到了三四十岁的年龄，情怀与初心最容易触动他们，从围观到购买是一个水到渠成的过程。

情怀营销说到底就是有个人魅力的人，把自己的价值观售卖给认同者，通过产品把理想主义变现。不过，情怀营销却不是总能奏效。情怀能够不经意间打动吃瓜群众，却难以用来"hard sell"产品。在数码业界，公认的情怀营销反例，是罗永浩和他的锤子手机。

曾经流行一个段子："熬夜看完老罗发布会（相声）的录像，老罗做事认真，关注每一个细节，真不错。我已经准备好了钱，等锤子手机一上市，我马上就买一个 iPhone6。"

合秦资产创始合伙人兼 CEO 吴向宏指出："罗永浩真正失败的地方不是卖情怀，而是他不会恰当地卖情怀。核心是，他没有能够区分'私人自用的情怀'和

'出售用的情怀'。个人私德好比内裤，而在外面吸引粉丝的情怀好比外衣。罗永浩明明不是超人，却把内裤外穿了。假若这个公司创始人是精神上、荣誉上的，不插手日常事务，一心一意负责装 ×，那么这条路还有几分可行。偏偏罗永浩一面卖情怀，一面自己冲在经营一线。这就必然发生严重的角色冲突。"

数据显示，截至 2016 年 6 月 30 日，锤子手机资产总额为 2.96 亿元，所有者权益为 20.9 万元，净亏损 1.92 亿元，总资产缩减至去年的 1/3。

有人觉得小米是"黑科技"，"为发烧而生"，也有人觉得小米是 low 的代表。不管对它喜欢与否，不得不承认的是，小米是粉丝经济的资深玩家。

除去难以获得公开统计数据的微信公众平台，小米在微博上的粉丝达 1120.86 万人，小米社区的 Alexa 排名为 4192，日均 IP540000、日均 PV1620000，就连 QQ 空间也有 2832.3 万人关注，这些数据在国产智能手机品牌里算数一数二的，也许只有魅族能与小米一分高下。

粉丝意味着注意力，品牌在这场粉丝经济大战中，不断打出品质牌、情感牌以及杀手锏价格牌，逐步把粉丝转换成用户，并通过品牌忠诚度培养，把用户变成二次用户、三次用户，直至深度用户，小米称之为"米粉"，魅族称之为"煤油"，华为称之为"花粉"。

粉丝经济是一种情感经济，美国学者亨利·詹金斯在《融合文化》一书中将情感经济定义为"营销理论的一种新构型"，"它试图将消费者决策的情感基础理解为观看和购买决定的推动力"。简而言之，粉丝经济是利用情感来建立一个品牌的拜物教，正如那个有趣的说法：哪怕苹果仅生产马桶，都会被赋予与众不同的魔力，并引发粉丝抢购。

美剧《超级特工》第三季的播出，就是粉丝成痴的典型例子。NBC 电视台播完《超级特工》第二季后却迟迟没有推出第三季的计划，于是忠实影迷在社交媒体上发起购买该剧广告商赛百味 5 美元三明治的活动，最终广告商愿意投资，成功拯救该剧。

"就像涂了玫瑰色的冰淇淋那样，清凉而持久"，"这个药膏简直神了……在消肿的过程中，除了有一种舒适的刺激感，你不会有其他感觉"，"不疼，不流血了，这是真的吗？如果这是梦，请不要叫醒我"，"这个产品简直是人造奇迹，必须让全世界知道它的存在"。"它让我重新做回了人……""美国，对不起，这一局是中国彻底赢了！"

这是截至 5 月，马应龙痔疮膏在美国亚马逊网站上收获的 1027 个评价中最有代表性的。前几年，马应龙拍过一个"严肃地为屁股提供解决方案"的恶搞广告，并没有引起大规模的传播，今年则因为老外的评价而火起来。这些评价是否水军所为，难以定论，但可以肯定的是，它们成了一个火爆的围观点，获得爆炸式的传播。痔疮膏自带恶搞体质，稍微炒作炒作，就能火热传播起来。

恶搞本来只是博诸君一笑的小把戏，但因为传播力极强、制作成本低廉，恶搞广告逐渐成为品牌的新宠。恶搞营销之所以有效，还因为体验恶搞背后的娱乐性也成了消费的驱动力。围观者迫不及待地入手一支马应龙痔疮膏以验证老外的说法，甚至网传它有去眼袋功效而成为爱美女士的佳品。也许很多人只会对其一次性消费，目的是好玩，但无论如何，营销的目的已经达到了。

类似的例子还有刷爆朋友圈的"崂山白花蛇草水""史上最难喝的饮料""饮料界的网红""走红非洲的饮料"等对它的评价中，"难喝"是重点，但据《中国网上超市购消费者行为专题研究报告（2016）》，崂山白花蛇草水 6 月销量比 1 月暴增 25 倍。

体验其难喝程度成为对崂山白花蛇草水最初的消费动力。消费者喝完发现并不是想象中那么难喝，继而产生二次消费时，也许还没意识到，"难喝"的恶搞营销其实是品牌的一种"吸粉"行为。

恶搞营销就像斯德哥尔摩综合征，是品牌对消费者下的降头，明明这产品只是负责搞笑的，使用了可能有负满足的效果，消费者依然欲罢不能、跃跃欲试。

吃瓜群众的 10 张面孔

文 / 谭山山、文莉莎　插图 / 李雄飞

这是一组吃瓜群众各阶层的群像：从时间维度上看，有骨灰级的沙发党、酱油党和水军，也有正当其时的点赞党；从投入程度上看，有死忠粉，也有小粉红；从话痨指数上看，万能砖家居榜首，理中客、阴谋论患者、地图炮则紧随其后。

这也是一份自测指南，你可以对号入座，看看自己属于哪一类或哪几类的集合——有些类别是可以重合的，比如，你可以是点赞党＋沙发党（这一组合恐怕膝盖中枪的相当多），也可以是死忠粉＋小粉红＋地图炮。一个提醒：请掌握正确的吃瓜姿势。

点赞党

这是社交网络上数目最庞大、出现最频繁、组成最复杂的一个群体。每个人的身边都少不了"点赞党"。2009 年，Facebook 引入点赞功能。不需要思考，也不用敲键盘，只要手指轻轻一击，即可表示"喜欢"。微信朋友圈流行后，点赞在国内发扬光大，于是，含义丰富、常常语带双关的中文之外，又多了一种操作简单、无需语言表达门槛且可反复、多场景使用的社交"神器"。

点赞党可以粗略分为这几类：真心赞党（一般是现实生活中关系亲密的家人、真朋友、好闺密、铁哥们儿，发帖人开心，他们感同身受，发帖人的三观，他们高度认同）；马屁赞党（这一类往往折射的是现实世界里的利益关系，要么是上下级，要么是甲乙方，掌握话语权的人不管说什么都有特定的一群人点赞）；礼貌赞党（也称路人赞党，通常是彼此关系一般，为了保持联系，以点赞表示"仍在关注你"，其实并不知道说什么或者根本懒得写）。

每一个赞的背后都有一串潜台词，各怀心思的点赞党交织，组成朋友圈，他们既是最真实的情绪表达者，也是关系最含混不清的"好友"——直接或暧昧，取决于对象是谁。多数时候，我们"不识庐山真面目，只缘身在此党中"，点赞之交如点头之交，即便混了个脸熟，也常常想不起对方的名字。真朋友不仅在朋友圈，我们每个人却都绕不开点赞党，也避不开成为点赞党。

酱油党

按照作家马伯庸的说法，现代人生活的文明规范，其实就八个字——"关我P事"和"关你P事"。酱油党就是将"关我P事"这四字哲学发挥得淋漓尽致的一个群体：打酱油是一种态度，所谓"沉默的大多数"；打酱油是一种娱乐，"我就静静地看你们装B"；打酱油更是一种境界，"宝宝心里都明白，但宝宝什么都不说"。

酱油党源于 2008 年那位在镜头前说出"关我什么事，我是来打酱油的"广州小哥，他以此表达对"艳照门"风波的"非暴力不合作"态度。你们吵你们的，我只是路过，who cares——所以酱油党又称"路过党"，身为普通人而不愿意被媒体裹挟，勇于拒绝无聊的信息，有种"万花丛中过，片叶不沾身"的从容。而酱油党的历史渊源，甚至可以上溯到魏晋时期。那个时期的名士，隐逸山林，醉心清谈，不问世事，不理俗事，可以说是最早的酱油党。

因此，将小李子、村上春树这些万年陪跑者或者吴孟达、林雪这样的万年龙套称为"打酱油的"，并非贬义，而是赞赏他们并非那么热切得到主流的肯定。身为酱油党，根本不在乎自己能否站在舞台的中央，成为万众瞩目的对象，而应该是"蓦然回首，那人却在灯火阑珊处"——好吧，小李子可能不是酱油党，但村上春树肯定是。

水军

他们是网络时代的托儿，在微信刷阅读量，在微博刷话题榜，在豆瓣电影刷评分，在视频网站刷观看量，在直播平台刷粉，有需求的地方，就有他们的存在。

在论坛时代，水军发帖、回帖的公价是：发帖每条七毛起，回帖每条五毛。因此，水军又称"五毛"。现在行情看涨，五毛钱已经做不了什么了，比如所谓"微博人气维护定制套餐"，其中的"草根套餐"价格是 2 元 / 条，"明星套餐"则达到 10 元 / 条。当然，你也可以使用"僵尸粉"这样的辅助技术手段，但这种纯灌水的方式，毕竟不像手动转发、评论那样显得有诚意——在微信朋友圈你还得"手动赞"呢。

当然，是人就难免会出错，尤其在水军这个劳动密集型行业，疲劳操作的后果，就是难免走错"片场"，收了一个名人的钱却跑到另一个名人的地盘乱说话。

为了区别于为推广而被雇佣的营销水军，真粉丝会自称"自来水"（这一说法最早是用来描述电影《战狼》的真爱粉的），心甘情愿地参与刷屏，以便向别人"安利"自己喜欢

水军

的东西。这些"自来水"颇为自傲，相信电影《西游记之大圣归来》的票房逆袭神话有他们的贡献。但令他们沮丧的是，《西游记之大圣归来》出品人自爆，为了宣传建了几个"自来水"公司，出了一百多篇软文，看似真爱粉，其实是穿着真爱粉马甲的真水军。

小粉红

他们坚信"我兔威武"（"我兔"即"我国"），是心怀大国梦并认为"我们的目标是星辰大海"的群体，而其名称"小粉红"中的"小"，表明这是一个青年团体——成员多为 90 后。

"小粉红"最早指晋江文学城网站的女性用户，因为该网站配色为粉红色。二次元青少年本来不关心政治，转折发生在 2008 年，雪灾、汶川大地震、北京奥运会，让这一代年轻人重新发现了"国家""民族"概念。他们用动漫思维演绎爱国之情，于是，种花家（指中华）、我兔等萌萌哒的表达出现了。在小粉红的发源地晋江，以海外留学生和移民为代表的网友开始抱团，被称为"晋江忧国少女团"或中性的"小粉红"。

"晋江忧国少女团"表达爱国热情的利器是美型和萌化（正如知乎用户"解放者莫雷尔"所说，我兔就像《为龙》中的王耀，是个有血有肉的美好整体，值得"舍身以护"），到了 2016 年年初，爱国青年发起对台口水仗、"帝吧"青年翻墙出征 Facebook，武器则是表情包。至此，网络爱国青年完成了最重要的集体亮相，他们也不分男女地被泛指为"小粉红"。

知乎用户"yolfilm"称他们为"还没有变成'广场舞大妈'的年轻人"，并指出，广场舞大妈的四大特点——爱抱团；抢占地盘的战斗力；动作整齐划一；老娘跳舞，所有人都得听老娘的音乐（看谁更大声）——小粉红全都具备。

理中客

理性、中立、客观，这三个词本是中性词，也是正确的围观态度，然而，当它们组合成为"理中客"后，却带上了贬损意味——如果有人说你"理中客"，言下之意，是在说你"看似理性""看似中立""看似客观"。

有立场是对的，但如果因为自恃有立场而带有"你们看到的都是表象而我谈的才是本质"的心理优越感，就难免惹人反感。假设一下这样的场景：两个人针锋相对，谁都认为自己有理，此时你作为第三方出来打圆场，强调自己"对事不对人"，但大家对你并不买账，认为你在避重就轻、转移话题，其实更可恶。这大概就是理中客不被人待见的原因：错不在于立场，而在于姿态——所谓"立身中正，左右皆敌"。你想打圆场讨巧左右两边，会被打脸；你不想讨好左右两边，认为真理在自己这边，一样被打脸。最可悲的是第三种情况：在需要站队的时候，你其实举棋不定，又不想惹麻烦，就挑了貌似不会出错的理中客。这不是站队，这是苟且。

于是这个阵营分裂为两类：一类是不承认自己是理中客的真·理中客，一类则是自以为是理中客的伪·理中客。前者是真正的稀缺资源，后者则大有泛滥之势，理性、中立、客观这三大价值观也因之污名化。一方面，"理中客"泛滥；另一方面，理性、中立、客观严重缺席——这就是我们时代的吊诡。

万能砖家

他们是所谓"专家""达人""特约评论员"，不管什么领域什么话题，他们都能发表一番见解：上至国家大事、国际争端、经济走势，下至情感、养生、家庭、教育，一面对镜头或录音笔，他们就像自来水一样滔滔不绝。

他们有的语不惊人死不休，比如著名的董藩教授，经常发表诸如"未来北京房价会超过 80 万元 / 平方米"的惊人言论；有的不过说些正确的废话，比如 CPI 上涨被解释为春节效应以及季节回暖农作物生长旺盛；有的纯属信口开河，比如张悟本的绿豆养生论忽悠了不少人——"专家"由此变成了"专门骗人家"，挨的"板砖"多了，就成了"砖家"。

中国青年报社会调查中心在 2010 年做过一个关于专家的网络调查，只有 6.5% 的人认为"专家是社会权威，值得信赖"，其他人要么认为专家言论只是一家之言，仅供参考（39.5%），要么认为专家言论需要根据情况判断辨别（31.9%），还有 20.4% 的人干脆认为，专家言论根本不值得相信。专家为何变砖家？超过七成受访者认为，原因一是专家为利益群体代言，二是"伪专家"泛滥。

确实，当一个人在评论国际政治的节目中能看到他，讨论社会热点问题的节目中也能看到他，解决家庭纠纷的节目中还能看到他，混成一个大熟脸，我们就该知道，他只是一个受欢迎的节目嘉宾，而不能把他当作专家。

地图炮

这是一群习惯于一竿子打翻一船人的人。很多地方，他们并没有去过，却理所当然地给当地和当地的人贴标签；很多群体，他们并不了解，却人云亦云或仅凭一次经验甚至想象，就作出判断：总之永远身处歧视链条的最顶端就对了。

本质上，地图炮所反映的是人类基于本能，对地域、年龄、性别、种族、国家、党派等进行非理性分类，由此形成的刻板印象和固定脸谱。这种认识倾向并非现在才有，也并非中国特色。黔驴技穷、夜郎自大、杞人忧天、唯小人与女子难养、最毒妇人心等说法都是典型的地图炮。而西方人眼中，对黑人、东方人、犹太人甚至斯拉夫人也都难免没有偏见和揶揄。

通常，越是在文化不发达的时代和地区，人们越倾向于用自然水土等拟物思维来总结不同人的特征。互联网让世界变小、地球变平，却反而刺激出狂热的地图炮。他们相信，非我族类其心必异，只有自己能够一针见血，似乎不地图炮不过瘾不解恨：90 后都是自私鬼，做销售的满嘴谎话，娱乐圈都靠潜规则上位……他们不见得多么爱国爱家乡，可他的国他的家乡只能由他自己来吐槽，其他人说什么都是错，都必须反击。

沙发党

他们是不分白天与黑夜，时刻活跃于网络世界的先锋队。从 BBS 到博客，从微博到视频，从文字到动图，这是一个伴随互联网发展，以最简单、直接以及以不变应万变的方式参与互联网各类议题，体现个人存在感的群体。

"沙发"的来源，流行的说法有两种。第一种说法：第一个发帖的称楼主，即 first floor，简称 lz；第一个回帖的称 second floor，简称 sf，即沙发。第二种说法：一个新帖底下，第一个回帖的感叹 so fast，之后的新资源发出来都有人感叹 so fast，而沙发就是 so fast 的谐音。

在论坛时代，一个有趣且很长的首帖或者一个潜力帖，比如八卦或者吵架，盖楼回帖往往成百上千，第一个回帖的无疑就像戏园子里的前排、比赛场上的黄金广告位，随后所有的追帖者、跟帖者都得从"沙发"路过，向它行注目礼，其得到的关注率不亚于首帖本身。

在互联网的语境里，"沙发"意味着一种秩序，"抢沙发"则是一种乐趣。为了抢第一，"沙发党"每天泡在网上，紧跟热点，挖掘冷门，正如中国式旅游的"到此一游"，无需多言，亦不必有立场，感兴趣时"或坐或躺，慢慢欣赏"，不感兴趣时，留下两个字就走。至于为什么发言，针对什么发言，如何发言，都不重要——也许根本也不明白，重要的是"我是第一个"。

阴谋论患者

他们并非事件的当事人，也不是幕后黑手或者深喉，可无论是政治、经济、社会、灾难、体育还是八卦新闻，他们总有自己独特的见解，并且只愿意相信自己愿意相信的真相。他们相信，事情绝不是表面那么简单，关键的是，有人在下一盘很大的棋！

他们并非专家，却总表现出一种透过现象看本质的能力以及全盘掌握世界格局和高级机密的手段。初级的阴谋论患者，或许只是持有对万事万物时刻保持警惕的防御型世界观，他们不相信，也奉劝其他人不要相信，虽然说不清为什么，但总乐于四处释放怀疑的病毒，比如，在一片赞美声中，意味深长地来一句"你懂的"，待它在公众心中生根发芽，自然生长。高级的阴谋论患者，已不满足于放烟幕弹，他们早已先入为主地有了判断和自己的故事版本，并乐此不疲地为此收集、拼凑、分析、解读各种信息与材料，在他们的眼里，万事万物都可以有联系、有因果，只要敢想并愿意相信。

每当有大事发生，他们的推理技能和表达欲望便自动上线。凡是重大体育比赛，必有人操作抽签和打假球；凡是发生坠机、翻船、火车脱轨等重大灾难，必有神秘财团因此受益；转基因、货币战争甚至雾霾，都与境外势力脱不了关系。阴谋论患者总是相信，精巧的设计和阴谋家无所不能，地球可以像一台精密的机器一样被他们摆布并有条不紊地运转。

死忠粉

这是一个不限性别和职业、跨越地域和年龄，以共同的信仰——爱豆自觉结成的联盟。他们看似松散，实则组织性和战斗力极强。他们所做的一切都是出于"爱"——对自家爱豆无条件、无底线、无保留的爱。

身为死忠粉，爹妈的生日可以忘，爱豆的生日、星座、血型、身高、体重、喜欢什么、讨厌什么、初恋是谁、与谁有心结……统统不能忘！虽然绝大多数时候，他们与爱豆之间隔着屏幕，但丝毫不妨碍他们 YY：爱豆是欧巴、是老公、是孩子，是女神、是老婆、是小公举；爱豆发剧照，必须评论，让全世界都知道，我家老公好帅；爱豆发生活照，必须评论，让其他爱豆的粉丝知道，瞧 wuli 爱豆多有品位！

身为死忠粉，自己可以英语考试不及格，但必须在电脑前等着午夜 12:00 抢购爱豆的英文歌；自己可以不吃早饭、不打车、不背 LV，但必须攒钱给爱豆在纽约时代广场登广告；自己可以被骂，但绝对不允许爱豆被骂。

罩爱豆没演技——那是嫉妒他颜值高；爱豆打人、劈腿、吸毒——人生谁能无过；爱豆结婚——一边心碎一边站 CP，顺带饭小爱豆；爱豆离婚——宝宝不哭，粉丝爱你一辈子。爱豆的前半生来不及参与，但粉了爱豆之后，爱豆便与自己的人生有了关系，为爱豆而活，为爱豆而战，一日为粉，终生不渝。

死忠粉

马薇薇：镇定，从本质上看待围上来的人

文 / 苏马

马薇薇曾有金句："对方辩友，你们以为我们是在劝告你们吗？不是，我也在开解自己。"同理，与其探讨怎么跟吃瓜群众相处，不如探讨怎么跟自己的不理性和脆弱相处。

哪怕是被误会得最厉害的那段时间，马薇薇也从未想过关掉微博的评论和私信功能。去年，她与《奇葩说》另一名辩手周玄毅的恋情高调曝光，之后周玄毅前妻公开发了封深情的离婚声明，很多人由此把道德矛头指向马薇薇，她的微博被陌生网友包围，满屏负面声音。

沉默大半年后，今年 2 月，这位自称"温柔一刀"的女辩手用一条长微博回应外界的恶意猜测。为此有人调侃道，"千万不要得罪一个搞辩论的"。

实际上，马薇薇对这类事很悲观："我们可以号召吃瓜群众不要围观、议论，但这种号召又会引起新一轮的围观、议论。你可以跟他们说，这是别人的私事，不用管。可是有用吗？这些人缺乏同理心，他们可能把你最不想见到的另一面反复夸大、咀嚼，让你极度反感，激发你最脆弱和最不理性的一面。"

她说，互联网普及这一二十年，网络上爆发了无数舆论事件，一拨又一拨吃瓜群众前仆后继，也有一拨拨媒体及个人出来讨论私域，呼唤尊重，然而哪怕美国总统大选这样的正经事，人们最喜欢讨论的还是特朗普和希拉里的私生活。

如果成为被围观的对象，马薇薇给自己的第一枚安慰剂是：镇定，从本质上看待围上来的人。在马薇薇眼中，"吃瓜群众"本是个中性概念，当它被网络看客当作第一人称自嘲，并且不具备攻击性、只是纯八卦好奇时，甚至有些小可爱，就是一群"没有目的、纯粹看热闹而且没有观点的人"，他们和过去街头巷尾看热闹的人很相似。那时候，外面发生一点小事，比如两口子吵架或两个司机追尾，撕打起来，很多人听到动静便冲出家门，四处打听怎么回事，还有人蹲在马路边花坛沿，一边吐瓜子壳儿一边大喊打得好。他们没有原生的立场，谁也不支持，看完热闹点评几句就各自回家。

"只不过以前人们没什么抒发渠道，顶多回来跟家人再扯上几句；现在你上网一搜，发现很多人跟你观点一样，于是一群人在那儿不停地骂，彼此获得力量，也不用担心别人知道你的真实身份。"马薇薇分析，互联网越来越发达，信息传播从单向发展到多向，每个人都能通过社交媒体尽情地把想法公之于众，能直接与素不相识的当事人对话，还能相互形成部落，于是不讨人喜欢的"职业吃瓜群众"产生了，他们躲在互联网后一起壮胆。

马薇薇将吃瓜群众分为"普通"与"职业"两种。她理解前者，好奇是人类天性，有些事情实在太惊悚了，人们自然而然会去看看。比如王宝强事件，由于婚恋是敏感话题，加上各种网络及传统媒体的集中关注，每个人或主动或被动，会接收到很多相关信息，好像都有资格发表两句评论，这是马薇薇眼中"一般吃瓜人"的反应。但同时，她反感那些追到马蓉微博下骂个十天十夜的"职业吃瓜人"，很无聊而且有些可怜。

所谓"职业吃瓜人"，虽不是以此赚钱为生，但在精神上有类似趋向。他们一天到晚持续围观并议论他人的生活，事无巨细全力追击，由始至终围观每件跟他们无关的事，并且不断发表很偏激的言论，好像自己就是当事人一样。马薇薇说，没有谁能担保绝对不八卦，只是自我克制的程度不同而已，总有些人克制不住当"职业吃瓜人"，得看开一点。

习惯从本质剖析问题的辩论者视角也会帮她释怀："你会发现，一个人的生活越丰富，他看别人热闹的概率就会越低。自己活得精彩充实时，别人的生活再刺激也只是惊鸿一瞥，因为你自己忙嘛。"

马薇薇也试图理解网络围观者的动机："很多人的生活压力很大，所以以围观别人的生活（发生一些起伏混乱）来使自己纾压。评判自己的生活太累了，但评判别人的生活可以放松。"

现在的她看吃瓜群众明显淡定了很多，两年前参加安徽卫视的《超级演说家》时，她对此的反应要强烈很多。那时"吃瓜群众"的说法还不流行，她反感那些打着"关心"旗帜干扰甚至绑架他人生活的亲戚、朋友或路人，在名为《别再八卦我》的出场演讲中她说："非常厌恶这些以八卦他人私生活为己任的闲人。""八卦有罪，罪在不仅浪费你自己的生命，更企图消费别人的生命。"当时她已经持有和现在一样的观点：那些脑子里装满别人，过于热爱八卦，非要把别人的日子过成自己的日子的人，是因为过得没滋没味。

分水岭可能是她参加《奇葩说》以后。马薇薇走红，成为公众人物，卷入几次舆论风暴，但在与马东等前辈及朋友的共事中，她的内心变得更强大了。"我同意马老师说的，'被误解是表达者的宿命'，公众人物被议论也是宿命。如果没有那些看热闹不嫌事大的吃瓜群众来围观你，你就不会成为一个公众人物。可当他们来围观你时，你也不再是原来的你。"马薇薇说这是个一体两面的事情，她不会因此赞扬或贬低某些人，也不会关闭与公众的沟通渠道。

她在长微博中承认，曾因为要忍耐一些过激的围观议论甚至误解，自己变得脾气很大，陷入焦虑与抑郁，还几次看急诊。"有些人关了微博评论但还是活跃在公众舞台，名人没有办法，走到聚光灯下就不可能只曝光他们想曝光的那一面，他们恨围观也爱公众。公众对名人的态度也是这样的，他们爱名人也恨名人。"如今，她提醒自己这些只是工作的一部分，不用为此真正烦恼，她说早在决定吃公众人物这口饭时，已经做好了准备。

"最好的办法就是当看不见，实在不行就去看心理医生咯，不然怎么办呢？"马薇薇承认知易行难。因此，当她遭遇强势围观，过多不友好言论涌来时，她会把自己和互联网隔离开，不看微博，不在网上搜任何自己的消息。她坚信人在私人事务上的第一反应基本是不理性的，一旦需要面对别人对自己的负面评价时尤其如此。"所以这时候，我会把判断处理的权力交给团队：是否需要回应？如果需要回应，怎样做比较合适？等事情过了两三个月，相对走出个人情绪后，再来审视，当时做的处理对不对。"

在辩论场，马薇薇曾有金句："对方辩友，你们以为我们是在劝告你们吗？不是，我也在开解自己。"在如何与吃瓜群众相处上，她态度不改：与其探讨怎么跟激发情绪的吃瓜者相处，不如探讨怎么跟自己的不理性和脆弱相处。

平庸时代没有公共知识分子

文 / 郑依妮

平庸时代没有公共知识分子。今天中国所谓的公共知识分子实际上是"广场派的战士"，以煽动性语言挑逗民众情绪对抗他所痛恨的某些东西。他们缺乏见识，也没有见过他们理想中的社会是什么样的。

在社交网络上，每当一个热点新闻爆发，吃瓜群众会本能地寻找"头狼"，以找到方向。这时，公知适时出现了。

公知的"吃瓜"规则中，转发评论的言论，一定要标新立异，够大胆、够出格才能吸引眼球，"不怕别人看不起你，就怕别人看不到你"；而公知间的"互喷"更是一种双赢的游戏规则，你一言我一语，你来我往，爱喷才会赢。真相对于吃瓜群众来说，并不是最重要的，他们期待的是反转再反转的神转折剧情，需要一个能够引导剧情发展的代言人以及情绪宣泄的出口。骂得越激烈，吃瓜群众的兴致就越高涨。

高晓松说："公共知识分子，民国时代有，战国时代有，就是以天下为己任的人，孔子、孟子。但是，平庸时代没有公共知识分子。今天中国所谓的公共知识分子实际上是'广场派的战士'，这种人也需要，但是千万不要给这些人冠以公共知识分子的称号。'广场派的战士'是以煽动性语言挑逗民众情绪对抗他所痛恨的某些东西，这些人是广场战士，不是真正的公共知识分子，甚至不是知识分子，因为他们缺乏见识，也没有见过他们理想中的社会是什么样的。所以，我觉得这是一个大问题，我觉得应该叫他们战士。这个时代确实需要战士，因为有些东西看不下去，有战士出来呐喊也好。"

羊群效应告诉人们，群众的眼睛并不是永恒雪亮的。有时候，公知不是在为真相呐喊，只是在为自己站队而已。

"公知"本是公共知识分子的简称，不但有知识，而且铁肩担道义、飞键铸文章，路见不平拔刀相助，有着"穷则独善其身，达则评论天下"的气势。然而，如今微博上的"公知"似乎变成了"公共姿势分子"，他们喊着："为什么我们的眼中常含泪水？因为我们爱这土地爱得深沉啊！""如果我们不努力，封建势力何幸、人民大众何幸啊！"这些"公共姿势分子"，徒有姿势而已。

然而，公知们的套路始终会被吃瓜群众看穿，并不是蹭着热点发几句犀利的评论，紧接着发两条小广告，就能带动人气，就能让吃瓜群众埋单。"公知"正在演变成一个负面词，连骂人都说"你才是公知，你全家都是公知"。

微博大V"花总丢了金箍棒"说："在一个特定时期，以微博为代表的网络平台崛起被认为是'围观、监督、批评改变中国'的历史性契机。回首去看，风起云涌的网络舆论运动客观上起到了引蛇出洞的作用。公知这面旗帜一度高高飘扬，以至于形形色色的人物与势力都当成自己的符号，搞营销的、练功的、沽名钓誉的也都以之为招牌。公知污名化是不可避免的，客观上、主观上都是这个结局，因为他们从来就没有掌握过民意基本盘。"

然而，我们却无法确定公知们是狼还是羊，或是披着狼皮的羊。

彭凯平：吃瓜群众是心理弱势的三无人员
文/宋爽

吃瓜群众代表的是"无责任、无判断、无担当"的三无心态，主要由心理的弱势群体组成。如果别人过得不好，他们就会产生一种莫名的自我疗愈感。

嗑着瓜子，看着热闹，没有比这更心旷神怡的事情了。即使是道德上最完美无瑕的人，也不得不承认，有时候我们需要通过一些不那么光彩照人的渠道来找点乐子，寻求一些安慰。没有几个人会不乐于听见成功人士突然破产、美女明星承认整容、抛弃自己的前任被现任劈腿等消息。尽管这听上去卑鄙又阴险，有幸灾乐祸之嫌，但爱看"热闹"属于人之常情——当然，处于"热闹"之中的当事人心情就不那么好过了。

清华大学心理学系主任彭凯平在某种程度上认同这种倾向性。"人类对有些事情，比如性、八卦，比对国际争端等严肃话题

清华大学心理学系主任　彭凯平

的兴趣更大。这和人的原始欲望有关系，它们会让人产生兴奋感，产生多种引发愉悦体验的神经化学激素。这种看'热闹'不仅带来心理满足，也带来生理满足。"

"心理的弱势群体是吃瓜群众的主要组成部分。"

在彭凯平看来，"吃瓜群众"不是什么值得追捧的词。它代表的无非是"无责任、无判断、无担当"的三无心态。"看热闹和他个人没有利益冲突，这正好可以满足吃瓜群众的诉求，比如填补空虚的内心、消磨时间，给自己找点事情干。"

乍一听，吃瓜群众简直有点不可救药，但产生围观诉求是合情合理的，"看热闹"属于人类心理防御机制的一种，具有一定的积极意义。人们在遭受困难与挫折时，做一个吃瓜群众看看热闹，能够减轻或免除精神压力，让人恢复心理平衡。简单来讲就是，当我们生活不如意、活得不如别人的时候，就会通过这种方式来保护自己。

"典型的心理防御机制就包括酸葡萄心理，"彭凯平说道，"人们通常会说，你看那些名人和成功人士，他们其实活得没那么好，只是看上去好而已，谁还没有烦心事，等等，聊以自慰。因为人是需要自我平衡的，我们需要把自己想得很好、受人尊重，而实现这一心理需求就需要借助社会比较、社会关系来满

足自我认识。我们之所以关注别人，其实在很大程度上是关注自己。通过别人的样子，能更好地了解和安慰自己。"

这种现象在心理学中被称为"镜像效应"。"人们会把他人当作镜子，如果别人过得很好，在某种程度上就会显得自己过得不好，这就让我们不开心。人们会倾向于忽略这件事情，这就是另一种防御机制——否认；而如果别人过得不好，我们就越发想去关注他，甚至去关心他，因为这从另一角度反映出我们过得很好，至少没有遇上太大的灾难或羞辱，这对我们的自尊心也是一种补偿。"

王宝强事件之所以闹得沸沸扬扬，是因为它戳到了人们的痛点。一个明星在一夜之间一无所有，被劈腿、被敛财，情节跌宕起伏犹如狗血连续剧，这让人在为他心痛之余，也会产生一种莫名的自我疗愈感。人们会想，"虽然我没那么多钱，也没人认识我，但毕竟我老婆还睡在枕边，我的钱还乖乖地待在卡里"，很多人头一次对自己本来并不如意的人生产生了认同和满足感。

"心理的弱势群体是吃瓜群众的主要组成部分"，彭凯平指出，在很大程度上，吃瓜群众不分社会阶层和经济实力，他们需要通过不断地比较、观察别人的生活来获取对自己人生的认可。

即便如此，彭凯平认为吃瓜群众也要比冷漠麻木、对世事毫不关心好得多，它至少是一种心理正常的体现。当然，"我更希望人们能够主动积极地介入社会，对周遭有一种责任感，并作出应有的贡献，而不是当一个事不关己的旁观者"。

"当人们相信自己的道德比他人高尚时，便会做出不道德的事情，并且会自动认为这么做合情合理、天经地义。"

彭凯平认为吃瓜群众在某种程度上具有一定的危险性，这种危险性来自围观者对被围观的人所产生的"莫名其妙的道德优越感"。

"当人们相信自己的道德比他人高尚时，便会做出不道德的事情，并且会自动认为这么做合情合理、天经地义。历史上发生过的大规模残杀就是道德优越感的体现。犹太人被迫害，正是因为德国人认为自己在道德上比犹太人高尚许多，所以灭掉这些人是应该的；侵华战争时，日本人认为中国人很肮脏、很懒，同样会产生道德优越感。"

这就是"道德执照效应"（moral licensing），日常生活中，一个人做了好事之后再让他做一点不道德的事情，他就会心安理得了。就像一个想减肥的人，在认真锻炼一整天之后，就不会为晚上吃了一个冰激凌而感到无比懊悔，毕竟他已经锻炼了一天了。

中国人似乎是全世界最爱看热闹的民族之一，不论从心理距离还是物理距离，我们希望和别人离得越近越好，对各种事情掺和得越多越好，在这种无边无际的纷纷扰扰之中，人们不可思议地获得了自我认知，尽管这种自我认识几乎完全来自和他人的比较，以及他人对自己的评价，但最终还是达成了某种微妙的心理平衡。

"中国的集体主义文化，让我们没有太多的个人和社会、他人的距离感。我们喜欢和别人的生活连在一起，喜欢关心别人的事情，这和中国的农耕文化有关，也和我们的教育、文化传统密切相关，"彭凯平说，"哪怕出趟国我们都说要代表中国，而不是代表自己。"

此外，彭凯平认为中国人有泛道德主义的倾向。"我们愿意把很多事情用道德来判断，包括对人性的基本规律以及社会的自然规律，我们都想赋予道德判断、道德意识。"

而这些特质叠加，就显得国人尤其爱管闲事、爱八卦，不注重人与人之间的距离。"在工业化比较早的国家，人们更早意识到每个人都是独立的个体，每个人都有隐私。无论从法律角度还是个人权利来讲都不应该过度讨论、关注、分析别人的隐私。"

在一个正常的、理性的社会，群众围观不是解决问题的正确方式。

不可否认，吃瓜群众的存在仍然具有合理性。对于每一个看热闹的人而言，潜意识里仍然对社会事件持关注态度，并且认为社会是需要公平和正义的，这对于个人自尊的实现以及心理平衡有很大裨益，所以在满足个人心理健康上是有积极意义的。

但彭凯平认为，从社会角度而言，围观的负面作用大于其正面作用。"围观有时会破坏距离感、规则感和法律感，会造成对他人的伤害、对社会正义的伤害、对隐私的侵犯，甚至出现大规模的集体迫害行为。"

而另一种围观，诸如微博、朋友圈对突发事件的快速反应，大量转发所带来的舆论压力和社会关注度，在某种意义上也的确推动了社会进步。对此，彭凯平的态度颇为谨慎。"这是不争的事实，当人们面对社会突发事件时，尤其是我们能够迅速对事件作出价值判断时，大规模的集体行动的确会产生较大的作用，但反过来这也是个悲剧——那么多社会事件为什么需要老百姓的围观、靠草根群众的振臂一呼才能获得关注？"

彭凯平认为，在一个正常的、理性的社会，群众围观不是解决问题的正确方式。从长远角度讲，这根本算不上什么好事情，也算不上进步。

"这反而说明我们其他的诉求渠道不畅通，"彭凯平说，"我们竟然需要靠媒体上的群众起哄来解决问题，这是个悲剧，是不应该出现的现象，这样的事情越少越好。"

大城市的异乡人

　　英国摄影师 Jasper James 拍摄的《城市轮廓》系列图片之一。他用人物剪影轮廓与城市景象叠加的方式，含蓄地表达了人与城市的对抗与融合。

14 亿中国人，2.5 亿人在流动，超过 1 亿人生于 1980 年后。他们拥有一个共同的名字："外省青年"。

19 世纪初，"粗鄙"、"贫穷"的法国"外省青年"野心勃勃，纷纷奔赴极度膨胀的巴黎，"在法国，只有巴黎和遥远的外省，因为巴黎还没来得及将它们吞噬"（孟德斯鸠）。人人都想在巴黎发迹，但梦想随之一一幻灭，真正能爬上显赫地位的人少之又少。

今天，在中国，我们都是北上广的"外省青年"。我们的家乡是北京的外省，中国又是世界的外省。

曾经的"外来务工人员"、"杀马特"、"凤凰男"、"蚁族"、"地下通道歌手"，现在变成了"新北京人"、"新上海人"、"新广州人"、"新深圳人"，甚至是"新纽约人"、"新伦敦人"、"新巴黎人"，但是，"外省青年"的身份焦虑在内心深处却永远挥之不去。

为什么本地人充满优越感，外省青年没有归属感？因为你爱城市，城市却并不爱你。求职时，你会遇上"本职位优先本市户口"；购房时，你会遇上"本地户口限购 2 套，外地户口暂住 5 年限购 1 套"；孩子上学时，你会遇上"本学区限本地户口，学区房需人户一致"……

在中国城市化过程中，这些"寄居于社区边缘的人物"，"来历不明，形迹可疑"，"常常得不到一个普通公民的权利，他们不被视作自己人，不被人所信托"（费孝通）。

在这样一个野心时代，人人都热衷在新中国追逐财富。"那些克制灼人欲望的道德规范、生活习俗、家庭教养，早就被各种政治与社会运动摧毁，只有各种欲望——权力、金钱、名声——驱使我们向前。于连尚有一个拿破仑式的英雄主义，我们只剩下偶像破碎后的慌乱。"（许知远）

比选择一座伟大城市更重要的，是拥有迁徙的勇气和心灵的自由。哈耶克说，自由是个人最大限度免于强制的状态。送给自由路上"永远年轻，永远热泪盈眶"的外省青年。

中国外省青年白皮书

　　"对这一代来说，我们都是'外省青年'，我们的家乡是北京的外省，中国又是世界的外省。那些克制灼人欲望的道德规范、生活习俗、家庭教养，早就被各种运动摧毁，只有各种欲望——权力、金钱、名声——驱使我们向前。"

　　北京人把北京以外的人称为外省人，上海人把上海以外的人都称为乡下人。北京、上海是最能体现中国城乡差异和歧视的地区，这种差异与歧视包括求学、就业、生育、社保、买房、购车，等等。北京爷们、上海土著的优越感从何而来？外省青年为何没有归属感？是什么阻止外省青年在大城市扎根？

　　著名外省青年罗永浩生动地描述过他们家的进城之路："1984 年，因为父亲工作调动，全家搬到了延边朝鲜族自治州的首府延吉市。那时候延吉只不过是一个 20 万人口的小地方，但对我来说，却是一个难以想象的大都市。我永远都记得之前哥哥告诉我延吉市共有 26 所中小学给我造成的震撼。'你知道延吉市总共有多少个中小学吗？'进过城、见过世面的哥哥对着只知道胜利、前进、建设、光明的乡下弟弟牛 × 哄哄地说：'我告诉你吧，一共有十三中、十三小，你就算去吧！'"罗永浩还说："相比之下，2000 年我在北京见到二○六中学的牌子时，只是怔了一下就走开了。"

　　从孙少平到罗永浩，从罗永浩到凤姐，一个个由平凡而成功，由默默无闻而声名鹊起，勾画出中国式"外省青年"的进城路线图。曾经，他们是"打工仔"、"打工妹"、"外来务工人员"、"杀马特"、"凤凰男"、"蚁族"、"地下通道歌手"，现在变成了"新北京人"、"新上海人"、"新广州人"、"新深圳人"，甚至是"新纽约人"、"新伦敦人"、"新巴黎人"。然而，"外省青年"的身份焦虑在他们内心深处却永远挥之不去。

他们迷失于巴黎繁华的街头，在五光十色的橱窗前目瞪口呆，在漂亮的巴黎小姐面前垂涎三尺。

什么是"外省青年"？这个比"外地人"、"乡下人"更文艺的称谓，来自19世纪的法国。

19世纪初是法国的黄金时代，拿破仑·波拿巴缔造了法兰西第一帝国，使法国最终成为资本主义第二强国。以电磁动力为引擎的第二次工业革命吸引了无数农村劳动力来到巴黎打工。骄傲的巴黎本地人，把这些涌入首都的乡下青年称为"外省青年"。

就像农民工出现在各种二人转桥段中一样，外省青年也是19世纪法国小说中的常客。这个词在法词里是贬义，巴黎人通常是贵族的代表，他们有优雅的谈吐以及良好的教养；外省人是粗鄙、贫穷的代表。法国小说喜欢这样描述外省青年：他们迷失于巴黎繁华的街头，在五光十色的橱窗前目瞪口呆，在漂亮的巴黎小姐面前垂涎三尺。

在这些外省青年里，司汤达《红与黑》的主角于连最为典型。穷木匠的儿子于连出生在伐木业繁华的山城维里叶市，因为精通拉丁文，被选作市长的家庭教师。因能背诵整本拉丁文《圣经》而成为神学院助教。他有远大的理想："在拿破仑统治下，我会是个军曹，在未来的神父当中，我将是个主教。"但他因与市长夫人私通之事败露而断送前程，最后走上断头台。

中国外省青年的典型形象，可以用一个电影场景来描述，在《疯狂的石头》中，黄渤饰演的黑皮困在地下水道多日，饿疯了，出来后抢了西饼店的面包就跑，店老板开着小摩托车在高架桥上追着满口面包的黑皮。这个电影的结局对比出一个外省青年与这个城市的隔阂，城市的规则是花钱买面包，而自认为被城市抛弃的黑皮在一无所有的状态下，完全不顾规则，这时他只剩下一种原始的驱动力。

文艺作品里有无数精彩的外省青年形象，但残酷现实中的外省青年比文艺作品里的更精彩。

这些"寄居于社区边缘的人物","常常得不到一个普通公民的权利，他们不被视作自己人，不被人所信托"。

青年选择进城，需要很大的勇气。少数人追求理想，大多数人为生计所迫。当他们走出这一步时，带走的不仅仅是几件衣服，还有整个故乡。

每次我们填一些莫名其妙的表格时，都会发现有一栏写着：籍贯。这是一个尴尬的词语：没有人可以选择自己的籍贯；它跟我们所填表格要申请的诸如入党、找工作、出国签证、嫁娶殡丧等事宜，似乎没有半毛钱关系；而且，很多人并不知道自己的籍贯是什么。词典解释为：祖居地、出生地，曾祖父及以上父系祖先的长久居住地。籍贯是古代政治术语，在一个宗族管理的社会，你在外省杀人放火了，官府会追到你的籍贯地去。现在，籍贯的功能被户口取代。

户口捆绑着每一个人在社会上的政治和经济关联，它连结着你分的田地、你的医疗保险补贴、你孩子高考的所在地，以及你被投票选为人大代表的权利。当一个人扔下所有这些不要，跑到一个陌生的城市从零开始时，就成了最早的"飘一代"。在巴黎，这叫"外省青年"。

外省青年的大量出现，始于中国宗法社会的瓦解。这种社会结构的变迁，记载在费孝通的《乡土中国》里，他以自己为案例："人究竟不是植物，还是要流动的。我十岁离开了家乡，吴江，在苏州城里住了九年，但是我一直在各种文件的籍贯项下填着'江苏吴江'。抗战时期在云南住了八年，籍贯毫无改变，甚至生在云南的我的孩子，也继承着我的籍贯。她的一生大概也得老是填'江苏吴江'了。"

籍贯是不能变的，但户口可以。从籍贯到户口，这是宗法社会向市民社会转变的过程，从地缘的角度看，这就是城市化。费孝通把这种脱离籍贯地而成为外省青年的过程，解释为从血缘社群发展成地缘社群。"如果这些没有血缘关系的人能结成一个地方社群，他们之间的联系可以是纯粹的地缘，而不是血缘了。"但是这些"寄居于社区边缘的人物"，"常常得不到一个普通公民的权利，他们不被视作自己人，不被人所信托"。费孝通这样形容这些跑到别的地缘去的陌生人："来历不明，形迹可疑。"

这个刻板印象一直维持到 2003 年 3 月 17 日，27 岁的湖北籍大学生孙志刚走在广州的大街上，因为没有随身携带身份证、暂住证，最后死在了收容遣送站。事后，一部《城市流浪乞讨人员收容遣送办法》被废止。此后，"城市流浪乞讨人员"有了新称谓：农民工、进城务工人员以及流动人口，等等。

大部分外省青年在城市迁移的过程中，都没有实现阶层的上升。

2012 年，中国流动人口数量达 2.361 亿人，每六个青年中就有一个是外省青年。外省青年为何要进城？罗永浩在《我的奋斗》中写道：

"高中辍学后，在老家的时候做过很多乱七八糟的事情，卖羊肉串，摆地摊，倒卖中药材……都没有赚到钱。我有个姐姐在天津，她 1995 年的时候劝我说，老在小地方待着没劲儿，出来多见见世面吧。我想了想觉得很对，就到天津投奔她了……如果你胸怀大志，又凑巧生在一个小地方，摆脱这种命运的概率总是小了很多。"

为了改变命运，外省青年削尖了脑袋要挤进大城市。理想状态下是通过进城完成社会阶层的跃层迁移。

《红与黑》中木匠的儿子于连通过神学院的梯子，高攀入上流社会。这类外省青年有着共同的特点：有才华、有执行力，他们的理想都定位在最高级别。出生于陕西省咸阳市武功县的芙蓉姐姐自小就有一个"北大梦"。与很多游荡在北大清华附近考研的边缘人一样，她也几年都没考上北大的研究生。但她凭借丰盈的舞姿以及我行我素的网络推广风格，成为网红、歌手、演员以及现在的投资人，混入互联网新贵圈。

不过，大部分外省青年在城市迁移的过程中，都没有实现阶层的上升，他们被称为"进城务工青年"。

富士康是中国底层外省青年的集中地。鸿海董事长郭台铭对台湾《旺报》称，富士康 2013 年在中国的工人数量突破了 100 万人。打工不问出处，外省青年进入了流水线后就只有编号。即使只有编号，也会有人记住。美国《时代》周刊评选的 2009 年度人物中，"中国农民工"获得亚军，那一年的冠军是美联储主席本·伯南克，苹果公司 CEO 史蒂夫·乔布斯、美国总统奥巴马都只入围而没有获奖。那是金融风暴后的一年，《时代》这样评论："今年中国仍然是世界上经济发展最快的大国。这一切归功于谁？最重要的当然是上亿中国工人，他们离乡背井来到中国繁华的沿海城市寻找工作。"

获奖者中，包括那些从富士康大楼上跳下来的人。

2010 年前后，"逃离北上广"热潮开始蔓延。即使回到本土，他们仍然活成了一个外省青年。

大部分外省青年在挤进大城市后，才发现这里并不是乌托邦。正如《疯狂动物城》里所描写的那样，肉食动物占据城市大部分关键岗位，能让一只兔子当警察，也是因为市长需要搞政绩工程。

没有人可以选择自己的出身，如果可以，他们就不用当外省青年。国家人口计生委发布的《中国流动人口发展报告 2012》中说到，我国农村户籍流动人口约占流动人口总量的 80%，平均年龄约为 28 岁，"80 后"新生代农民工已占劳动年龄流动人口的近一半。超过三成的流动人口在流入地居住生活时间超过 5 年，全年平均回老家不足 2 次。

每一个外省青年在第一次跨越省界的瞬间，都有一个美好的憧憬，有些甚至是野心。他们不满足于青山绿水，他们要在新中国更中心的舞台追逐财富、真相和信念。从小城挤入省会，从省会挤入北上广，从北上广挤入世界的中心，这是每个"外省青年"的灼热梦想。然而，当他们来到了原以为的中心所在，却发现有许许多多不可逾越的门槛。

一套城里的房子是外省青年最急迫的理想，除了倾三代之力在城里买到房子的人，72% 的流动人口家庭租房而居。最难的是户口，一个安徽来京在通州买了房子的年轻人遇上一次人口普查，才发现自己必须要去办一个暂住证，他自嘲道："我要暂住在我自己的房子里。"

这一点尚不如商业繁荣的宋朝。宋朝的城市里也有很多外省青年，在建康府（今南京市）曾为"留都之地，四方失所流徙之民，往往多聚于此，皆无作业"，但宋朝的户籍管理规定：只要一个人移居到一个地方生活一年以上，便可获得当地户口。

《中国流动人口发展报告 2012》中，就业流动人口在流入地的养老保险、医疗保险、工伤保险、失业保险、生育保险和住房公积金（五险一金）的参加比重均不超过 30%。仅有 51.3% 的流动人口签订有固定期限劳动合同，而未签订劳动合同的比例超过 30%。

在中国，从一个十八线小镇青年成为一个立足一线城市的外省青年，需要跨越无数道门槛，过五关斩六将，有些甚至需要运用无数种正当与不正当途径。

亿万鲤鱼逆流而上，最后能跃过龙门的只有少数。

随着房价一轮一轮地暴涨，两亿多 80 后青年集体奔三的 2010 年前后，一股"逃离北上广"的热潮开始蔓延。然而，习惯于大城市生活的外省青年，已经无法回到农耕社会中去。即使回到本土，他们仍然活成了一个外省青年。他们带着大城市的经验和资金回到县城创业，成为淘宝店店主，成为有机农场场主，成为县城 O2O 互联网创业者。

外省青年却永远活在远方，到了县城，省城是远方；到了北京，纽约是远方。只要活在远方，我们就永远都是外省青年。

专栏作家许知远在《外省青年》中写道："对这一代来说，我们都是'外省青年'，我们的家乡是北京的外省，中国又是世界的外省。那些克制灼人欲望的道德规范、生活习俗、家庭教养，早就被各种政治与社会运动摧毁，只有各种欲望——权力、金钱、名声——驱使我们向前。"

永远摘不掉外省青年的帽子，是外省青年最大的心结。这在社会学家看来是阶层认同感的问题。2006 年，中国人民大学社会学系和香港科技大学合作了一项阶层认同调查，4759 个城乡青年（18—40 岁），认为处于社会下层和中下层的人比例最高，占 34.5% 和 28.4%，自认处于中层的人占 28.3%，自认位于社会中上层和上层的人只有 2.4% 和 0.2%。

社会学家杰克曼夫妇认为："阶层认同，是社会态度的主要决定因素，新的集体行为和社会运动更多是建立在阶层认同的基础上的。"

有怎样的阶层认同，就有怎样的社会态度。社会认同低的人容易成为网络暴民，社会认同高的人会代表亚洲向奥巴马问问题。阶层认同的另一个侧面是城市认同，正如你问一个河北省三河市燕郊镇的白领青年在哪里住，他会毫不犹豫地回答：北京。

新东莞人、新北京人、新上海人的称谓，已经给外省青年准备好，只要你积分够，或者有足够的财力买个户口。即使真在北上广买到房子，每当医疗保险、购车买房、上学、出殡时，突然发现自己没有户口，要去办居住证，这时才猛然惊醒——原来我一直漂在这个城市。

文艺青年喜欢"诗和远方"，认为这就是人生真谛。有房地产策划者把这句话改成"生活在远方"，用来描述楼盘景观以及园林意境。这隐含另一层含义：

虽然这套房子背山面海，价值不菲，但人生活在大城市的这套房子里，心却是生活在千里之外籍贯地所在的远方。这正是外省青年内心的真实写照。外省青年的心，永远在远方。即使在北上广买了房子，心里的阶层认同，仍然是"我们村的"、"我们乡的"，或者是"我们屯的"。只要这样的社会认同存在，一个外省青年就永远成不了北上广土著，即使他学会了"阿拉"，吃腻了肠粉，甚至混成一个"老炮儿"。

时下流行一句话：活在当下。外省青年却永远活在远方，到了县城，省城是远方；到了北京，纽约是远方。只要活在远方，我们就永远是外省青年。

外省青年为何没有归属感？

文 / 肖锋

什么样的城市是好城市？就是能让你发自内心喊出"我爱你"的城市。你比较容易喊出"纽约，我爱你"、"巴黎，我爱你"，是因为人家没有户籍制，但通常只会说"北京欢迎你"，后面加了个"丫"字。

最近，零点调查北上广漂族，被问及"在什么情况下最有可能回到家乡"问题时，比例最高的选项是"在退休后回到家乡养老"（32.6%），其次是选择"总有一天会回去，但不确定什么时候"（24.1%），还有是"挣够钱就回家买房定居"（17.3%）和"再努把力，实在不行就立刻回家乡"（7.5%），总之，八成漂族面对着一个打道回府的未来。

但故乡却越来越回不去。物是人非，甚至物都更换了。"故乡很小，小到只装得下两个字。"漂族两头不靠，既有回不去的乡愁，又有不被大城市认同的尴尬。那头记不住乡愁，这头没有城市认同感。

我怀念英雄不问出处的年代。

一个漂族，到一座城市，机缘巧合留下来了，在这里娶妻生子，安居乐业。恍惚中，你是城市的一员。但是且慢，等要买车买房，你的娃要上学，你要退休，户籍成了横在面前的一道天堑："哦，这座城市还是不欢迎我的！"

"为什么外省青年在大都市里找不到归属感"？这里要区分原住民和政策，原住民从开放到排斥，政策从排斥到逐渐放开。

先说原住民，开始时将外省人当城市新生力量、新朋友、新邻居、新房客接纳。北京人大气，天下来朝嘛。广州人平和，来的都是客，大家合作生意（广州人从来不关心你赚多少，自己"有数为"即可）。上海人稍嫌小气，但新一辈上海人日趋开放，不再说外省人"乡下人"。但改革开放38年后，随着外省人越挤越多（能不多吗，中国八成以上的重点大学、三甲医院和成名机会都集中在大都市），原住民开始排斥。你是否介意外来工子女来这个城市就读？是否介意

倪卫华所拍摄的《外省青年为何没有归属感图—倪卫华所拍摄的《风景墙》系列作品。风景墙上为上海嘉定沪宜公路。

他们和你的孩子一个班？这些都是利益拷问的问题，比拷问灵魂还难。"外闹"，是原住民给挤进来上学的外省人的污名。

外省人当然要分享这座城市的资源，因为他们也作了贡献。这一点，城市政策相反，从排斥走向开放。沈阳流产的房产新政甚至允许大学生零首付买房，购房子女可在沈接受义务教育，参加中考。其实每项城市政策背后都有利益考量，据计算，中国城市为接纳一位新来者需投入 8—15 万元的基础设施。当然，北上广的投入不止这个数，你从黑市户口的价码上能算出来。问题在这里：新来者能贡献出这笔投入吗？城市政策都是嫌贫爱富的，无论居住证、评分还是户籍门槛，高学历、有投资、缴社保都是必须的选项，如果你只是个农民工，那就对不起了。

有漂族说，自己的评分永远赶不上城市不断上调的积分标准。所以城市认同感低，未来还是要告老还乡成了心中隐痛。除非你嫁原住民，或当个成功的凤凰男。

城市和原住民的脸在变。目前北京市的外来人口达 900 万人，广州流动人口也达 800 万，首次超过常住人口。他们图什么？零点调查显示，所有在北上广三地工作生活的外乡人中，有接近一半（48.8%）的受访者当初离开家乡是"看好大城市的发展机会"，其次是"为了挣钱"（26%），此外，有 17.7% 的人是想"提高生活品质"。

春节回家，乔治·李、梅波尔·王变回了李黑蛋、王二丫，多数人只问你挣多少钱，只有少数人关心你活得累不累。

什么样的城市是好城市？就是能让你发自内心喊出"我爱你"的城市。你可能很难喊出"北京，我爱你"、"上海，我爱你"吗？倒是容易喊出"纽约，我爱你"、"巴黎，我爱你"，因为人家没有户籍制。

须知，是因为改革开放时的"英雄不问出处"，方赢得三十年兴盛。

外省青年是城市之盐。

北上广都给外地人起过外号，你可罗列出一堆。地域歧视难免，只因户籍管制更严了。歧视背后是优越感。北京爷们、上海原住民的优越感从何而来？

所以，可以说"巴黎，我爱你"、"纽约，我爱你"，但通常会说"北京欢迎你"，后面加了个"丫"字。

外省青年一度是法国文学的主角：巴黎，我来了。《红与黑》就是凤凰男于连和贵夫人、贵族小姐谈恋爱。大都市的魅力在于让陌生者勾兑在一起。

外省青年是城市之盐。广东改革开放初期称他们为"过江龙"。凤凰卫视做了一期《深圳爱人》，把城市比作爱人的，只此一例。过去深圳最怕被外来人抛弃，现在深圳用户籍和高房价将外来者挡在门外。

凤凰男找孔雀女是例外事件。但物种进化就是靠例外完成的。近亲结婚，只会物种退化。引入新鲜基因，改造旧有基因，产生新物种。外省青年促请原住民振奋起来，城市才充满活力。

有想法的人去哪里，哪里就会兴旺发达。城市是给有想法、有野心的人预备的。靠保护是保护不出来生猛的野生动物的。

驻马店青年：金融精英闯荡上海滩

文 / 赵渌汀

来自驻马店的青年冯智会独自一人闯荡上海滩，如今成了一名金融精英，还与出身书香门第的"沪漂"樊舜裸婚。"至少在这里，你做的事情和你的能力相符，或者可以挑战你的潜力，就冲这点年轻人也值得待下去。"

站在陆家嘴花旗集团大厦的 15 楼，面对黄浦江的冯智会静静地发呆。

"想什么呢？"樊舜歪起头看他。

"旁边这栋楼 18 万元 / 平方米。"冯智会望着妻子笑了笑，"恐怖。"

十年前，冯智会从驻马店前往郑州读书；五年前他离开郑州来到上海；三年前，他由浦西跳槽至如今的浦东陆家嘴金融中心，实现了"小镇—小城—大都市"的三级跳。

他和樊舜是沪漂中的异类：结了婚，但没房没车。虽然忍受着这座中国最富裕城市的高房价、快节奏，以及雾霾和交通带来的一系列烦恼，但他们觉得在这里才能实现自己的价值，至少现在是这样的。

驻马店青年突然发现，郑州变得不合时宜。"既然郑州不能盛放我的梦想，那我就去上海闯闯。"

"这个，这个，甚至还有这个，我们老家人可能一辈子都没见过。"冯智会指着震旦大楼、未来资产大厦以及花旗大厦楼下的星巴克说，"没办法，小地方的人眼界的确有限。"

冯智会 1988 年在河南驻马店农村出生。"一直想去外面看看，只有靠读书来实现。"高中后，他考进郑州一所部队院校，成为村里仅有的几名大学生之一。与那些一辈子"受困"在驻马店的乡村青年不同，冯智会感到自己的幸运，"至少能通过考学走向更大的地方"。对在土坡山丘上行走惯了的少年来说，街道巷陌有种魔力。

"省会对于小镇青年来说魅力巨大。"第一次到郑州时的感觉，有点像若干年后他第一次来到上海，"高楼，在建的高楼；街道，拥挤的街道。"郑州是面积放大版的老家，是摁下发展快进键的驻马店，是一个混杂省内不同口音的复杂综合体。"虽然部队院校的规定严格，但没事还是会和同学结伴去郑州逛逛。"与驻马店的土窑洞、山坡头相比，那些平整的柏油马路显然更令一个刚成年的小镇青年好奇与欣喜。

大学期间他去过一次上海。"当时去一个金融机构实习，觉得那是另一个世界。"他开始对市场与金融感兴趣，"这行业节奏快，压力大，但不断有新的东西出现，可以摸索学习。这才是未来的方向"。在上海实习了几个月后回到郑州，他开始在校图书馆翻阅一些经济书籍，并尝试在郑州寻找就业机会。"郑州毕竟还是中部地区，产业结构以传统农业为主，二三产占比不高，更别提技术含量高的金融业。"

毕业时，冯智会突然发现郑州这座城市变得有些不合时宜。这里让自己走出村镇获取新知，却无法为自己真正追逐的事业提供可以盛放的空间和位置。"有点沮丧，但毕竟是事实。"于是他把目光瞄向东方，"既然郑州不能盛放我的梦想，那我就去上海闯闯。"

一个南方人，一个北方人，生长在迥异的家庭环境中，却因"沪漂"暗生情愫，过起了小日子。

　　冯智会的第一份工作看起来不错——在一家位于静安寺附近且月薪颇丰的金融公司。"刚工作时压力很大，毕竟不是纯科班出身，要学的东西太多。"不过他没后悔过，偶尔想念在郑州的哥们儿时，他会直接电话过去聊上一阵，想家时就把号码拨到驻马店的农村。"一个人的时候特想家，也想过回去，但觉得现阶段有太多值得做的事儿，每天都收获很多。"在快速吸收行业资讯的同时，他也收获了爱情，慢慢地与公司同事樊舜走到了一起。

　　在成为"沪漂"前，樊舜与冯智会的人生轨迹截然不同。她生长在江西南昌的一个书香门第，上小学时，父母到广东中山工作，她也跟着到广东上学。由于是家里的独生女，她自幼被父母宠爱，大学时前往英国读书，毕业后回到中山工作了一段时间，后来才决定北上魔都。"老实说，中山的生活蛮滋润的，城市人少树多，生活缓慢安乐，最主要是空气好。"樊舜说。但她始终认为，"学金融专业的只有去上海、深圳这样金融氛围好的城市才有用武之地"。

　　一个南方人，一个北方人，因为"沪漂"而暗生情愫。冯智会经常打趣说："她小时候学的那些钢琴、画画，在我看来都是难以想象的。"樊舜却总是说："冯哥是学霸，要是他小时候也学那些，现在绝对成大师了。"

　　去年，两人在上海结婚。80多平方米的出租房内摆放着两人的婚纱照，照片的背景是浦东新区的幢幢高楼与奔腾的黄浦江。"在浦东照，一是觉得环境好，视野开阔；二是这里是新区，就像年轻人一样。"

　　婚后，冯智会跟着樊舜去了趟中山，广东小城的绿化、空气、美食和人情味让冯智会至今念叨着"改天回中山"。樊舜也跟着老公回了趟河南，但她坦言自己刚待几天就已经受不了，"光是农村厕所的卫生问题就令人担忧"，而饮食和生活习惯的不适应也让她在某天夜里给家里拨了通电话，"掉泪了，真的，别说跟上海比，和中山比都差一大截"。

　　父母倒是看得很开，甚至跟着女儿一起去了趟女婿家。"我妈对农村的鸡特感兴趣，一个劲儿问那些跑着的是不是所谓的走地鸡。"樊舜笑着说。

　　"岳父岳母非常开明。"冯智会说，樊舜的父母与多数家长不同，用樊舜自己的话来说就是"特别民主，特别理解子女的思想"。"中国的男女青年结婚，一般女方都要求男方有房、有车，有的甚至就房子的大小、轿车的档次提出了具体要求。但她父母不看重这些，只要我们生活得有意义就行。"

冯智会坦言，自己的家庭经济拮据，要说拿几百万在上海买套房，对他父母来说无异于天方夜谭。"我周围很多同事也都是家里凑钱付首期，按揭30年后每月还贷要一两万元。"冯智会撇撇嘴，"辛苦一个月到头来你的工资90%投给房子了。有几个兄弟天天蹲家里煮面条缩减开销，周末聚会也是能推就推，消除一切应酬。这还不说，浦西市区房价动辄每平方米五六万元，外地人买不起只有到浦东偏远处买"。由此而会导致上班时间成本暴涨，不少人不得不开启BMW（bus+metro+walk，先公交再地铁再步行）的上班模式。"早上五点多起，晚上到家差不多就得睡了。"

岳父岳母的理解让冯智会得以安心事业，不必像朋友一样为了房与车奔波算计。他和樊舜计划每年出国旅游一次，这是那些背上百万债务的房奴朋友们不敢想的事。

来上海漂着，至少你的青春没有虚度。

三年前，冯智会跳槽到了现在的公司——一家从事固定收益证券市场投资与交易业务的资产管理公司。由于职位处于管理层，他在工作日不用按时打卡，这让不少同龄青年暗羡不已。他把房子租在云台路附近的一处老式小区，地处浦东，去浦西很近，紧挨地铁且离世博中国馆也不远。他买了辆自行车，每天踩单车上班，"7公里左右，半小时就能到"。

而樊舜则不得不每天搭地铁去浦西上班，对此她显示出的无奈与所有大城市上班族无异："能挤上去就不错了，和挤高峰期的北京一号线、广州三号线完全一样！"

樊舜特别受不了上海人的排外。"吃个早餐，你说普通话点餐，人家翻起的白眼能把你气死。"讲到这点她忿忿不平，在一旁的冯智会赶忙安慰，但效果一般。"有什么了不起的，我待在中山哪点会比上海差！"

冯智会有时也会遇到尴尬。"众所周知，河南人在外地口碑不太好，有些人肯定会戴有色眼镜看你。"顿了顿，他继续，"河南是人口大省，出省人口遍布全国各地，有时候看问题不能一棍子打死……"他自己从不怯于承认"河南驻马店人"的身份。"谁说了上海本地人就都是高素质？我靠能力在上海立足依法纳税，能力的大小才是大家应该去关注的，而不是粗暴地进行地域歧视。"

除了本地人的排外，这里的空气质量差、交通堵塞、贪图小利，等等，都会让他们偶尔吐槽几句。不过说归说，一线城市的工作平台与机遇确实让二三线城市无法正面抗衡。"在中山你能做国际业务吗？有，但极少。"樊舜只有换一个角度来消化这座城市的负能量，"至少在这里，你做的事情和你的能力相符，或者可以挑战你的潜力，就冲这点年轻人也值得待下去。"

"上海这几天空气特别糟糕，有时我不得不放弃骑车上班。每当这时我就会想起驻马店老家，那里没有高楼与CBD，但天至少是蓝的，人至少不用天天戴口罩。"冯智会说，"但我觉得自己没办法再回到那里去了。"

身边的朋友碍于面子不愿意回老家的不少，但冯智会认为自己的心态与他们不同。"有朋友跟我说：'回老家了，别人会怎么想我？肯定觉得我在上海混不下去了才回来，所以我绝不回去。'其实这是赌气，是活在别人的印象里，为了别人而活。"

"我在上海的工作和状态都很稳，事业上我在一步一步地向前走。这时回到老家，你只能做那些一眼能望穿的工作，你可能只需付出两三成的状态就能应付。"冯智会说。

"那空气、交通、人情味方面你都能忍受吗？"

"来上海工作就做好了这方面准备，"冯智会和樊舜对望了一眼，"在上海漂着，至少能让我们觉得青春没有虚度。"

如何辨别一个人的"城籍"？

文 / 曹园

在高度国际化的世界里，比国籍更有辨识度的是一个人的"城籍"——它附着在每个人的外貌、语言、饮食、性格之上。现在，"城籍"不再是原住民的专有名词，城市新移民正在改变"城籍"的概念：你热爱哪座城市，你就是哪城人。

"我是谁，我来自哪里，我要去何方"是个终极哲学问题。

许多人被问到"你是哪里人"时，总是一言难尽。

在地球村，国籍是一种极度抽象的身份认知，"如果只有城籍而没有国籍"香港群展策展人林志恒认为，在今天，一种个人身份觉醒的观察方式是：从个人的生活环境、成长故事，寻找身份认同。你热爱哪座城市，你就拥有哪座城市的"城籍"，你就是哪座城市的市民。

在中国，要辨"城籍"先要辨南北。

林语堂在《吾国与吾民》中将国人大致按南北划分：北方的中国人，习惯于简单质朴的思维，身材高大健壮，性格热情幽默，吃大葱，爱开玩笑。长江以南，人们会看到另一种人。他们习惯于安逸，勤于修养，老于世故，头脑发达，身体退化，喜爱诗歌，喜欢舒适。

一、辨长相穿着。

判断一个人的南北属性费周章，东部和西部居民倒可粗略地从外形特征上区别。新疆姑娘从高耸的鼻梁、卷曲的睫毛和深邃的眼眸里给你透露出一丝线索，而藏区姑娘往往被脸蛋上的一抹高原红深深"出卖"。

服饰的差异也是观察点。东北女性喜欢穿貂皮，民间流传的段子里总是提到东北妹子的人生三件大事——砍价、认哥和买貂皮。到底有多着迷？黑龙江友人给了个直观感受：送东北女人一枚 2 万元的钻戒，不如送她一身 1 万元的貂皮。

广州人的衣着没有全城爆款。他们穿得五花八门，怎么舒服怎么搭，穿西装不打领带，穿皮鞋不穿袜子。相反，如果在广州穿得过于正经反倒有些怪异，一身西装革履打扮的可能是保险推销员或地产销售。

介绍姓名最暴露一个人的"城籍"。每个香港人都有一个很认真的英文名，往往和中文名的粤语发音相似。我们熟悉的 Eason Chan（陈奕迅）、Joey Yung（容祖儿）、Charmaine Sheh（佘诗曼）、Amy Kwok（郭蔼明）以及 Maggie Cheung（张可颐），似乎均循此律。

有意思的是，省港澳的人们在取名时对有些字相当有执念。如果你有叫"嘉欣"、"嘉怡"、"家良"和"家辉"的朋友，很可能就是粤语片区的"地主"，这些名字用广东话念出来朗朗上口，优雅动听。

二、识语言文字。

"京油子，卫嘴子"，京津两地人对说话这门艺术有着天生的拿捏水平。北京人一般称呼别人为"您"，对亲密朋友或不待见的人会戏称"丫"。倒腾商品的小贩叫"倒爷"，骑平板车拉客的叫"板儿爷"，就像称呼"王爷"一样顺溜。天津人口中没有大妈，全是"姐姐"，且都发第二声，叫得干脆爽朗。纯靠嘴过活的天津人喜欢往相声茶馆里一坐，张嘴就来："我姓逗，叫逗你玩儿。"

"上海人在其非人情化的紧张生活中，语言以简洁快速为特点。"杨东平在《城市季风》里写道，第二人称"您"无论亲疏尊卑，在上海一律简化为"侬"，如"侬几岁了"，交朋友叫做"轧朋友"，不负责叫做"拆烂污"，看重外貌叫做"吃卖相"，假冒伪劣叫做"开大兴"，世俗气十足。

广州人除了嘴上的白话交流，在网络聊天等非正式场合里，年轻人总是将"嘅"、"咁"、"唔"、"喥"、"哋"一套口字旁生僻字甩出来，再加上"多士"、"卡士"、"菲士"、"波士"、"甫士"、"贴士"之类，"真系蒙查查啦"（真是搞不清楚）！

长沙式的唠嗑叫做"策"，喜欢"策"的人几乎都是老长沙，他们封能说会道的汪涵为"策神"。除了那句"月亮粑粑，肚里坐个爹爹"的童谣，他们身边有"娭毑"（老奶奶）和"细伢子"（小孩），也有"满哥"（小伙）和"妹坨"（姑娘）。形容聪明的人"灵泛"，傻气的人"哈里哈气"，啰唆的人"七里八里"。如果事情失败了，他们会懊恼地叫一句："筐瓢！"

三、邀品茶饮酒。

不少地方都有饮茶习俗。重庆人习饮浓烈的沱茶；宜兴人爱品"宜红"，又叫阳羡红茶。老扬州早上"皮包水"——去茶楼喝茶开启新的一天，晚上则是"水包皮"——去澡堂泡个澡彻底放松。老广更是早茶、下午茶和晚茶都不落下，全天全身心投入到叹茶的乐趣中。

易中天印象中的成都人喝盖碗茶：茶博士手提长嘴大铜壶，穿梭于茶客之间，不断地添滚水。茶客们则把这些滚烫的茶水连同各种街谈巷议一齐吞下去，时光也就如流水般打发。广州人和扬州人吃早茶要配那么多点心，唯有成都人在茶馆里安安心心地喝茶，忠贞不二。

厦门人喝茶和广州人一样，茶杯比白酒杯还小，倒茶的频率高到麻木。他们宁愿用小杯细细品，也不愿端起茶缸牛饮。广州人爱出门喝茶，厦门街上却少见茶馆，人们更爱在家里泡茶。

爱拼才会赢的闽南精神不属于厦门人，而属于晋江人和石狮人。易中天认为厦门人精神是"爱泡精神"，他在《读城记》里写道："厦门医院病房里会贴出'禁止泡茶'的告示。一位厦门作家也会激愤地说，别的地方是玩物丧志，厦门是泡茶丧志！"正因为这小小一杯茶，让厦门人多少缺乏一点闯劲和激情。

除去对茶叶的迷恋，另一些地方的人对酒欲罢不能。一桌齐齐哈尔人相中本地雪花啤酒，江湖人称"夺命大雪花"，每人轮流说上一番话然后自饮，大家也就跟着喝，他们不会互相倒酒，因为人手一个酒瓶，公平直接。如果有人中途去了厕所，回来罚酒自然是躲不过的。

南方人也不甘示弱。武汉人把喝酒看作是衡量友情深浅的标尺，所谓"感情浅，尝一点；感情深，打吊针；感情铁，胃出血"，但他们的酒量总是比口号弱了些。

蜀人历来以酒乡自居。林文询在《成都人》里描写过，宴请外地宾朋时，成都人口沫四溅、眼珠放光地说："来，喝酒，喝酒，晓不晓得，云烟川酒！开玩笑，来了我们成都，咋能不喝酒？"留一半清醒留一半醉，二麻二麻，才是成都人的人生至境。

当地美食佳饮，是一方人戒不掉的心头肉。你的生活中也许会出现去食堂吃饭自备一瓶陈醋的山西榆次姑娘，以及对折耳根和酸汤鱼完全没有抵抗力的贵阳人。而饭前白沙井水，饭后白沙烟，再"呷"包槟榔，大致是长沙人最舒适的状态。

易中天眼中的武汉人不太注意吃相，尤其是吃热干面："悉悉嗦嗦、吧嗒吧嗒、三下五除二，眨眼工夫就下了肚。他们不会细嚼慢咽，却也永远都吃不腻。所以有人说，爱不爱吃热干面，是区分正宗武汉人和非正宗武汉人的试金石。"

四、验生活习惯。

北京是个藏龙卧虎的地方。神态安详、满不起眼的遛鸟老头，没准是大清王朝的"贝勒爷"。易中天在《读城记》里描绘的北京市民都是"大市民"：派头大，口气大，架子也大。大气，可以说是北京人的普遍特征。

但在广州人看来，北京人磨不开面儿的许多问题其实都"没什么所谓"。

杨东平说，对自己家乡的尊崇和偏爱，恐怕是人类最基本、最久远的情愫之一。北京和上海市民对自己城市所怀的自豪和倨傲，似乎别处难以比拟。

　　不管在明面儿上是否表现出来，几乎每个北京市民无不以自己是个北京人而自豪。老舍在散文《想北京》中说："我不能爱上海和天津，因为我心中有个北京。"

　　天津人似乎接应了老北京的调侃。他们出门买早饭，自己带着个用来盛豆腐脑的小铁锅。他们也习惯自备鸡蛋去买煎饼果子，这种行为在北京的煎饼果子摊铺将会被赤裸裸地鄙视。

　　成都人崇尚实在的居家日子。林文询在《成都人》里写道："成都人少有显得紧紧张张、忙忙碌碌，而是从从容容、悠悠闲闲。"但成都人也沾染了北方人的豪气，多数人无法接受 AA 制，他们会用成都话嗤之以鼻地说："啥子现代？啥子文明？笑话，朋友来了，饭都舍不得请吃一顿，那成啥子话？龟儿老子再穷，卖了裤儿也要请人家尝一下我们成都的风味嘛！"

　　武汉作家池莉说："热也好，冷也好，活着就好。"武汉人受够了天灾人祸、严寒酷暑，表现出略带野性的生命活力。吃软不吃硬，宁死"不服周"。武汉人的"梗朋友"，就像北京人的"铁哥们"。他们对熟人十分讲礼，同时极为憎恶装模作样，称之为"鬼做"。他们喜怒哀乐形于色，如果不同意你的观点，不需要做任何铺垫，当即一声断喝："瞎款（胡说）！"

有一种优越感叫"我是本地人"

文 / 曹园

　　想要在北上广活得更容易，假装本地人就是一场充满技术含量的生活真人秀。你融入，你观察，你吸收，才有机会被帝都、魔都和妖都所接纳。

《新周刊》曾用"前沿上海，底蕴北京，实用广州"和"北京是世家子，广州是商人，上海是职业经理人"，来定义中国最具话题性的这三座城市。

每一个北漂、沪漂和广漂对他们的栖身之所又爱又恨。他们爱这些都市夜晚之魅惑、生活之便利、机会之繁多、社会之守序，但他们也与整个城市格格不入——那些弄不懂的语言、吃不惯的食物、摸不透的习性、挤不进的圈子。

你融入，你观察，你吸收，才有机会被帝都、魔都和妖都所接纳。假装本地人，其实是一场生活真人秀。

试着像北京爷们一样用下巴颏和别人聊天！

想要假装北京人，首先你要大气。对小打小闹不感兴趣，对小模小样看不上眼。要喝"大碗茶"，向往成为"大腕"、"大款"和"大官"。就连找媳妇，也得挑个"大家闺秀"。时刻谨记北京土著精神——局气、厚道、牛 × 和有面儿。

北京歌手大张伟在一次访谈中聊起了北京爷们。吸溜着炒肝，吃大肠子满嘴蒜，跟别人聊世界、聊生活、聊未来，这种既高端又 low 的感觉也只有北京人能营造出来。他们不卑不亢，再好的时候也讲究凑合。

北京爷们的坐姿也实在出众，他们喜欢躺着坐，懒洋洋地将身体交付给椅子，扭曲得像一摊泥，拿肚子当电脑桌，头一边歪着，大张伟称之为"莫名其妙没有必要的放松"。大多数人见面时双方点头示意，只有北京人见面抬一下头，也用不着说话，纯粹用下巴颏和别人聊天。

你的每一句骂街都要时刻保持着一种京范儿。不是把手指伸得老远去数落，而是从下巴底下搓出手，指向别人："你干吗呢！"一股特狂、特匪、全不怕的气质。

有人说，上海男人是瓷器，北京男人是毛坯。身为"毛坯"的你，应该仁义、厚道、实在、愿意扛事，该说的话一定给说到，该办的事一定给办好，该找的人一定给找齐，没那么多虚头巴脑的零碎。不求大富大贵，但求无愧于心，就图个舒坦。

也不能少了诙谐幽默的元素，这是北京人的标志性品格。一则广为流传的故事里，青年被交警扣留无法脱身，他这么哀求："您就把我当个屁给放了吧！"

满嘴的"皮实"、"瓷实"、"数落"、"大发"，或又来"寸劲儿"、"压根儿"、"敢情儿"、"背书不打奔儿"，用地道北京话神聊海哨胡抡，说明你已经上道儿了。

吴裕泰的茉莉花茶、信远斋的酸梅汤，有事没事来一杯，"牛二"（牛栏山二锅头）也隔三差五地喝起来。肖复兴在《北京人》里说，北京人喝酒，讲究的是"人间路窄酒杯宽"。冷酒伤胃，热酒伤肝，但无酒可真是伤心！

谨遵阿拉上海宁"等价交换"的还礼原则！

想要假装上海人，首先你要精打细算。精明是你需要学习的第一课。在上海人的价值系统里，憨厚老实没有地位，它被称为"戆"。上海方言中有一套不断更新的丰富词汇，专门挖苦讽刺不精明的人：戆大、洋盘、阿木林、十三点、猪头三、冤大头、不懂经、搞七廿三、拎不清……对长得漂亮但拎不清的女孩，你可以叫她们"聪明面孔笨肚肠"。

杨东平在《城市季风》里提到，"海派"无论作为城市人格还是生活方式，都离不开"商的文化"。从节俭、勤快、信用、守时、效率等商业行为和基础性品质中，发展出了敬业精神、工作精神、契约精神、职业道德的商业伦理和意识形态。

上海人不喜欢占便宜，也不喜欢让人占便宜，讲的是"大家各归各"。你要将实惠的概念牢记在心。总之，低投入，高产出；低成本，高效益。买到便宜货、捞到外快、一举两得，都称得上是实惠。

这也是上海人居家过日子的基本原则。一个经典的段子说，上海人待人接客很热情，快到饭点时，他会告诉你附近有一家价格便宜实惠的饭馆。

你在食物上向上海人靠拢。爱上油面筋塞肉，爱上八宝饭、八宝鸭，爱上乔家栅和王家沙的点心，爱上罗春阁和大壶春的生煎馒头，也不会再有豆浆的甜咸之争了——老上海当然只喝咸豆浆。你最不能释怀的是泡饭。沈嘉禄在《上海老味道》里写道："对上海人来说，汤是白食素餐的润滑剂，可将饭粒顺顺当当地送进咽喉。"

你还需要学会讲规矩。上海街头的争吵往往是一个复杂冗长的论理过程，作家程乃珊曾举一例：众人排队买法式面包，某人不排队直接买到。一排队者不服，找经理反映。经理拍其肩膀说："我认识他，所以他可以不排队，如果我认识你，你也可以不排队，可惜我不认识你。"经理的话居然获得了大家认同，买卖过程继续顺利进行。

张爱玲说："谁都说上海人坏，可是坏得有分寸。他们会奉承、会趋炎附势、会浑水摸鱼，可上海人有处世艺术，他们阿谀谄媚的伎俩不致演得过火。"记得学点上海人的人情礼数：不随便接受人情，如若接受，尽早还清。同时，还礼和受礼的价格基本相等，符合"等价交换"原则。

和老广一起来做餐前涮碗涮筷仪式！

想要假装老广，你的一天应当从饮茶开始。老广看重早茶，有"一盅两件叹早茶"的说法。"叹"者，享受也。清早起来，走进酒楼，挑一张桌子坐定，等待上茶。叉烧包、马蹄糕、虾饺、蒸凤爪，各来一笼。当他人为你倒茶沏水时，记得扣两指为谢。

如此边吃边聊直到早茶收档，可称得上是"叹世界"（享清福）。黄天骥在《岭南新语》里写道："在夙兴夜寐奋力拼搏之余，追求恬恬舒泰，享受'一盅两件'之类的乐趣，便成为多数广州人的集体潜意识。"

期间最重要的是，你得享受洗涤碗筷茶具时心境的愉悦。"涮碗涮筷仪式"如同全国各地新近流行起来的"拍照杀菌仪式"，代表着广州人的虔诚。也难怪名声在外的广州塔（可用更地道的叫法"扭纹柴"和"小蛮腰"），被吐槽形似一把正在飞速涮洗中的筷子。

食在广州，你需要先变成当地吃货。广州人的饮食讲究原汁原味，偶然也会蘸点鲜酱，但点到为止。他们爱喝老火靓汤，也怀念在小艇上烹煮的艇仔粥，更是无法割舍热气腾腾的云吞面和香气四溢的牛杂。

你也可在路边来一杯凉茶，以解腹中烧腊和荔枝的火气。或者选择更具怀旧氛围的沙示，忍受风油精和红花油的混合味道，遥想老广们的童年滋味，大声念道："终于揾返呢种感觉！"

使用白话技能让你的身份逼真值瞬间提升。你开始用"早晨"代替"早上好"，用"陈生"代替"陈先生"，用"又靓又平"代替"物美价廉"，用"打边炉"代替"火锅"，用"士多啤梨"代替"草莓"，用"散纸"代替"零钱"，用"吹水"代替"侃大山"。挤下地铁时，来一句"唔该"（谢谢），再学会拉长音，在句末添加各种语气助词，如：乜嘢？系啱嘅！

"亲"、"美女"和"小伙儿"的称呼在广州行不通，你得尝试来一句"靓女"或"靓仔"。无法从外表判断年龄时，叫一声"靓仔"、"靓女"准没错，还能让对方心情愉悦。这句约定俗成的称呼既代表着广州人对别人的敬意，也体现了广州人的圆滑。

造型上的改头换面也是立竿见影。穿上人字拖和短裤的你，在别地难登大雅之堂，但在广州却是相当自在。务实低调，着装随意，说话圆滑有趣，热爱本地美食，都是典型的广州人性格。黄天骥在《岭南新语》中用"生猛"和"淡定"概括道："这组对立的概念辩证统一在广州人的精神层面上。"

你还可在春节去花市走一遭，在中超季去天体主场撑恒大，在回南天采购除湿盒，伴着雨声唱起童谣《落雨大》："落雨大，水浸街，阿哥担柴上街卖，阿嫂出街着花鞋，花鞋花袜花腰带，珍珠蝴蝶两边排。"

中国外省青年奋斗史：天堂向左，城市向右
文 / 谭山山

"与其在乡间过一年平静安稳的日子，还不如在都市过一天活动的生活。"也正是这种信念，支持着一代又一代青年来到心向往之的都市。

在巴金代表作《家》的最后一章，高家三少爷觉慧终于离开令人窒息的省城旧式家庭，前往上海这个"未知的城市"追寻新生活。1931年《家》在上海《时报》连载时，就有人指出，这是一部半自传体小说。和书中的觉慧一样，原名李尧棠的巴金有两个哥哥，且性情和书中描述的相近；觉慧上的是"外专"，编过进步刊物、办过阅报处，19岁时去上海，这些巴金也都做过。

巴金坦承，自己并不想把个人经历写进书里，然而"意外地，那些人物、那些地方、那些事情，都争先恐后地要在我的笔下出现了"。巴金要写的，不仅仅是靠"大胆"和"幼稚"逃离省城生活的觉慧，也不仅仅是被"作揖主义"和"无抵抗主义"活生生断送的觉新，他更想为一代青年喊出他们的控诉。

上世纪二三十年代，受"五四"新思潮的影响，巴金们（包括从湘西去北京的沈从文、写《莎菲女士的日记》的丁玲、自认是个乡下孩子的李健吾等）纷纷从各地去往北京、上海，掀起了第一波都市迁移潮。外省青年在都市的焦虑、

对故乡的乡愁，成为文学不绝的主题。

在《雾》中，巴金借书中人物陈真之口，说出了一代青年的都市观："在我，与其在乡间过一年平静安稳的日子，还不如在都市过一天活动的生活。"也正是这种信念，支持着一代又一代青年来到心向往之的都市。

2011 年 9 月 22 日，上海，一个女人在金融区办公室窗户投射的影子。

"到上海，到北京，到任何地方去。"

事实上，在上世纪二三十年代的中国，觉慧那样的青年属于"异类"，觉新那样的才是"常态"。

觉新也曾有梦想：他对化学很感兴趣，本打算中学毕业后到上海或北京的大学里继续做研究，还想到德国留学。但他的梦想很快破灭了。作为长房长孙，他中学一毕业，家里就给他操办亲事（像《红楼梦》里的宝玉一样，他爱的是黛玉，娶的却是宝钗，"纵使举案齐眉，终究意难平"），又把他安插到一个公司做职员，过着日复一日的平淡乏味的生活。觉慧感慨，"寂寞啊！我们的家庭好像是一个沙漠，又像是一个'狭的笼'"，然而觉新的感受更深，对于那样的生活，他不敢反抗，也无从反抗，"没有欢喜，也没有悲哀"。他亲手埋葬了自己的都市梦。

五四运动来了，即便身在内地省城，觉新和弟弟仍然受到了新思潮的影响。然而，他的"新"是折中主义的，他奉行刘半农的"作揖主义"和托尔斯泰的"无抵抗主义"，以此在思想的新和生活方式的旧之间取得平衡。他把觉慧送走，羡慕觉慧从此脱离苦海，自己却只能继续苦熬。而现实比小说更残酷，李尧枚最终没能面对所面临的深渊。在巴金写《家》写到第六章"做大哥的人"时，收到了李尧枚服毒自杀的消息。

"到上海、到北京、到任何地方去。总之要离开我们的家！"觉慧这样呐喊道。沈从文则抱着"多见几个新鲜日头，多过几个新鲜的桥"的念头，于 1922 年离开湘西。"尽管向远处走去，向一个生疏的世界走去，把自己的生命押上去，赌一注看看，看看我自己来支配一下自己，比让命运来处置我更合理一点呢，还是更糟糕一点。若好，一切有办法，一切今天不能解决明天可望解决，那我赢了；若不好，向一个陌生地方跑去，我终于有一时节肚子瘪瘪地倒在人家空房下的阴沟边，那我输了。"

他抵达北京的第一天，在西河沿一家小客店的旅客簿上留下记录："沈从文年二十岁学生湖南凤凰县人。"他姐夫田真一说他"赤手空拳带着一脑子不切实际的幻想入北京城"，并告诫他："既为信仰而来，千万不要把信仰失去！因为除了它，你什么也没有！"

丁玲的《莎菲女士的日记》则回答了"娜拉出走会怎样"的问题。莎菲固然有些矫情，在两个男子之间摇摆不定，然而她毕竟受到新思潮熏陶，凌吉士的外貌吸引她，但她无法接受他庸俗的世界观："你以为我所希望的是'家庭'吗？我所欢喜的是'金钱'吗？我所骄傲的是'地位'吗？"

留下来的成功者说自己功成名就的关键在于"坚持"，其实它并不足以涵盖那些年的艰辛。

沈从文刚到北京的两年半时间，简直就是饥寒交迫：他的住处没有火炉，一身单衣、两条棉被，就是他的全部过冬之物（他自嘲住处是"窄而霉小斋"）；吃饭更成问题，常常饥一顿饱一顿。

1981 年，《沈从文传》作者凌宇在北京向沈从文问及这段往事。说到自己如何坚持下来，沈从文说一靠朋友，"当时住北大附近公寓的相熟同学间，几乎过着一种原始共产主义生活，相互接济是常事"。他还常常去就读于北京农业大学的表弟那里蹭饭（农大有自产的蔬果食材）。二靠当时对穷学生宽容的环境。当时的规矩，学生吃饭、买东西可以赊账。直到 30 年代，沈从文从上海返回北京，还看见当时他们常去的那个小饭馆的欠账牌上，写着"沈从文欠 ×× 元"。

在《平凡的世界》中，说出"总有一天，我要扒着火车去外面的世界"的孙少平也经历了这种困窘。小说第一章，路遥一上来描述了县立高中开饭的场景：和往常一样，孙少平磨蹭到最后才去领取自己的两个黑高粱面馍。看到乙菜盆里还有剩菜汤，"他很快蹲下来，慌得如同偷窃一般，用勺子把盆底上混合着雨水的剩菜汤往自己的碗里舀。铁勺刮盆底的嘶啦声像炸弹的爆炸声一样令人惊心"，同时，"血涌上了他黄瘦的脸"。

时间来到了 20 世纪 90 年代，在慕容雪村的《天堂向左，深圳向右》中，初到深圳的年轻人依然是困窘的。"我可以请你吃饭，但不能借给你钱，因为我不知道以后还能不能看到你。千万别求我给你找工作，我的工作都是自己找的。是的，你是我的朋友，所以你可以在我这儿住几天。"书里这样写道。据说这是在深圳生存的原则。"在火车站长椅上辗转难眠的，在人才大市场拥挤的人群中汗流满面的，在午夜的草坪上忍受蚊虫叮咬的，在罗湖、福田、南山、蛇口的工厂里头晕眼花、牙龈出血、月经失调的，不管你学历高低，不管你现在是坐奔驰还是开宝马，你肯定都说过这两句话，或者说在嘴上，或者说在心里。"

这种困窘引起了人们共鸣的东西，这也是豆瓣网友们对《上车，走吧！》这样写实的电影赞誉有加，对《杜拉拉升职记》《北上广不相信眼泪》这些假大空的影视剧嗤之以鼻的原因。

在管虎 2000 年导演的《上车，走吧！》中，高虎和黄渤扮演来自胶东农村的青年，他们来到梦想已久的北京，承包了一辆小巴，当起了"北漂"。和很多反映"北漂"的作品一样，管虎毫不吝惜地给了北京站不少镜头——这是"北漂"们的第一站，他们一边感慨"北京真大"，一边融入这座城市的洪流。在那个年代，北京对外地人的歧视更严重，他们被称为"外地来京人员"。但两个外地小伙终于靠山东口音的报站名吸引了固定顾客，还引来央视的采访报道（这里有些理想化了，那个年代的央视恐怕不太会关注底层新闻）。但好景不长，两人因此遭到同行报复，小巴被毁。

在《天堂向左，深圳向右》中，"深漂"肖然死了，他的同学刘元后来成为所谓"管理大师"。在接受电视台采访时，刘元表示自己功成名就的秘诀是"坚持"。其实，轻描淡写的这两个字远远不能涵盖他那些年的经历。经历固然一言难尽，但留下来的成功者宁愿只谈成功，不谈经过。像余华《在细雨中呼喊》的"我"，出身小镇的他在城里扎根，但有人和他聊起他的童年和故乡时，他勃然大怒："你凭什么要我接受已经逃离了的现实。"

无论是留下还是离开，见仁见智，不能说孰优孰劣。

《上车，走吧！》的结尾，高虎扮演的刘承强选择留在北京继续打拼，黄渤扮演的高明则回到老家，到父母安排的单位上班。（现实中，同为"北漂"的高虎和黄渤，际遇却和片中相反：高虎因吸毒丑闻沉寂，黄渤则成为票房保证。）

留下是为了将来的发展，无可厚非；而离开的决定，也是明智的——二者的选择见仁见智，不能说孰优孰劣。

电影《立春》里的王彩玲也是选择留下的，虽然有点不情不愿。作为小城的三大文艺青年之首，王彩玲一次次去北京，找工作，买户口，幻想着进京的绿皮火车"要是开往巴黎的列车就好了"。她就是那座小城的包法利夫人，对北京乃至更远的巴黎心心念念，为此，她甚至约束自己不要在这里发生爱情，不要结婚，以免形成羁绊。

绿妖短篇小说集《少女哪吒》里的孙英美愤愤于自己不能生活在更有趣的大都市，也和王彩玲一样，发誓永远不结婚，这样自己就不会跟身边的人一样了。她比王彩玲幸运的是，她最终出去了，在北京成为一个小众歌手。《少女哪吒》中的主人公，无一例外，都在小县城（在书中它叫"宝城"）中生长。在"指甲盖那么大的县城"里，人们彼此相识，生活千篇一律，孩子们往往小学还没毕业，就变成了大人。除非你认命，接受这一切，不然，你会不习惯，想逃离这里，想去看外面的世界，过一种不同的生活。

对那些不习惯的人来说，"思想跑得太远，可是生活太闭塞"，所以他们用各种方式逃离现实世界：王晓冰不愿意窒息在母亲的爱里（她母亲是单身母亲），宁愿自己是个孤儿，无父无母，谁的情也不欠，浪迹天涯（所以叫"少女哪吒"），她相信"如果你沿着河堤一直向前走，你就能走到世界尽头"。另一个少女李小路，在《硬蛹》的故事中和黄玲玲一起练轻功，她们相信武侠书里说的，练习到一千万遍时，奇迹就会发生，你将身轻如燕，穿云踏雾；而在《寻人启事》中，她和懂鸟语的赵海鹏成为朋友。渐渐听懂一点鸟语之后，李小路觉得天空向自己开放，而且，自己好像走进一个接连不断的魔术空间，"我还是在宝城，但这个宝城却闪闪发光，神秘动人"。

于是，最具魔幻色彩的时刻出现了："仿佛打开某种开关。逃课的日子，每天都有奇遇，魔法不间断上演，世界好像可以无穷无尽向前延伸，或者说，我们的感官可以无穷无尽延伸，我好像不近视了，能看见枯草里璀璨的紫色的小野花、河滩上白色的芦获，浇过水的土地是蜂蜜的颜色。上午，河水是淡青色，到了正午，被南山的蓝色映成强烈的蓝，傍晚，河的颜色又缓和下来，成为蛋青色，当中卧着一颗圆圆的红色蛋黄。这一切，都异常鲜明，生动，我永远也不会忘。"

赵海鹏后来离家出走，他说宝城已被邪恶的外星人控制，他要离开这里，另找家乡。什么地方都去过的鸟儿们告诉他："还有别的地方，还有别的生活。只要你飞得够远。"

身在小城，却可能具备在大城所匮乏的想象力，因为环境的平庸和乏味，思维反而更加无边无际。这是不是刘慈欣等科幻小说作家往往跻身小城的原因？

你可以身在大城回望小城，可以身在小城梦想大城，也可以在小城和大城之间几进几出，一切选择，都视乎你自己。

让每个青年享有追梦的自由

文 / 邓娟

比选择一座伟大城市更重要的，是拥有迁徙的勇气和心灵的自由。哈耶克说，自由是个人最大限度免于强制的状态。送给自由路上"永远年轻，永远热泪盈眶"的外省青年。

盘点各种热门签名，"择一城终老，遇一人白首"的上榜率一定很高，这个句子出自冯骥才的一篇文章，但出处并不重要，重要的是它用看似古典的大白话击中了外省青年的诉求，关于生活，关于爱情——而两者都需要先有一个城市来落脚。

冯唐也写过一篇《择一城而终老》："如果腰缠大把的时间，让我选择一个城市终老，这个城市一定要丰富。"他说的"丰富"又分 4 个角度衡量：时间要丰富，表现在建筑要有历史跨度；空间要丰富，表现在建筑要有多态性，不能全部是大屋顶建筑，也不能全是后现代极简；时间和空间的集中度要丰富，表现在能让人最便捷地满足浪漫或实用的需求；人要丰富，清华理科生和地铁歌手，刘胡兰和刘亦菲，百花齐放，万紫千红。

冯唐还说，以此标准选择城市，上海不理想，香港也不理想；纽约不错，可是吃得太差；古巴也不错，有历史又有激情，可是公有制国家买不了房。兜了一圈，他觉得还是家乡北京最好，"让我混吃等死，灵魂不太烦闷"。

北京生长、美国求学、香港供职的冯唐，择城经验自然丰富，只是对广大外省青年而言，可借鉴的恐怕有限，对他们中的农村青年更如"何不食肉糜"。大多数外省青年再奋斗18年，也未必能跟冯唐坐在一起喝咖啡。

主动去选择城市，而不是被动地任城市选择——这句话说起来不免透着鸡汤味道。

励志的鸡汤有时显得很廉价，尤其在坚固的壁垒和强大的命运面前。前不久山东媒体报道，济宁一名农村青年，婚后借钱分期付款买了挖掘机，这在许多农民眼里是致富的神器，但或许因为没有去省城那所著名技校学习，缺乏经验的他最后不但赔本，还欠了40多万元外债。儿子出门躲债，而年届五旬的父亲秉着一个老农民的吃苦耐劳和良心，三年来靠卖水果为子还债，肝部长瘤也没舍得做手术，眼看有望还清，却在这时被告知：儿子在云南省昭通市无证驾驶，致七死四伤。这出人生悲剧里，很难说是应该谅解一个农村青年外出闯荡的梦想，还是剥夺他做梦的权利，让他明白安分守己才是命运对他和整个家庭最好的安排。

中国当代文学史上有一位最倒霉的父辈形象。《活着》里的福贵，家道中落，自己被抓壮丁，回来时母亲死了，女儿哑巴了，然后儿子也死了，老婆没有了，女儿女婿也都死了，外孙成了福贵唯一的希望，但这个孩子也意外而死，对痛苦已然麻木的福贵继续活着。余华说，"活着的意义就是活着本身。"

可只要还没陷入钝感，人总是希望生活的质量尽可能好，生命的历程尽可能丰富。于是古往今来的外省青年们告别家乡，北上或南下，跨过山和大海，也穿过人山人海，奔走在通往城市的平凡或不凡之路。

1990年代初大热的两部国产剧，一部是《孽债》。"美丽的西双版纳，留不住我的爸爸。上海那么大，有没有我的家。"这些被上海知青留在外省的孩子，搭着希望的火车来到中国最繁华的大城市，寻找爸爸以及身份认同——虽然身份上他们其实算半个"本省青年"，可偌大上海也无处容身，五个孩子，除了一个被警察抓走，其余全部返乡。戏里戏外，现实，也同样令人感伤。虽然创了最高收视纪录，但四个云南籍小演员的人生轨迹并未因此改变，他们都如剧本所写回到了家乡寨子，"永辉"在水厂当工人，"思凡"、"晓峰"、"天华"分别在思茅、勐腊、元江的歌舞团，"天华"脊椎受伤等着组织调岗；"思凡"想考上海戏剧学院，每次都差临门一脚，最后也只能认命。只有唯一的上海籍演员"美霞"，依然时髦、漂亮，依然生活在大上海。

另一部是《北京人在纽约》。来自中国最核心城市的佼佼者，在美国大都市发现自己成了边缘人。可这些纽约的"外省青年"毕竟有良好教育基础，他们积累了财富，享受了美国式的放纵，虽然这一切又经历了幻灭，然而他们毕竟还留在充满机会的纽约。

20 年过去了，20 年前北京青年漂洋过海的奋斗史，对今天在国内为了一线城市户籍和房本苦苦挣扎的许多外省青年，依然昂贵得遥不可及。

20 年的时代巨变，是消减还是增加了外省青年的追梦成本？在《盗火者——中国教育改革调查》一书中，陈丹青说："中国文化史上最好的苗子曾经都是乡村出来的，而今每年的高考状元绝大部分都是城里的，再想安徽的村子能走出一个胡适，如今已是不可能的事。"

"乡下人要治病、要求学、要有出息，只能离开家乡，跋山涉水到外面去"，陈丹青说，"他们当然应该进城。我要是一家人还在农村，当然只有一个志向，就是赶紧离开这里，没有任何可以留恋的。所有生活的乐趣和活着的价值在乡村都没有了……我当然要到城市去，我要为后代着想"。

真话听起来总是格外刺耳，但这就是农村青年、小镇青年、县城青年乃至二三线城市青年——所有外省青年无法回避的选择。我们生存环境的许多角落，如陈丹青所说，"只能靠小范围的芸芸众生自己想办法"。

所幸，只要有选择，就意味着多少还能掌握主动。大城市闪烁着机会和资源，但也充斥喧嚣和焦虑；小地方保守、闭塞，但也稳定、舒缓。选择在哪儿生活，本质上都是认识自己和认识世界的问题，再大的城市也不应该困顿你的梦想。比选择一座伟大城市更重要的，是拥有迁徙的勇气和心灵的自由。

哈耶克说，自由是个人最大限度免于强制的状态。送给自由路上"永远年轻，永远热泪盈眶"的外省青年。

人类凶猛，动物温柔

黄永玉创作的国画《我认识的人越多，就越喜欢狗》（2011）。

人类凶猛，动物温柔

凶猛的，曾经是动物。温柔的，曾经是人类。

"老虎屁股"、"豹子胆"、"河东狮吼"都是动物给人类最初的惊恐。

如今这些话只剩比喻的意义。人类以居高临下姿态讨论的，是"没有买卖，就没有杀害"。

在彼此伤害之后，人类试图从动物那里找到慰藉和温柔。"认识的人越多，我就越喜欢狗。"

动物成了萌宠，成为规避现实的最好工具。

它们是伴侣，带来治愈、安宁；是心灵导师，让人减压、自省、勇敢，享受小事所带来的乐趣，"免于成为一个极端且泛滥的无知之徒"（威廉·巴勒斯）。

当现代人混乱、挣扎、疲于奔命、失眠、焦虑、暴饮暴食、恋物、失控时，动物们活得简单明了，"鹰击长空，鱼翔浅底，万类霜天竞自由。"

我们用"动物性"来特指人类身上那些未进化的丑陋行为。但"动物小说大王"沈石溪认为，人兽同源，动物并没那么简单，它们身上流露着人类自以为独有的灵性；人类也没那么崇高，他们身上充斥着自以为已经退去的兽性。

当我们在逼仄的城市生存空间中，承受着巨大的压力、过多的"都市病"，面无表情、暮气沉沉地活着，只释放出空虚、无聊、冷漠与绝望时，人类就成了法国摄影师 Patrice Letarnec 的作品《人类动物园》里的动物，被圈养、被囚禁、被观赏。

到此时，我们才能真正知道人在自然界的位置。学会"把狗还给狗。把狮还给狮。把水牛还给水牛"。当别的生命都进了动物园，人类的末日就已不远。

凶猛的，是想猎杀、囚禁和圈养的行为；温柔的，是了解欣赏、和平相处、结伴而行的心灵。无论是人类，还是动物。

人类凶猛，动物温柔

文 / 谭山山

规避现实的最好工具，就是各种萌物。"从现实原则的桎梏中获得解放的人们，向这些萌物倾注了无限的感情，痴迷于这没有时间性的幸福感中。"

"认识的人越多，我就越喜欢狗。"

这句话出自在法国大革命期间被送上断头台的罗兰夫人之口。至少有三个中国名人引用过这句话，并表示赞同：

一个是李敖，他用这句话来标榜自己的愤世嫉俗；

一个是黄永玉，他不仅在画作上题上这句话，还刻成印章；

一个是王朔，在写于 2015 年的《我的新年祝词》中，他表示："这是罗兰夫人一辈子说得最有水平的话，出自 18 世纪的话同样适用于今天。"

另外，金庸在《倚天屠龙记》中借"金毛狮王"谢逊之口，说出了类似的话："我生平最崇仰、最敬爱的一个人欺辱了我，害得我家破人亡，父母妻儿，一夕之间尽数死去。因此我断指立誓，姓谢的有生之日，决不再相信任何一个人。"、"我相信禽兽，不相信人"。

拥有一只宠物（哪怕是虚拟的），让自己的生命更丰满。

在现实中以及网络上日益壮大的"萌宠党"也会赞同这句话，不过他们可能会稍微改一下说法：认识的人越多，我就越喜欢动物。

根据国家统计局的统计数据，目前我国宠物猫的数量居世界第二，有 5810 万只（第一位的美国为 8060 万只）；宠物狗的数量达到 2740 万只，位居世界第三，仅次于美国（5530万）和巴西（3570万）。截至 2014 年，我国有近 7% 的家庭在养狗，养猫家庭的比例则为 2%。

这还不包括网络上的众多"云养宠物者"。所谓"云养"，就是喜爱动物，但条件所限养不了，只好在网络上"认养"自己心仪的对象。从理论上说，你可以云养一切东西，包括昵称"滚滚"或"胖达君"的大熊猫、哈利·波特迷都想要的猫头鹰、短腿柯基犬以及其他犬种、仓鼠、兔子，甚至土豆（不过好像还没人给土豆君开直播频道），但"云养"这个概念，是因猫而起的——网络猫奴的数量相当庞大！ Pinterest 网站上，就有"上帝创造猫咪，是为了让它填充社交网络"的说法。

PingWest 品玩网的一篇报道总结了"云养猫"的三种形式：一、本人在外地打拼，猫留在老家，只好让家人发来猫咪的照片、视频，或者定期跟猫咪视频聊天。二、开启众包模式，精神领养网络红猫。网红猫虽然不属于自己，但"我拥有跟猫咪那段在脑海中激烈碰撞的经历"，会以取关来威胁不定期更新猫咪照片的博主。三、精神养猫，完全虚拟，我的猫由我制造，也就是超越现实主义的"云养猫"。

品玩网记者还采访了用第三种形式"云养（虚拟）猫"的"薄污"。薄污表示，自己虚拟的这只猫叫 Araki，设定是"生性含蓄内敛，会一直躲着人"，它不爱出风头，不会是网红。"每次看到有趣的东西，就拼凑到它的身上，让它的生命更丰满一些，给它续命"——其实，薄污说的是自己吧，拥有一只宠物（哪怕是虚拟的），让自己的生命更丰满。

成年人喜欢长着大眼睛的萌系女孩；而长着娃娃脸的动物如大熊猫和考拉，也特别受人欢迎。

日本社会学者四方田犬彦在《论可爱》一书中列举了一些被视为"可爱"的东西：小东西；让人莫名觉得怀念的东西；不守护它似乎它就很容易受到伤害，脆弱而虚幻的东西；只要看一眼就让人内心充满了天真情感的东西；不可思议的东西；尽管随处可见，却隐藏着某种神秘感的东西。"一旦施了'可爱'这种魔法，无论多么平凡的事物，都会迅速充溢着亲切感，向我们展示充满善意的表情。"

四方田犬彦分析了人们用"可爱"机制区分内部世界（精神）和外部世界（现实）的动因：世界这么乱，人们无力改变现实，只好规避现实，缩到个人的小世界里。这种规避，只有借助坚信能够将内部和外部分割开的二维对立装置才能实现。一旦从外部闯入不可预期的入侵者，内部就会受到污染，遭遇重大危机。"可爱"这个观念的作用，就是回避危机、保持洁净、充满安定感、保障内部的神圣不可侵犯。在受到保护、充满安定感的内心里，所有的事物都变得让人亲近、无须防备、心情愉悦。

而规避现实的最好工具，就是各种萌物。"从现实原则的桎梏中获得解放的人们，向这些萌物倾注了无限的感情，痴迷于这没有时间性的幸福感中。"（见《论可爱》）

正如四方田犬彦所说，"小小的、能激起保护欲、让人内心充满了天真情感的东西，就是萌物。"这也符合奥地利动物学家康拉德·洛仑兹 1949 年提出的一个假说：幼小动物的种种体貌特征，会引发成年动物的护幼行为。果壳网主笔瘦驼曾撰文介绍：这些所谓"体貌特征"，包括大脑袋、大眼睛、短鼻子等。最经典的例子就是米老鼠的"演化史"。

古生物学家斯蒂芬·古尔德在其科普文集《熊猫的拇指》中提及，从诞生之日起，米老鼠的形象就逐渐向"幼稚"方向演化：头越来越大，眼睛越来越大，鼻子也越来越短。迪士尼卡通中那些蠢笨邪恶的角色则相反，像普鲁托和古菲，还有跟米老鼠争夺明妮的坏老鼠莫迪默，都长着一张大长脸。

在社会生物学中，这种现象被称为"幼态延续"（Neoteny），指一个物种把幼年的甚至胎儿期的特征保留到幼年以后甚至成年期。科学家们发现，此现象是跨民族、跨文化的，甚至跨越了物种。因为这一偏好，所以成年人喜欢长着大眼睛的萌系女孩；而长着娃娃脸的动物如大熊猫和考拉，也特别受人欢迎（以至于英国科学家成立了"丑陋动物保护协会"，呼吁保护那些不那么可爱的动物）。

宠物是受此偏好影响最大的。比如宠物犬，在长期的驯养过程中，它们的狼祖先的幼儿特征——大脑袋、圆滚滚的身子、耷拉的耳朵，以及好玩耍、亲人的特性被保留下来，而丧失了成熟体的凶猛、嗜杀的特性。甚至它们的汪汪叫也是人类选择的结果——成年狼只会嚎叫不会吠叫。

你是猫派，还是犬派？

村上春树曾说："工作完毕后，半夜把猫抱在膝头，一边一口一口喝着啤酒

一边写第一本小说时的事，现在都还记得很清楚。"（《村上朝日堂是如何锻造的》，赖明珠译本）

那本小说，就是《且听风吟》。众所周知，村上春树是著名的猫党，在他的个人生活和作品中，猫都扮演着举足轻重的角色。日本学者、评论家铃村和成在《村上春树·猫》一书中写道："在村上小说中，'我'是猫的同类，是猫的分身；猫也是'我'的同类，是'我'的分身。"他认为，村上春树小说的世界，是一个猫化的世界："这是一个新奇的世界。在这个世界，井然有序一文不值；没有逻辑才是有效通行证。"

铃村和成用"猫派"、"犬派"给日本现代作家分类：村上春树是百分百的猫派，写有《我是猫》的夏目漱石也是猫派，太宰治应该是猫派，村上龙也应该是，不过都不太好确定。森鸥外是犬派；至于芥川龙之介，很难说得清他是猫派还是犬派，非要分个究竟的话，应该更偏向犬派。

而最极致的猫派，绝对是谷崎润一郎。他一生搬过三十多次家，但无论搬到哪儿，身边总有猫。晚年的他因健康问题不能跟猫直接接触，于是把毕生最爱的波斯猫中的一只做成了标本，放在自己能看见的地方。而且，他还写过中篇小说《猫与庄造与两个女人》，讲的是一个男人爱猫胜于爱妻的故事，其中有一段这样的描述：

"小猫正从空箱子里面探出脖子，'喵'地叫了一声。庄造不禁讶异：畜类竟也拥有这般柔情似水的眼神！虽然有些不可思议，不过躲在壁橱阴影中那扑闪扑闪的眼睛，已经不是原先那爱捣乱的小猫的眼睛。那一瞬间，他看到的是一双说不出多妩媚、多性感、多忧愁的成熟雌性的眼睛。"

在日本之外，著名的文艺界猫派还有：T.S. 艾略特、埃德加·爱伦·坡、海明威、赫尔曼·黑塞、杰克·凯鲁亚克、艾伦·金斯伯格、威廉·巴勒斯、杜鲁门·卡波特、塞缪尔·约翰逊、马克·吐温、雷蒙德·钱德勒、西尔维娅·普拉斯、斯蒂芬·金、多丽丝·莱辛、亨利·马蒂斯、萨尔瓦多·达利、丰子恺、钱钟书、杨绛、季羡林，等等。

犬派则有拜伦、司各特（这两位都曾为自己的爱犬树立墓碑、吟诗撰文）、库尔特·冯内古特、E.L. 多克特罗、唐娜·塔特、威廉·福克纳、弗吉尼亚·伍尔夫、伊迪丝·华顿、约翰·斯坦贝克、伊丽莎白·巴雷特·勃朗宁、艾米莉·勃朗特、E.B. 怀特，等等。

无论猫派还是狗派，他们都深深认为，和自家猫或狗的关系，"使我免于成

257

为一个极端且泛滥的无知之徒"（威廉·巴勒斯语）。和它们在一起的时光，是治愈的、安宁的，参见村上春树在《村上朝日堂，嗨嗬！》里这段话："两只猫沉沉地睡着。看到猫熟睡的身姿，我也得以安下心来。我深信在猫安心睡觉的时候，不会发生特别恶劣的事情。"

动物们活得简单、快乐，在生活方式上，我们这些所谓"高级动物"，得拜它们为师。

在《不向困境低头：向动物学习的 70 个理由》一书中，台湾作家燕尾蕨讲了一个老鹰再生的故事：鹰的平均年龄可达 70 岁。到 40 岁时，它的爪子开始老化，无法有效地抓取猎物；喙变得又长又尖，几乎碰到胸膛，导致无法进食；翅膀也变得又厚又重，使飞翔十分吃力。这时鹰必须决定，等死，或者涅槃般地更新。鹰这段更新期长达 150 天，它得飞到山顶筑巢，做几件事：用喙撞击岩石，直到完全脱落，然后等待新的长出来；接着用新喙把爪子一根一根拔出来，新爪子长出来后，再用它一根一根地把羽毛拔掉。五个月以后，羽毛长齐，鹰便能再次飞翔，开始下一个三十年的生命之旅。

这个故事，尤其是对于进入中年倦怠期的人来说，特别有启发意义。要么死，要么"涅槃"，但很多人欠缺的，是鹰那种壮士断腕的决绝。

身兼编剧、配音演员的乔安娜·珊迪斯马克则把自己的猫翠西视为心灵导师。她写有《你的猫：向喵喵学习的十件事》一书，记录自己从猫身上学到的生活课题：

随时检验你心灵的角落；

找寻独立与依赖之间的平衡；

一定要有玩乐的时间，即使再忙也一样；

清楚地表达你的想法；

一夜好眠及放松的能力是减压良方；

随时睁大眼睛留意新的机会；

勇敢抓住你的目标；

给予你最亲近的人大量的爱与关注；

摆脱混乱的状态；

享受小事所带来的乐趣，生活在喜悦之中。

是的，动物从不浪费食物，也不为无谓的事情烦恼，更不会失眠、焦虑、暴饮暴食、爆买、恋物……它们活得简单、快乐，在生活方式上，我们这些所谓"高级动物"，得拜它们为师。

超越人类理想的《疯狂动物城》

编译 / 宋彦

　　这座疯狂的动物城看起来毫无违和感，不仅因为动物形象和城市设计的科学、合理，也是因为我们人类在这个动物世界里看到很多现实生活中的影子。

　　2016 年年初，《疯狂动物城》以黑马姿态席卷了全球电影市场。它不仅成为远超《功夫熊猫 3》的票房大赢家，更在各大电影评分网站上创造了近几年来的高分纪录。烂番茄新鲜度高达 98%，豆瓣网上也得到了 9.3 分的超高评分。"满足了人们对动画电影的一切幻想"。这是观众对《疯狂动物城》的最高评价。

"只要你们拍动物题材的电影，我就都支持，哪怕只是动物们穿着衣服跑来跑去。"

　　迪士尼的动画史中有很多经典的动物形象。《蒸汽船威利》把米老鼠推介

《疯狂动物城》编剧杰拉德·布什（右二）和菲尔·约翰斯顿向观众讲解影片故事。

给全世界，《小鹿斑比》记录了一只小鹿的成长，《狮子王》塑造了辛巴这一英雄形象，《功夫熊猫》让具有东方特色的熊猫得到西方观众的认可。

"接到《疯狂动物城》这个项目时，我最先考虑的是，如何让它与之前所有以动物为主角的动画片不一样。"动画督导基拉·莱托麦基说。这个问题也是导演拜伦·霍华德和瑞奇·摩尔最关心的事。在筹备这个项目之初，他们的想法很简单。"当时，迪士尼首席创意官约翰·拉塞特让我们做电影提案，我们交了六个方案，大部分是和动物有关的。约翰一直喜欢这一题材，他和我们打趣说：'只要你们拍动物题材的电影，我就都支持，哪怕只是动物们穿着衣服跑来跑去。'"拜伦·霍华德说。

当真正投入电影项目时，拜伦意识到，塑造理想中的动物远比想象中复杂。事实也的确如此，从最初立项到电影制作完成，一共耗去了五年时间。剧本经过数十次修改，几万个分镜头画面被丢进了纸篓。"真的很痛苦。"回忆电影的制作过程，拜伦心有余悸。

创作之初，整个团队构想的是另一个故事：一个在动物城中执行秘密任务的间谍兔子，为一只小老鼠工作，但在第一次执行任务之后，兔子离开了动物城，去了遥远的南部海岸生活。"当时电影的名字叫《荒芜大海》，我觉得酷极了，可以做成一个走向野蛮的系列故事。"拜伦说。

但很快，点子被推翻了。团队被这个故事的开头所吸引。"如果建造一座城市，让所有动物生活在其中呢？这是没有人做过的事"。拜伦说，他们很快把这个发生在"动物城"里的故事延展开了。

《疯狂动物城》的另一个译名是《动物乌托邦》，与电影英文名"Zotopia"的词根相呼应。但在刚开始建造"动物城"时，创作团队想到的却是一个反乌托邦的故事。

当时，狐狸尼克是主角，故事以它的视角来讲述。尼克从小生活在动物城中，城中的所有肉食动物都戴着一个"驯兽项圈"，一旦它们食肉的本能难以压抑，项圈就会制造些刺激，以示提醒和惩戒。聪明的尼克有了一个计划：它创造了一个设备，能够让肉食动物摆脱项圈的束缚，享受本属于它们的生活。

"这个故事很刺激也很有趣，但它太黑暗了，动物们不是真心喜欢动物城，我们也在为观众传达悲观的信息。我们爱尼克，但我们不爱那座动物之城，事情不该如此。"瑞奇说。

又一次自我推翻后，第一个故事中的兔子朱迪终于和第二个故事中的狐狸

人类凶猛，动物温柔

尼克走到了一起，《疯狂动物城》才有了今天的模样。

"不同群体，甚至意见不合的人混杂在一起，大家必须找到一种方式相处。"

和大多数动画电影一样，《疯狂动物城》的整体基调是积极、热血的。动物城以一座和谐大都市的形式存在，城中动物都是"文明化"的动物，肉食动物以食用丰富的蛋白质食品取代了捕猎食物链下端的动物，草食动物继续吃它们热爱的胡萝卜和绿叶菜，大型动物和微型动物和睦相处。在科学而严格的城市规划下，它们分区域居住，形成了一个完整的可循环的城市生态。

兔子朱迪从小就梦想到动物城当警察，但在动物城的历史上，还从来没有兔子警察。她以顽强的毅力和积极乐观的精神完成了在警校的学业，并以优异的成绩取得了入驻动物城的资格。

离开了兔镇，进入大城市，展现在"少女朱迪"眼前的是一个现代化的花花世界，它满怀对职业的憧憬开始了自己的警察事业。然而，现实的打击是令人丧气的。和人类世界一样，作为最先打破规则的动物，夹在各种凶猛的大块头同事中间的朱迪备受质疑，甚至歧视。

警长把一件看似无关紧要的人口失踪案交给朱迪处理。朱迪半哄骗半威胁地请街头混子——狡猾的尼克帮忙。两人在寻找失踪人口的过程中，发现了一项有可能摧毁动物城的大阴谋。

故事的走向符合迪士尼的一贯套路。朱迪和尼克在与邪恶势力斗智斗勇的过程中升华了感情，它们战胜了邪恶，成为拯救动物城的英雄，尼克也被朱迪的热情和善良感染，战胜了自己内心的阴暗和恐惧，成为一名真正的警察。

从故事层面来说，《疯狂动物城》并不新颖，只是足够阳光和正能量。但这部电影真正打动人的是这 109 分钟里无处不在的细节。

如何构建一个让人信服的动物之城？两位导演和整个团队深入了解动物，做了大量的前期调研工作。

动物城中的动物种类繁多，这无疑给整个团队的调研增加了呈几何数增长的工作量。他们走访了洛杉矶、奥兰多等动物园，甚至飞到肯尼亚去近距离观察动物。

在踏上非洲土地之前，电影团队对如何构建一个动物城毫无头绪。"灵感来源于一次奇特的体验。"拜伦说，当时，他们从一个深 30 英尺的水坑边走过，看到狮子站在羚羊和斑马身边饮水。前者没有任何攻击性，而羚羊和斑马也淡定从容。喝完水后，它们就分道扬镳了。"这原本是不可想象的场景，但和人类社会又极为相似。不同群体，甚至意见不合的人混杂在一起，大家必须找到一种方式相处。"于是，团队在设计城市时，选择让仅占自然界 10% 的猎食者去野蛮化，让动物之间消除恐惧和不信任，在动物城中创造一个难以置信的文明社会。

动物城里的每一个建筑、公共设施、交通工具，甚至商店里的冰激凌都不是凭空想象的，它们都经过严格的推理和调研，都可以写一篇长长的论文，来论证其设计和存在的合理性。每种植物的存在都有特定的塑造环境的功能，比如，那数百棵巨大的树木就是用来维持城市环境湿度的机械树。

因为这跨越种族的设定，《疯狂动物城》被很多人认为具有政治隐喻和人类种族矛盾隐喻。创作者给出了不同的解释："我们知道这个故事从何而来，那是基于我们观察和了解到的狐狸和兔子能和谐共处的可能性。这种可能性是动物世界确实存在的现象。我们没法控制观众的想法，每个人都可以有自己的解读。"

从主角朱迪到闪电、牛局长以及万人羚羊夏奇拉，创作者为它们塑造了个性鲜明的形象。

《疯狂动物城》中的动物形象几乎是迪士尼动画史上最多的。团队耗费了大量时间，观察和研究成百上千种动物的体貌特征和生活习性。主角兔子和狐狸并不是罕见的动物，甚至是动画电影中最为脸谱化、最有刻板印象的。团队不得不花费更多时间，力求塑造两只个性鲜明的兔子和狐狸。

"鼻子轻微抽动是朱迪的特质，当它的鼻子快速抽动时，表示它处于一种高度戒备的状态"。动画督导基拉·莱托麦基分析，"它的耳朵会先于身体运动，当它听到背后有声音时，它的耳朵会先转动，身体其他部位再跟上。朱迪是一只女兔子，是一个小女警，我们不想让它失去女性身份，所以要让它跑起来很强健，但不会太像一个男人"。

有些造型设计也出于审美上的考虑。"朱迪的嘴是很窄的，如果太宽就会显示它的更多牙齿，那看起来很野蛮。所以，我们试着让它的嘴收紧一点点。如果你见到一个真正的兔子打哈欠，就会知道那有多可怕。你可以去 YouTube 上看一看。"基拉·莱托麦基说。

除了两个主角，《疯狂动物城》中也塑造了很多讨人喜欢的配角。动作永远慢八拍的树懒闪电，刀子嘴豆腐心的牛局长，爱吃冰棒的小仓鼠，动物城中的万人羚羊夏奇拉……这些角色出现的镜头不多，但创作者都在有限的时间内放大了它们的特色，塑造了个性鲜明的动物形象。

为了让动物们看起来更逼真，画师们甚至用显微镜观察小型动物，研究它们的毛发走向和层次，以求在不同风向、光线和不同情境下，真实地塑造角色样貌。

这座疯狂的动物城看起来毫无违和感，不仅因为动物形象和城市设计的科学、合理，也是因为我们人类在这个动物世界里看到很多现实生活中的影子。朱迪的手机牌子是被啃掉一口的胡萝卜，动物们喝的咖啡是山寨版的星巴克，商业街上那些巨大的广告牌总和现实生活中的大牌奢侈品撞脸。

黑帮组织头目"大先生"是一只体格娇小的鼩鼱，以《教父》中马兰·白兰度黑色礼服、红色胸针的方式出场，相同的场景，相同的嫁女儿桥段，动物世界就这样与人类世界重叠了。

赵忠祥：说了 35 年动物，还没说过瘾

文 / 赵潦汀

"我承认部分人类很'凶猛'，但那只是少数派，多数人还是希望和动物一起温柔地生活。"

不管是在客厅接个电话，还是在书房画幅山水，赵忠祥走到哪，他的宠物犬贝贝就会跟到哪。电话听筒那边偶尔响起贝贝的两声低吠，但很快又恢复了平静。"它呀，听话着呢。"谈起自己养了十多年的贵宾犬贝贝，老赵总是低声细语，一如他在《动物世界》中的解说，"低沉而又那么有耐心"。

"昨天去录《动物世界杯》途中，贝贝在我腿上不断换着姿态盯着窗外。老伴说，它挡着她看后视镜啦。我说，狗狗听话，下车也别乱跑，有人要吃你怎

么办。说完这话，忽觉心中一阵酸痛，我赶紧抱住了它。"这是 2014 年 6 月 22 日赵忠祥发的一条微博。有时他会觉得贝贝可怜，尤其是在连续录制几期关于动物保护纪录片之后。事后他释然了，又发了条微博："鹰击长空，鱼翔浅底，万类霜天竞自由。与小动物做邻居，可好？"

大约从 2012 年起，赵忠祥隔段时间就会遭遇这样的烦恼：不断有朋友问他还播不播《动物世界》；网友也经常 @ 他，并追问《动物世界》是不是停播了；有时去公园遛个弯儿，小区业主一见面就问他："《动物世界》现在是重播哪一期呀。"无奈，他只能一遍遍地重复，"《动物世界》我一直在播"、"每期内容都在更新"、"不存在重播往期的情况"……别人不明就里地问，他倒也不厌其烦地答。"大家伙儿已经把我和'动物世界'这个 IP 捆一块儿啦。"电话那头的赵忠祥笑着说。

小区特别大，赵忠祥每天都会牵着贝贝遛好几圈。有时他会感慨，"哦，原来我的工作和生活和动物如此相关啊"。上班录制动物栏目，望着屏幕里的动物解说、配音；下班回到家里，牵着狗狗出门转悠、锻炼。哪怕是在路上遇到个什么人，寒暄的内容也三句不离动物。"最近写啥诗啦？""老伴儿身体还好吧"《动物世界》最近忙啥，又做啥动物啦"……

如果没有《动物世界》，赵忠祥至少不会在解说领域具有如此高的辨识度。《动物世界》1981 年在央视开播，赵忠祥一直担任该节目的主持人。据他回忆，起初做节目那会儿，刚经历过"文革"，播报的方式和技巧都很粗糙，播报基本靠喊，解说很是乏味，有些解说词更是政治口号色彩浓重。"后来大家都觉得这样不贴近群众，做动物栏目，就应该尽量用平实稳重的风格让观众亲近动物界。"

此后的风格想必所有人都熟悉了。他经常深沉地说出一句"北极熊厚厚的熊掌"后，又开始平实地述说"人，这种长有四肢、双足着地、直立行走的动物"；有时他会调快语速，为即将被猎豹捕食的羚羊们暗自着急；他也会为旱季草原上饿死的小狮子流泪。

去年 12 月，老赵在《动物世界》开播 34 周年之时发出感慨："《动物世界》《人与自然》，我解说超过 30 年，约 3000 集 2500 万字文稿。但仍有新的信息吸引我……比如今天上午的片中，阿根廷与巴西边境的伊瓜苏大瀑布附近，飞翔的大黑雨燕会奇迹般消失。原来它们的窝就在水幕背后的岩壁上，再无天敌袭扰。大瀑布轰鸣声闻 4 公里外，但这些燕子却在这里甜甜入睡。"

贝贝小时候好动、机灵，总爱跟着老赵一起走街串巷。"现在（它）不行咯，好静不好动。我说，'咱俩现在都是老家伙啦，就这么待着不也挺好的嘛'"。

"就这么待着"，于是老赵在《动物世界》待了35个年头。"其实也是逐渐摸索。国外的动物纪录片水平始终是一流的，刚做《动物世界》那会儿，我们那叫一手忙脚乱啊，后来也是以他人为师，凡事都是从学生到老师的一个过程嘛。"

成为解说《动物世界》的"赵老师"后，赵忠祥近年开始参加一些综艺娱乐节目。他在选秀节目里跳舞、唱京剧，在公益节目中辣评做嘉宾，但在多数节目的录制现场，他还是不可避免地被贴上"《动物世界》资深主持"的标签，随之而来的便是各种关于他解说的重现、模仿、调侃以及恶搞。"其实我挺不喜欢在别的节目里恶搞《动物世界》解说词的。"但随着时间推移，他开始在其中寻找平衡。"别人愿意把你的栏目和你自个儿扯上关系，这不也是对栏目的一个科普和推广吗？很多观众看了节目哈哈大笑之后，可能就会找些往期的《动物世界》或《人与自然》看。这不论是对节目的品牌塑造，还是对自然界、动物界的知识科普，都有促进作用。"

他开始接纳那些与严肃纪录片栏目迥异的娱乐性节目。2014年世界杯期间，他受央视五套之邀参与《豪门盛宴》节目的录制，并开辟《动物世界杯》，用自己极具磁性的声音，模拟出一场场动物界的足球比赛。"球迷熬夜看球，当他看到《动物世界杯》节目，他会有印象，保不齐他会对动物界产生兴趣，这是我们的潜在观众，也是动物界的潜在关注者。"

"春暖花开，万物复苏，又到了交配的季节。"老赵多年前在节目中的这句解说词，在网络世界被网友异化为一句戏谑调侃。"《动物世界》里一些流传广泛的解说词，是否也是节目成功的重要因素？"每当向老赵问及此类问题，多数人总会小心谨慎。

"我懂你指的是什么。'又到了交配的季节'之类的对吗？我知道这些传遍了网络"。赵忠祥说，"这些解说词确实存在。繁衍交配是动物界正常的生理需求，不应该回避。一些解说词的走红，说实话我也摸不透，但还是反映出受众有雅俗之分。鲁迅说，'一看到短袖子就想到白臂膀，之后想到性交和私生子'。我不能控制别人怎么想，我只做好解说的工作就好"。

在接受这些意外走红的解说词之余，他希望大家还是把注意力集中在对动物的保护和关注上。"我现在天天带着贝贝在小区转悠遛弯儿。有时我会想，没有赵忠祥的《动物世界》观众会不会喜欢？但不论喜不喜欢，人类对动物的目光投射和特殊关怀始终是客观存在，也是必须存在的。"

"我说了 35 年动物，其实直到现在还是没说过瘾。这些和我们人类最息息相关的物种，需要大家共同关注和呵护。我承认部分人类很'凶猛'，但那只是少数派，多数人还是希望和动物一起温柔地生活。"

Kumamon：日本首富是只笨萌熊

文 / 库索

无论是表情还是行为，Kumamon 都站在了正统派政府人员的对立面。它是千篇一律中那张让人眼前一亮的脸谱，你见过哪个真性情的公务员，从来不掩饰出丑，制造意外又享受尴尬呢？

5 月 5 日，熊本地震后的第 22 天，Kumamon 终于现身了。

这天是日本传统的男孩节，Kumamon 突然造访西原村幼儿园，轮流拥抱过在场的老人后，笨拙地领着孩子们跳起了拿手的体操。在它不见踪迹的三周时间里，网络上充斥着"Kumamon 还活着吗？"的询问，熊本县厅收到了超过 110 封寄给 Kumamon 的慰问信，大部分来自日本，有的来自中国两岸三地。

作为官方任命的"熊本县厅营业部长"，熊本官方萌物 Kumamon 的行踪从来都不是谜，它的行程表总是提前一个月就在官网上公布。每月总有几天，它会准点出现在县厅办公室，接待各方访客——只有这一次，为了不给灾民带来混乱，它悄无声息。

而在福冈、鹿儿岛、大阪、东京等地应援熊本的募金箱上，能看到它怀抱爱心的身影——这是熊本地震 10 天后，Kumamon 设计者小山薰堂跟日本雅虎合作推出的特别设计图案，免费供各种机构使用。

Kumamon 有多红？它从熊本一路红遍九州，红成了自带"日本第一吉祥物"光环的超级巨星，红出了每年要在东京、大阪和福冈举办粉丝见面会的大排场。2015年，在大阪梅田举行的"Kumamon 粉丝感谢祭"，短短两天内吸引了 5.7 万人到场。

Kumamon 有多红？从人气带来的经济效益来看，它已经是坐拥千亿身家的日本首富。2015 年，Kumamon 周边和关联商品的年销售额首次突破千亿，达1007.78 亿日元，其中海外收入为 21 亿日元。从 2010 年诞生至今，它总共创造了累计 2419 亿日元的销售额。

Kumamon 有多红？它两岁生日时，幻冬社出版《Kumamon 的秘密》，煞有介事地归纳 Kumamon 的 12 条成功准则，技术化的原因如"明确的目标和随机应变的宣传战略""最大限度地活用 SNS""不收取形象使用版权费"；也有性格的讨巧之处，诸如"直爽的性格设定""丰富的肢体语言""不恐惧风险进行任何挑战""让他人快乐首先要自己快乐"之类……最核心的一条则是：不忘初心，始终立足于熊本。

Kumamon 的性格优势在于它的蠢萌。日剧女主角有三宝：昏迷、跌倒、为你好。Kumamon 至少掌握了其中最重要的一项：跌倒。它缺乏运动神经是有目共睹的，从新干线车厢掉下来是常事，还干出各种蠢事：喜欢撩妹，在发布会上偷偷掀起美女的裙角；参观新开发的温泉，会冷不丁一头扎进去；考察景点蹦极设施，非要自己也跳一次，结果被吓得半死；帮人家制作麻糬，手套被粘住；遇到对手疯梨，总要欺负人家……所以有人评价它：一个蠢到极致的网红。

它的存在，是对死板日本人的反抗。如果在通勤时段去日本地铁站看一看，会看到穿着黑色西装、一脸麻木的人们挪动着机械的步伐涌来，宛如丧尸般僵硬得一致，就是这个国家的社会现状的真实写照。Kumamon 尤论是表情还是行为，都站在了正统派政府人员的对立面。它是千篇一律中那张让人眼前一亮的脸谱，你见过哪个真性情的公务员，从来不掩饰出丑，制造意

《Kumamon 你要去哪里？》趣味旅游写真手册内附的照片。

外又享受尴尬呢?

Kumamon 是日本各地吉祥物风潮的其中一个。地方吉祥物大致相似,必须拥有一些初始设定:名字、性别、年龄、爱好、性格特征……Kumamon 的生日是 3 月 12 日,它这样大大咧咧的性格怎么会是双鱼座呢? 其实只不过是为了迎合九州新干线开业日罢了。

2013 年我采访过熊本县厅,接待的工作人员递过来一张设计成 Kumamon 形象的名片——对于一个政府部门来说,实在太不稳重了。他们告诉我,熊本其实没有熊。也就是说,且不论阿苏动物园里的饲养熊,Kumamon 是熊本现存唯一的"野生熊"。然而,就连这"唯一"也差点夭折:"熊本人总觉得如果被认为是有熊的地方,就意味着是乡下,所以一开始否定的意见比较多:'我们是城市,我们不要被误认为农村。'"

采访当天,当 Kumamon 朝我走来,给我一个大大的拥抱之后,我忍不住八卦:"里面是谁?"一旁的工作人员立即抢答:"Kumamon 就是 Kumamon 哦,中间没有人。"后来才知道,每个提出这个问题的人都会得到同样的回答。熊本人在刻意营造一种语境:Kumamon 不是扮演出来的形象,而是一个真实的存在。传说曾有人致电县厅,询问 Kumamon 是否可以出席晚上的活动,工作人员回答:"Kumamon 是公务员,早上 8 点 30 分出勤晚上 5 点 30 分退勤,不加班的。"

戏越演越真,"营业部长"是熊本县厅专为 Kumamon 设的职位,但关于工资问题大家似乎很发愁:"照理说应该按照部长级待遇给它发工资,可是考虑到它带来的经济效果,应该不止这点钱吧……如果工资发少了,它辞职怎么办? 它如果自立门户,应该会赚得更多吧……"

2012 年年底,熊本县某家广告代理店发过一条招聘"Kumamon 出动队要员"的广告,日常工作包括驾驶、司会和变装,录取人数仅 1 人。此消息流传开来,网上一片"不要啊"的哀嚎,似乎从一开始就坚信 Kumamon 是个活物。再一看待遇:月薪 16 万日元,各种保险齐全,工作地熊本。又是一片哀嚎:"Kumamon 的工资就只有这么点吗? 想哭。"

以 Kumamon 的性格,倒不像是为钱纠结的类型。熊本县厅工作人员表示,有了它之后,熊本县的人到东京出差,会自豪地说:"我来自熊本!"对方也会回应:"哦,就是那个 Kumamon 的熊本!""今后,在中国、美国、欧洲,只要熊本人所去之处,都有人知道 Kumamon,都可以说'我是从 Kumamon 的故乡来的',这才是我们最想做的。"

其实，Kumamon 翻译过来不叫"熊本熊"，它是由"熊本"的"熊"（kuma）加上熊本方言的"者"（mon）构成的，严格意义上应该译作"熊本者"。一来是读起来比较可爱，二来也是在传达这个意思：来自熊本的人。

沈石溪：人类有兽性，动物有人性
文 / 冯嘉安

一声清脆的猎枪声在西双版纳的热带雨林里响起，母猴和它怀里的孩子应声从树上掉下来。

"快！去看看！"沈石溪跟着经验丰富的傣族老猎人跑向母猴坠落的草丛。循着血迹，老猎人和沈石溪用枪管拨开茂盛的灌木，看见一只血淋淋的猴子，一手捂着自己中枪的腹部，一手抱着年幼的小猴。

老猎人不敢轻视猎物，一直用猎枪指着猴子，生怕它还有力气跑掉。就在这一刻，母猴抬起那只捂在腹部的手，拨开老猎人的枪管，然后直摇手。沈石溪说："它好像在说不要伤害它的孩子。"

母猴的灵性让他们震惊。老猎人说："走吧，我们不打了。"他们心有余悸地离开森林，头脑里回旋着母猴拨开枪管摇手求饶的一幕。

1969 年到 1986 年的 17 年间，沈石溪在动物王国西双版纳插队，跟着猎人们出入森林打猎。这段经历给沈石溪积累了丰富的素材，从 1978 年创作第一部动物小说《象群迁移的时候》开始，沈石溪写了几十部合计 500 多万字的动物小说，因此被冠以"动物小说大王"之名。

"当地农民，一方面在打猎，一方面对动物充满敬畏。他们把牛当作神灵一样崇拜，如果要杀牛，先举行仪式，给牛披红挂彩表示尊敬。他们崇拜动物的生命力，山寨里面的门、家里面最好的柱子，都会用牛的骷髅头或者大象的腿骨来装饰。"

在沈石溪的动物小说里，到处都可以看到对生命的敬畏之心。沈石溪觉得，城市人缺少真正跟动物接触的机会，对动物灵性的一面、智慧的一面了解得比较少。城市人把动物人格化了，爱动物被狭义成爱宠物。

"动物分很多种，例如野生动物、观赏动物、农产动物、工作动物、伴侣动物等。城市里的人，主要是接触伴侣动物，它们的主要作用就是陪伴人类，慰藉人类的孤独。宠物实际上是异化了的动物，例如宠物狗已经失去了很多狗的功能，不可能在野外生存。它们是通过对人类谄媚邀宠、阿谀讨好的奴性来生存的，这也是人类希望宠物表现出来的特性，城市人不可能像深山老林里的人们那样，对动物充满敬畏。"

"一对对斑羚凌空跃起，在山涧上空画出一道道令人眼花缭乱的弧线。每一只年轻斑羚的成功飞渡，都意味着有一只老年斑羚摔得粉身碎骨。山涧上空，和那道彩虹平行，又架起了一座桥，那是一座用死亡做桥墩架设起来的桥。没有拥挤，没有争夺，秩序井然，快速飞渡。"

初中的学生在课本里读到沈石溪这篇《斑羚飞渡》时，会好奇：斑羚是否真的这样踩着同伴作"垫脚石"，就能跳过山涧？语文老师在忙着帮学生摘录好词好句和提炼中心思想，他们也许很难想象，沈石溪跟着猎人上山打斑羚的时候，内心的矛盾和挣扎。

"猎人上山打猎，最喜欢打斑羚。因为斑羚肉很美味，它们也不具备反抗能力，而且它们成群出现，打起来收获很大。"农闲的时候，西双版纳的猎人就会召集起来，几十人一起上山打斑羚。每当发现猎物，猎人和猎狗会把斑羚团团围住，逐一开枪屠杀，直至赶尽杀绝。

沈石溪亲眼见识过斑羚的跳跃能力，轻松一跳就是好几米。也亲眼看过，如同《斑羚飞渡》中所描写的，跳不过悬崖的小斑羚，踩着老斑羚的背跳过去。沈石溪说："写这篇小说时，我有一种感觉：弱小的生命生存得很艰难，它们需要像传递火炬一样，一代代传下去，永远不要熄灭。我希望能借此唤醒人类的良知，不要再屠杀这些动物。"

如今沈石溪成为畅销书作家，卖得最好的《狼王梦》销量更突破 400 万册，当中不少读者是中小学生。63 岁的沈石溪现在常常走进中小学校园，给孩子讲动物的故事。

"我到很多地方讲课，都重复这样一个观点：现在的家长望子成龙、望女成凤，所以花很多的钱，让小孩到最好的学校读书，让他们周六日读各种各样的培训班。我认为除此以外，还应该花少量的钱，让孩子从小饲养一两种动物。饲养动物要喂食，要清扫，要倾注爱心，这是一种很直观的生命教育，让孩子学到责任心和爱心。也让孩子在对比中知道人类在大自然中的位置。"

在沈石溪看来，动物小说之所以比其他类型的小说更有吸引力，"是因为这个题材最容易刺破人类文化的外壳、礼仪的粉饰、道德的束缚和文明社会种种虚伪的表象，可以毫无遮掩地直接表现丑陋与美丽融于一体的原生态的生命"。

沈石溪觉得，很多动物的行为，其实跟人类是一样的。

"例如人类有领土意识，一个国家的领土神圣不可侵犯。实际上很多动物也会有领土意识，领土对动物来说就是生存圈，没有了领土就不能生存。像有些豹子跑到其他豹子的领地，肯定会发生强烈冲突，甚至生死搏杀，它们誓死保护自己的领地。人类的国家之间会有界碑，把领地标示起来；动物也会用毛发、排泄物等作为领地的界碑。"

在家庭问题上，很多动物会有团体意识、家庭责任感。"有些很弱小的鸟，平时看到人躲都躲不及，但发现有人进入它们居住的区域，就会主动攻击人。有经验的猎人会提醒我们：'这条路肯定有它们的窝，为了保护后代，它们才会这么主动攻击人。'这就是动物界里护幼的本能。"

与其说沈石溪笔下的动物被拟人化，倒不如说，从动物进化而来的人，身上还是带着动物性的影子。沈石溪认为："人的行为，有些来自社会的伦理和道德，有些则来自生物的基因和本能。"

现在一些企业也在管理上"拟动物化"，把"狼文化"引入企业管理就是一个例子。沈石溪说："狼有很强的团队精神，企业为了彰显凝聚力，要求员工拥有狼的精神。狼是一种中型猛兽，一只狼可以对付一只兔子，但对付稍微大一点的羊已经很吃力，更不用说对付牛之类的大型食草动物。生存形态决定行为，所以狼必须以群体形式互相配合、团结协作，这样才能猎杀大型的动物。但狼是很复杂的动物，除了团队精神以外，也有尔虞我诈、凶残成性的一面，所以不能过分宣扬狼文化。"

动物并没有那么简单，它们身上流露着人类自以为自己才有的灵性；人类也没有那么崇高，他们身上也充斥着自以为已经退去的兽性。沈石溪是个作家，不是动物行为学家，他写动物实质上是在反观人类。

姚晨：八顿是我家第一个孩子

文 / 邝新华

"我们有时候就教育小土豆说：'你记着，家里头排第一位是爷爷奶奶、姥姥姥爷，然后是爸爸妈妈，再然后是八顿，最后才是你。'"这是姚家地位排行榜。

"八顿是一个好朋友送给我的。"那是 2011 年，姚晨重新开始一段新的生活。那时八顿还很小，"长得那么瘦，把它抱回来时，像个小孩一样"。姚晨在微博里向粉丝宣布这件大事："家中新成员，两个月大，特能吃，一天八顿，故取名'八顿将军'。"

后来有人联想到二战时期驰名欧洲战场的美国四星上将乔治·史密斯·巴顿（George Smith Patton, Jr.）。姚晨只是一笑。

八顿刚入姚家时，对姚晨还有警惕心理。2011 年 11 月 8 日，姚晨发了一条微博："八顿这个老鸡贼，犯了错误立马钻床底，打死不出来。但我发现，只要一敲它的饭盆，这家伙立马以豹的速度奔出，乖乖束手就擒。"

很快，八顿开始融入新家。在进入姚家的第二年，八顿的生活主题只有两个字：睡觉。这是 2012 年 1 月 9 日姚晨发的一条微博："做只猫多好，每天唯一的工作就是睡觉。"这年 12 月 30 日，姚晨还在感慨同样的事，她在微博说："三分之二的时间用来睡觉，三分之一的时间在犯困，这就是八顿的一天。"

姚晨的先生老曹听说姚晨养了一只猫，"特别紧张"。"他没有养过小动物，他怀疑，猫会跟人玩吗？狗才会跟人更亲近吧？"但他又"不敢太提反对意见"。

后来，老曹拍完戏回到家，看到八顿在一个盒子里头，躺着看他，那一瞬间老曹的心软了，"哎呀，猫很可爱呀"。姚晨笑着说："后来我们家最宠八顿的就是他，他坚决不允许有人对八顿不好。"姚晨记得，有一次两人商量要不要再

人类凶猛，动物温柔

养一只猫，让八顿有个伴。后来又抱了一只叫二宝的小猫回来，没想到二宝跟八顿打了一架。"我们家先生气得抱着八顿关在里屋，说：'八顿都伤心了！'"最后只好把二宝送了回去，"八顿就这样成了山大王，跟新周猫一样"。若干年后，八顿也开了一个微博，名为"曹八顿"。

八顿是"挺高冷、挺内向、挺敏感的一只猫"。"它觉得你应该在它的视线之内，但是它绝对不会挨你特别近，"姚晨笑称，"八顿很像我们家曹老师，它也更愿意跟着曹老师，曹老师在哪它就在哪。"

共同生活多年，姚晨一家跟八顿的感情越来越深，猫跟人都有了共同的爱好——一把椅子。姚晨说，那是"曹老师最心爱的一把麻布椅子"，八顿最喜欢在这把椅子上练爪功，锋利的猫爪子把这把椅子抓得全是毛，"变成了另外一个艺术品"。八顿不在家的时候，姚晨的儿子小土豆也会去麻布椅子那里学着八顿抓椅子。

姚晨经常在微博里说到八顿掉毛的事："八顿将军最近掉毛严重，一摸一手毛，一抱一脸毛，猫毛在家里的每个角落飞舞狂欢，奇怪的是，它身上的毛却并不见少。照此情形发展，将军用猫毛占领地球的日子怕是不远了。"

姚晨形容八顿的毛"像下雪一样"，这是一个"永远无法解决的问题"，姚晨最无奈的是，八顿特别喜欢睡在她的衣服堆里。"经常到我要出门的时候，一看，那衣服半边全是毛，粘都粘不干净。"姚晨在家没事时最重要的工作是粘毛，用吸尘器在家里到处吸。"可是你有时候不知道它躲在哪，它喜欢躲在暗的地方，在储藏间里，在衣橱里，把那衣服弄得全是毛，真的很难搞。"

小土豆刚降临时，八顿是吃醋的。"大家的注意力都在小土豆身上了，它经常会站得远远地看着，估计心里还挺难受的。"姚晨说，"所以它对小土豆吧，又好奇，又嫉妒，但又很想跟他玩。"

与八顿的高冷相比，小土豆就很热情，"很喜欢招惹它"，"小土豆小时候抱着它，经常把八顿的毛一撮一撮地拔下来，看得好惨。八顿也很无奈，倒也不反抗"。

有一次小土豆生病了，发高烧。八顿一下跳到他的床里头，当时姚晨还担心有什么意外，没想到八顿闻了一下小土豆，就在小土豆旁边躺下了。"我们那一晚上都没睡，八顿也跟我们一起守着小土豆，我就觉得非常非常感动。小动物虽然不会说话，但是它对你的情感是这么的真挚。"

有一次，姚晨在微博晒出小土豆和八顿的合影："土豆最近疯狂爱说话，但发音有时不太标准。近期一直管'八顿'叫'八戒',怎么都改不过来。"

不久前,姚晨再次怀孕了,过敏比较严重,不得已把八顿送回她的朋友"刘嬷嬷"家。有一天,小土豆玩着玩着就突然说:"我好想八顿啊。"姚晨也想念八顿,"小朋友跟动物的感情是天然的,小时候小土豆老欺负八顿,现在还想人家了"。

猫奴的生活痛并快乐着。随着八顿渐渐长大,它也不像小时候那样跑来跑去了。但姚晨外出拍戏的工作并没改变。"其实我们对八顿还挺歉疚的,因为工作的关系,一走好几个月。"

八顿是成年男猫,并没有像新周猫那样失去生育功能。姚晨本着猫本精神,让八顿生儿育女。2012 年年末,八顿与女儿"一毛"初次见面。姚晨在微博里记载:"父女初次相见,一毛很激动,一直跟随着爸爸,八顿君一脸迷惑,紧张得爪心出汗。有啥好害怕的? 还不是你自己干的好事。"

有一次,姚晨看到书里写着,"和自家猫咪对视十秒,它若臣服于你,必会躲开视线"。于是姚晨与八顿对视,"足足一分钟",八顿都没有躲开,姚晨无奈:"好吧,它是我主子。""八顿是一个看着很高冷,其实非常敏感的猫。什么人养什么动物,我觉得八顿的性格很像我先生。"姚晨和老曹一直把八顿当成他们家的第一个小孩。"我们有时候就教育小土豆说:'你记着,家里头排第一位是爷爷奶奶、姥姥姥爷,然后是爸爸妈妈,再然后是八顿,最后才是你。'他就'噢'的一声。"这是姚家地位排行榜。

博物君:观察自然能让人谦卑
文 / 宋爽

@博物杂志正在承担着为大量(受过良好教育的)公民答疑解惑的角色。每天,上千个问题等待被"翻牌",在一定程度上,这掀起了一股始料未及的博物学热。

人类凶猛,动物温柔

博物学这门学科总会在不经意间散发出某种哲学意味。卢梭在《植物学通信》中写道："不管对哪个年龄段的人来说，探究自然奥秘都能使人避免沉迷于肤浅的娱乐，并平息激情引起的骚动，用一种最值得灵魂沉思的对象来充实灵魂，并给灵魂提供一种有益的养料。"

"博物君"张辰亮显然深谙此道，作为《博物》杂志官方微博账号——@博物杂志的主要运营者，他的观点很明确，"人类社会是穿插在自然里的，而不是反过来"。多观察自然，能让一个人谦卑起来，避免自视甚高。

18世纪英国博物学家、现代观鸟之父吉尔伯特·怀特在《塞耳彭自然史》的导言里写道："在我们的时代，'推进科学'的愿望，就整体上说，已成一尊愚蠢的偶像了。几乎所有的科学教育，都以它为依归；它努力造就的，不是完整而博通的男人和女人，而是发明家、发现者，新化合物的制造者和绿蚜虫的调查员。就其本身来说，这些都很好；但恕我直言，这并不是科学教育的唯一目标，甚至不是主要的目标。这世界不需要那么多'科学的推进手'，却需要大量受过良好教育的公民，当身边遇到类似的事时，能断其轻重，并轻者轻之，重者重之。"

可以说，@博物杂志正在承担着为大量（受过良好教育的）公民答疑解惑的角色。每天，上千个抛给@博物杂志的问题等待被"翻牌"，在一定程度上，这掀起了一股始料未及的博物学热，人们开始关注周遭世界中种种常见的、奇异的、不可理解的动植物，甚至天象。不论那些热情洋溢的提问能否被解答，这使得一部分人成功地从日常生活中永无休止的琐碎和物质性中解脱出来，开始接受"大自然的旁观者"这个新身份。

而做到这些比想象中容易得多。"博物学一个很大的特点就是门槛不高，从事各行各业的人都可以成为博物学家，只要你有爱好，有热情和一些初步的知识。然后有时间去观察、收集，就可以有一定的成就。最主要的是，博物学真的很好玩。"张辰亮说道。

2013年7月27号，@博物杂志发布了题为《伤不起的印尼摆拍摄影师》的长微博，人们恍然大悟，原来青蛙打"伞"（一片树叶）、青蛙怒比中指、蜥蜴蹦迪、蜗牛叠罗汉并非"27岁印尼摄影师在邻居后院里偶然发现的"，而是经过严重摆拍甚至涉嫌虐待动物的结果。这篇长微博转发量6万，评论9000多条。从这一天起，@博物杂志彻底火了。

人们的好奇心一发不可收拾。铺天盖地的问题发了过来，麻烦也随之而来，张辰亮索性在置顶微博上立了 18 条规矩："博物君解答不了的问题：1. 药材。2. 内外科疾病。3. 猫狗的品种。4. 除市场蘑菇以外的蘑菇。5. 云南市场的蘑菇。6. 小于 10 个像素的虫子。7. 看蛋鉴定是哪种鸟下的。8. 看包鉴定是哪种虫咬的。9. 干炸、酱油水、清蒸、侉炖、水煮、松鼠过的鱼。10. 小时候见过的怪兽。11. 明明自己知道还要'考考你''你猜？'的。12. 刚破土的小芽。13. 作业、毕业论文。14. 不答我即是罪的伸手党。15. 戴胜。16. 戴胜是啥。17. '针尖大的小黑虫，好多腿，会动，没拍照'。18. 屋里有只虫，怎么赶它出去。"

张辰亮最喜欢回答的还是一些常见的东西，比如北京夏天经常在路边能看见的蜀葵，"开红花，然后叶子很大，跟南瓜叶似的，会有很多人都突然注意到它"。他认为一个人把生活中常见的、身边的东西都能认出来，就是一件值得骄傲的事。

在谈到那些被忽视却又濒危的动植物时，博物君严肃起来："官方只是重点宣传一些明星物种，比如大熊猫，活得比人还好，钱都往那上面投。但一些蝾螈就没那么好命了，尽管也是国家二级保护动物。像小熊猫这种国家二级保护动物，大家就觉得特别萌，想保护它们；但是同样级别的蝾螈却大批出现在市场上，只因民间传说它有疗效。中国现在对尤其像昆虫这种无脊椎动物，根本不关注，一、二级野生动物保护名单很少有无脊椎动物。这导致很多动物还没被发现已经没了。"

除了"颜值低"的动物遭受被忽视、被损害之外，植物的处境则更为凄惨。张辰亮提到，兰花是一种"特别容易被灭"的植物，因为种子不爱发芽，对生活环境要求又高。《国家重点保护野生植物名录》的第二批名单中，兰科所有种都被划成二级或一级保护，但这批名单直至现在都是讨论稿，没有被立法——从 1999 年它出炉到现在，已经过去了近二十年。

这导致挖兰花的风气特别猖獗。"淘宝上一大堆大学生创业，挖兰花，网店搞得特别励志，电视上也把挖野生兰花当成致富经宣传。其实第二批补充名单要是立法，这些人都得抓起来。现在去山里要想看见野生兰花，已经太难，人能到的地方几乎都没了。"张辰亮说，"中国人喜欢兰花，但喜欢的方式不是保护，而是挖走。"

博物君经常语出惊人，他的某些观点常常和大众的认知相违背，但这恰恰基于理性的科学观。

他提到了一个令多数人厌恶的昆虫——蟑螂，并为之正名："我觉得蟑螂被误解挺大的。他们觉得蟑螂脏，其实它在昆虫里算最干净的了，外观油亮油亮的，纤尘不染，没事就清洁自己。有的人说它传染疾病，哪个瘟疫是蟑螂传染的？有蚊子传染的，有苍蝇传染的，几乎就没有蟑螂传染的。在森林里它也不是害虫，而是扮演分解者的角色，这棵树倒了，开始烂，它就会把这棵树分解掉，是有益处的。在家里它也想扮演这么一个角色。我觉得对蟑螂的恐惧很多都是宣传出来的。"

此外，备受推崇的喜鹊在博物君看来也没那么可爱。"人们觉得它很喜庆，其实它在鸟里面算特别'流氓'的，别的鸟刚孵完小鸟，它就把小鸟给吃了。它还可以跟蛇搏斗，把蛇吃掉。我在内蒙古见过两只喜鹊揍一只隼，一脚就把隼从天上踹到地上"。博物君说，"喜鹊是鸦科的，智商比较高，比较流氓"。

在更高的层面上，张辰亮认为博物学能让一个人不那么"不可一世"，当发现自己原来并非大自然的主宰时，会由衷地感到心平气和，当然也伴随着一些转瞬即逝的失落。如果从人类的视角拍一朵花，往往会觉得花过于渺小，甚至可以毫无顾忌地踩死它；但如果趴在地上平视或仰视它，就会发现，有些花是朝向地面开的，花瓣底下的花纹是你无论如何都无法从上面看见的，"因为它是给地上的昆虫看的"。这会带来难以言状的强烈的敬畏感和喜悦，"这跟钱、亲情、爱情带来的快乐都不一样，这种快乐毫无负担"。

被城市圈养的人类

文 / 张丁歌

人类社群不再是人人熟悉的小型部落，也不再是鸡犬之声相闻的小国寡民，而是人口爆炸的超大型部落。现代人于是成了"超级部落人"，好比动物园里的圈养动物。

"请想象一块 20 英里见方的土地，蛮荒，栖息着大大小小的动物。再想象聚居在这块土地中央的一群人，60 人。想象你自己坐在那里，就是那个小部落里的一员……这是你的专属家园，部落的狩猎场。男人经常外出打猎，女人采集果实。儿童在营地周围嬉闹，模仿父辈的狩猎技巧。

"请想象一块 20 英里见方的土地，已经完成文明进程，里面塞满机器和建筑物。再想象聚居在这块土地中央的一群人，600 万。想象你自己坐在那里，庞大的都市纷繁复杂，在你四周铺展开来，一望无际。"

这是英国动物学家、生物人类学家德斯蒙德·莫利斯在《人类动物园》（饱受争议的"裸猿三部曲"之二）一书中开篇设想的两个场景。他引导我们比较这两个画卷：第一幅画里，如果部落万事如意，人口膨胀，一群人将会出走，到一片新的领地去殖民。就这样，人这个物种一点一点地在广阔的地区逐步定居下来。从数量比上看，第二幅画里的 10 万人对第一幅画里的 1 个人，从第一景到第二景的变化只用了几千年。人这个动物似乎适应这异于寻常的新情况，但他还来不及完成生物学意义的变化，来不及演化为在基因层次上文明化了的新物种。这个文明化进程完全是依靠学习和条件反射实现的。从生物性上讲，人仍然是第一景里描绘的那个简单的部落动物。

1967 年，莫利斯便借"裸猿三部曲"——《裸猿》《人类动物园》《亲密行为》向世人宣称：人，不是从天而降的天使，而是由地而生的猿猴。在 193 种猿猴中，只有一种猿猴全身赤裸，他们自诩为"智人"，实际却是"裸猿"。他挑衅般的观点激起巨浪，《裸猿》一度成为地下禁书。但几十年来，莫利斯的观点从未动摇：人类的生物学基础非但不能回避，而且要认真研究。尽管人类创造了瑰丽的文明，但仍然受制于基本的生物规律。

笼笯内外，已说不清哪一边更像"人类动物园"。你甚至会怀疑正在笼子外打量他们的自己——到底是不是他们的同类，是动物还是人类？

在《人类动物园》中，莫利斯的声音更像一个比较动物学、生物人类学的权威：近代以后，人类社群不再是人人熟悉的小型部落，也不再是鸡犬之声相闻的小国寡民，而是人口爆炸的超大型部落。现代人于是成了"超级部落人"，好比动物园里的圈养动物。

他这样解释人类的"自我圈养"——人有这样一个固定的生物属性，猝然进入超级部落里的都市的混乱时，人心灵深处反而感到满意。这一属性是永远难于满足的好奇心、创造性和心智上的唯美倾向。都市的混乱场面似乎能加强这一品性——他思念都市的狩猎生活，到最大、最佳的狩猎场去猎取最大的猎物——是许多现代都市居民自愿禁锢在"人类动物园"的动力。

莫利斯认为，圈养动物发现自己被关闭，孤苦伶仃，或者生活在反常而扭曲的社会群体里。在并排的铁笼里，它可能会看见或听见其他的动物，但不可能与它们接触。具有讽刺意味的是，人类都市生活的超级环境的运作与之极为相似："城市生活的孤单是众所周知的危害。在非人格的大群体中，人很容易失落。……在小型的部落社群中，约束他们的内聚力要大得多。由于顺应和一致的需要，他们的棱角被磨平了。相反，在熙熙攘攘的城市里，社会隔离的悖论又给人类动物园里的许多人带来大量的压力和苦难。"

"人类动物园里的圈养动物"——有评论称这一比喻深刻揭示了现代都市人的困境：人口过剩、过分拥挤的生存空间与人的生物学特性严重相悖，造成过分的压力、过多的"都市病"。

来自法国摄影师 Patrice Letarnec 的一组作品《人类动物园》（Human Zoo），便像时隔多年对莫利斯的观点作出的一次视觉呼应：一个个紧锁的大铁笼内，简陋的枯树、石台、冷墙壁，面无表情的人们在里面，暮气沉沉地存活着（甚至都不能叫生活）。他们躺着、歪着、行走或互相倚着，看不出温暖，只释放出绝望、烦躁与百无聊赖。人类终于像动物一样被圈养（或囚禁）在动物园内，被观看，被指手画脚，成了名副其实的"圈养动物"。

这组作品看后令人不安，当人类社群与动物丛林彼此交替，"超级部落人"与"圈养动物"之间界限趋近模糊。失去自由意志的人，或皮肤裸露的"智人"，笼笯内外，已说不清哪一边更像"人类动物园"。你甚至会怀疑正在笼子外打量他们的自己——到底是不是他们的同类，是动物还是人类？

"在正常情况下，在自然栖息地里，动物不会自残、自渎、攻击幼崽，不会患胃溃疡、恋物癖、肥胖病，也不会结成同性恋的配偶，亦不会杀戮。毋庸赘言，在都市人的身上，这一切都发生了。……在某些情况下，其他动物的确表现出这样的行为；当它们在不自然的情况下被囚禁起来、受到限制时，就会出现这样的现象。动物园笼中的动物表现出上述一切反常的行为，我们对人身上这些反常现象就很熟悉。显然，城市不是水泥丛林，而是人类动物园。"

在这个超级部落，或人类动物园里，"圈养动物们"会发明一些规则，比如宗教、法律来约束自己的本能。但在实际操作中，动物本能仍然发挥着强大的力量。

"Human Zoo"不只是莫利斯的书名，也是 Patrice Letarnec 的摄影作品名，或作家们的小说名，更是历史上"社会人类学范畴"的一种荒诞现象的命名。

　　"人类动物园"始终是一个值得探讨的社会学话题。然而，这一概念也因几个世纪以来的另一呈现形式，持续酝酿着巨大的争议。

　　"Human Zoo"不只是莫利斯的书名，也是 Patrice Letarnec 的摄影作品名，或作家们的小说名，更是历史上"社会人类学范畴"的一种现象的命名：Human Zoo，19、20 世纪公开进行的人类展览，所展出的人类（展品）通常是所谓的"原始人"。这种展览往往着重强调西方文明中的欧洲人与被认为"原始"的非欧洲人之间的文化差异，而它常常被视为一种荒诞的种族主义行径。

　　简单说，"Human Zoo"也是一种"人类展览"。在 19 世纪后期和 20 世纪前期，巴黎、汉堡、安特卫普、巴塞罗那、伦敦、米兰、纽约、华沙等地都举办过这样的展览，受欢迎的程度难以想象，通常参观者数量都能达到 20 万人以上。至今，巴黎当年为迎接殖民博览会建造的"热带花园"，还因为人类动物园遗址的角色，成为现代游客的寻访秘地。

　　在这些展览上（或人类动物园中），人类不仅像"动物园里的圈养动物"，"珍奇异兽"，更趋向于一种"活体展品"。最近的一次争议引爆，来自两年前的伦敦，2.3 万人签署请愿书，呼吁抵制南非装置艺术家布莱特·贝利在伦敦巴比肯艺术中心展示的最新作品《物证 B》。艺术家的灵感便来自 19 世纪欧洲观众将非洲人当原始怪物观赏的"人类动物园"，一些触目惊心的暴行也还原性地展示。不像法国摄影师 Patrice Letarnec 那样，用那些"笼中行为"的作品唤起现代人的心理警觉，布莱特·贝利这位南非的白人艺术家，因为用艺术揭开历史的伤疤，过度唤起了民族间的心理痛感甚至耻感，而背上了种族主义的恶名。

文学家、社会学家和艺术家总是擅长触摸人性与动物性的边界。

　　文学家、社会学家和艺术家总是更敏感于人性（人类社会）与动物性（动物群落）彼此的边界，擅长在作品中以动物和动物园作为隐喻投射。

早在奥威尔的《动物庄园》中，人类社会与动物世界之间的阶级博弈，就已被极尽讽喻地呈现：农场的动物们成功地进行了一场"革命"，将压榨它们的人类东家赶出农场，以建立起一个平等的动物社会。然而，"凡动物一律平等，但是有些动物比别的动物更加平等"——最终，所谓的动物领袖，那些猪，篡夺了革命果实，成为比人类东家更加独裁和极权的统治者。

美国剧作家田纳西·威廉姆斯在他的成名剧作《玻璃动物园》中，则把人比作蜂群，住在"密密麻麻的蜂窝似的居住单位"里。

英国新生代小说家朱莉娅·斯图亚特，则把她的小说《伦敦塔集雨人》设置在有千年历史的伦敦塔里。在 13 世纪早期，伦敦塔里就有一座动物园。这个故事，便围绕着看塔人一家与这座神秘的塔内动物园展开。

而中国作家、诗人钟鸣在那部奇幻的《畜界，人界》中，把人类与动物界的奇异生灵与人性、兽性书写到极致：吃铁的动物、叩头虫、刑天、政治动物、一元论动物、树皮兽和其他名词性动物……想象力丝毫不输博尔赫斯的《想象的动物》。通篇既有人类的共性，又不乏东方语境："狐狸的报复一般选在秋天，秋后算账的本义指的就是这个。"他还从帕斯卡关于国王与动物的格言中，觉察到与权力相处的方式即是要使自己"动物化"。"嵇康之所以不能存身，在于他对变成动物还只存有幻想，究竟是变成不食死鼠和腐臭的动物，还是继续做人，他始终拿不定主意。"这一点，又与莫利斯的"人类动物园社会学分析"不谋而合。

坦言"心中碰上大波动"时会选择逛动物园的毕飞宇，也洋洋洒洒写下过一篇《人类的动物园》。"动物园"这个概念本身就隐含了"城市"这个概念的部分属性。"狩猎文明与农业文明是产生不了'动物园'一说的，工业文明出现了，人类便有了自己的动物园。动物园的出现标志了人类对地球生命的最后胜利。"

他写道，人类对凶猛动物的敬畏原先可是了不得的，诸如"老虎的屁股""吃了豹子胆了""河东狮吼"都是动物留给我们人类的最初惊恐。这些话如今只剩了"比喻"的意义。在动物园里，人类从来没有这么自信过。站在动物园里，他时常想：如果没有人类，世界的主人到底会是谁呢？或者说，如果上帝再给所有的动物一次机会，谁是世界最后的"秦始皇"呢？

最后他写下："把狗还给狗。把狮还给狮。把水牛还给水牛。这是我们人类唯一要做的事。"生命一直是结伴而行的，别的生命都进了动物园，人类的末日便不远了。

也许，一个真正的"疯狂动物城"就是人类的未来。

人类和动物，到底是谁驯化了谁？以色列作家尤瓦尔·赫拉利在那本著名的《人类简史：从动物到上帝》（A Brief History of Humankind）中，提供了一种全新的看待人类历史的视角，他将人类看成一种经历过数次革命最终占领地球的动物。

书中他写道："有学者（注：也许就包括莫利斯）曾宣称农业革命是由人类脑力所推动的进步故事。他们说演化让人越来越聪明，解开了大自然的秘密，于是能够驯化绵羊、种植小麦。等到这件事发生，人类就开开心心地放弃了狩猎采集的艰苦、危险、简陋，安定下来，享受农民愉快而饱足的生活。"他笔锋一转，认为这个故事"只是幻想，并没有任何证据显示人类越来越聪明"。

赫拉利通过一万年前的绵羊、牛、山羊、野猪和鸡的 DNA 拷贝数据得出推论：农业革命是这些动物的胜利。农业革命的结果，不是人类驯化了农作物和家畜，而是农作物和家畜驯化了人类。

当然，就像莫利斯的"裸猿说"激起大量"智人"的口水讨伐一样，赫拉利的"家畜驯化人类"也引起很多反驳声音。"如果说农业革命是农作物和家畜的 DNA 的胜利，那么工业革命就是机器和集成电路的胜利？"自称"人类中心主义者"的中国学者李淼，就坚持认为人类至少是银河系中唯一的智慧生命。"如果我们真相信基因或细胞才是价值所在，那么一头大象的价值要远远超过一个人，一头鲸鱼的价值要远远超过大象（动物细胞的大小基本相似）。"

也许，一个真正的"疯狂动物城"就是人类的未来。

城里有群动物公民

文 / 弗呵昂克

秃鹰定位搜寻垃圾位置，猪、蜘蛛、蚂蚁为城市消解有机废物、垃圾；鸽子绕城飞行测出空气质量指数；绵羊、骡子"收割"杂草为机场廓清跑道……是时候重视那些在城市里发挥重要作用的动物了。

除了人类，动物一直都是城市里的重要成员，只不过少有人会在意它们的存在。

2009 年，埃及政府就曾为他们对动物的不走心而后悔不已。为了遏制突如其来的猪流感，当局政府下令捕杀 30 万头猪。此举过后，猪流感非但没有得到阻止，反而愈演愈烈。更严重的是，首都开罗不少住宅小区开始出现堆积如山的垃圾。原来在中低端小区里的猪一直承担着"食物残渣处理机"的作用，通过吃掉残羹剩饭来减轻垃圾负担。而当成群的猪被政府消灭之后，残渣开始泛滥成灾，开罗当地人形容这是"政府对猪关怀不够造成的后果"。

下水道拷问着城市良心，垃圾处理也一样。任何一座大都市都无法避免遭遇垃圾的处理问题。纽约曾被不少人调侃为"垃圾城"，每年能产出垃圾 2400 万吨，其中一半来自生活垃圾。除去垃圾分类和回收再利用，那些能够分解、消灭有机废物的动物功不可没。据了解，在纽约不少街区，经常出没的蜘蛛等昆虫能快速消解部分生活垃圾。在曼哈顿百老汇某街区，蚂蚁、千足虫等不同种类昆虫每年能消灭近 950 公斤有机废物。某种程度上，把这些昆虫称为"城市街道清洁工"都不为过。

同样是城市里的"垃圾攻坚战"，猪在开罗能迅速处理残渣，蚂蚁、蜘蛛等昆虫在纽约能持续蚕食废物，而在秘鲁首都利马的秃鹰则通过自身的飞行和视觉优势，帮助人类维持城市的外在整洁。

秃鹰在利马被尊为"清道夫"。在美国国际开发署和利马环保部联合制作的环保短视频中，秃鹰"神奇"开口为人类处理垃圾献策："即使大家都不喜欢我们，我们还是会参与到垃圾清扫的队伍中。"每一只秃鹰身上都配有太阳能 GPRS 定位系统，通过定位城市中的垃圾集中地，秃鹰们迅速反应并飞越全城记录地点，它们胸前安装的摄像头则在每个垃圾点拍下照片，待行动结束后制成一幅垃圾地图供环保部门逐一排查。

秃鹰在利马搜寻垃圾目的地的同时，"鸽子队长"们在伦敦则开始了它们对空气质量的监测工作。头顶"雾都"称号的伦敦，虽然早已摆脱了"工业依赖症"，但还是需要时不时对空气质量进行一番监测。英国人于是想到了鸽子。他们为每只被选入"监测大队"的鸽子制作了小型背包，这些酷似防弹衣的背包重量约 25 克，并在其中放置能够监测二氧化氮和臭氧浓度的监测仪。在鸽子飞遍伦敦的过程中，空气质量指数也被全程记录。而在 2015 年 8 月的天津港爆炸事件现场，兔子和鸽子作为动物活体被放置进入爆炸核心区，以期检验现场是否适宜人类生存。

作为城市重要成员的动物不光能帮忙测空气质量，还能通过劳动一举两得。在芝加哥的奥黑尔机场，一支由绵羊、骆驼、驴子组成的"收割团队"自 2013 年起开始对跑道附近的草堆进行"割草"，此举促进了机场环境美观，更重要的是"割草"之后能减少动物在跑道附近筑巢，从而避免类似"飞鸟撞机"的事故。

2015 年 7 月，武汉某男子在城市主干道楚雄大道上骑马引来众人围观。该男子表示自己试图通过骑马上班来避开日益拥堵的交通。"不堵，马可以绕过车辆往前直行。"我们都能理解大城市出行潜在的交通不便，就是不知道作为城市重要成员的马，在目睹了一次又一次的马路大塞车后，究竟作何感想？

你们这群愚蠢的人类！

文 / 于青

人类或许应该庆幸动物不会说话，它们对人类干的一切荒唐事不予置评。也难怪地球上会出现这么一群不知天高地厚的疯子——动物没办法监管他们，也懒得评述。动物拥有更为广阔的世界。

比起动物，人类更像神做的一个实验。这种看似聪明的物种没有长久奔跑的耐力，没有抵御寒冬的皮毛，没有强壮结实的躯体，更没有能将猎物开膛破肚的力量——面对严苛的生存环境，人类唯一拥有的技能，是一副自认为能够改变世界的头脑。

事实证明，这副头脑挺管用。凭借它，人类得以"超越"自然，用文明建成另一座安全城堡。也是凭借这副头脑，人类自认为驯服了其他生物，探索了外在星系，并征服了可爱又凶险的地球——动物不是变成宠物就是变成食物，土地不是变成工厂就是变成沙漠，更别提不能说话也无力迁徙的温柔的植物。自认万能的人类更化身山寨神祇，生造出一堆原不属于地球的事物，比如无法降解的塑料制品。

的确，在这个星球上，似乎没有什么是人类无法征服的。动物可以被驯养，植物可以被改造；分子可以被重组，寿命可以被延长——就连一场在动物眼中不过尔尔的旅行，都要郑重其事地刻上"某某到此一游"，更别提那些爬上一座山就得意洋洋自称"人定胜天"的自大狂——在一旁围观的动物若会说话，恐怕第一句就是"这群愚蠢的人类"。

不爽猫

早在 1905 年，夏目漱石就在《我是猫》中表明了猫的态度："世人褒贬，因时因地而不同，像我的眼珠一样变化多端。我的眼珠不过忽大忽小，而人间的评说却在颠倒黑白，颠倒黑白也无妨，因为事物本来就有两面和两头。只要抓住两头，对同一事物翻手为云，覆手为雨，这是人类通权达变的拿手好戏。"

同样的论调出现在杰克·伦敦的《野性的呼唤》中。尽管这是一本竭力描写人与动物爱恋真情的故事，"贵族狗"巴克眼中的人类依然是这样的："手持棍棒的人类胜利了，可是没有把他驯服。他清楚了，非常非常地清楚了，他没有办法和手拿棍子的人争。那根棍子就是个启示，让他尝到了原始法则的滋味，并且只尝到了一半个。"——在挨过一顿棍子之后，巴克不仅被唤醒了自身的狡黠，明白了什么叫"棍棒法则"，更清楚地看到，人类的所谓"文明"压根不存在。

比起已然无法分辨对错的社会制度，现在的人类更喜欢标榜"环保"，然而，那些被做成皮衣、皮草、手袋或毛领的动物可不这么想。在把"绿色节能""保卫地球"挂在嘴边的人类这里，不仅动物没逃掉，植物也没能逃过一劫——棉麻制品不仅廉价到令人发指，更是各类商场都不缺的常青款。在一辈子只需要一件"外套"的动物眼中，人类基本可归类为不可理喻的"恋尸癖"：他们的家具是树的尸体，衣橱里是动物与植物的尸体，一日三餐是丰盛而美味的各类尸体……就连进行亲密行为，这群不可理喻的人类也要用上从橡树中流出来的天然乳胶。

然而，人类的荒诞并未停止——为了这些具有无限象征意义的尸体，他们绞尽脑汁。权力、金钱、地位、声名……一切的一切，最直接的结果都是物质的丰盛。所以夏目漱石的猫先生觉得人类基本是疯子："……说不定整个社会便是疯人的群体。疯人们聚在一起，互相残杀，互相争吵，互相叫骂，互相角逐。莫非所谓社会，便是全体疯子的集合体，像细胞之于生物一样沉沉浮浮、浮浮沉沉地过活下去？说不定其中有些人略辨是非、通情达理，反而成为障碍，才创造了疯人院，把那些人送了进去，不叫他们再见天日。"

"如此说来，被幽禁在疯人院里的才是正常人，而留在疯人院墙外的倒是些疯子了。说不定当疯人孤立时，到处都把他们看成疯子；但是，当他们成为一个群体，有了力量之后，便成为健全的人了。大疯子滥用金钱与权势，役使众多的小疯子，逞其淫威，还要被夸为杰出的人物，这种事是不鲜其例的，真是把人搞糊涂了。"

所以《动物庄园》里的公猪"老少校"特别看不上人类。"在同人类作斗争的过程中，我们就不要模仿他们。即使征服了他们，也绝不沿用他们的恶习。是动物就决不住在房屋里，决不睡在床上，决不穿衣、喝酒、抽烟，决不接触钞票、从事交易。凡是人的习惯都是邪恶的。而且，千万要注意，任何动物都不能欺压自己的同类。不论是瘦弱的还是强壮的，不论是聪明的还是迟钝的，我们都是兄弟。任何动物都不得伤害其他动物。所有的动物一律平等。"

然而，自认聪明的"老少校"虽然看得清楚，却算不上特别清醒。这直接导致《动物庄园》的结局与初衷相悖——一场意在颠覆的革命，却让动物变成了最不想成为的人类。

相比之下，夏目漱石笔下的猫先生则对人类持有动物界应有的正确态度——事不关己地旁观，并冷眼分析人类社会自相矛盾的运转法则："咱家不清楚使地球旋转的究竟是什么力量，但是知道使社会运转的确实是金钱……连太阳能够平安地从东方升起，又平安地落在西方，也完全托了实业家的福。""官吏本是人民的公仆、代理人，为了办事方便，人民才给了他们一定的权力。但是，他们却摇身一变，认为那权力是自身固有而不容人民置喙。"

自私的人类不仅乐于堆积物质，还特别热衷于在本不独属于他们的地球上划分领土。在猫先生眼中，这无知到可笑："既不能零售空气，又不能割据苍天，那么，土地私有，岂不也是不合理吗？"

至于人类倾尽一生换来的金钱与声名，在猫眼中一文不值。所以它描画乌鸦在东乡元帅的铜像上便溺，还说"不从胯下倒读莎士比亚，文学就会灭亡"。被人类豢养的宠物狗也对豪宅没什么兴趣，只对在红木家具角落撒泡尿有点儿兴趣。至于在《荒野猎人》中扑到莱昂纳多·迪卡普里奥身上的那头巨熊嘛，影帝不影帝的人家不感兴趣，只想让他离自家孩子远点儿。

在人类一直忙着为自己构建自由、平等、公平的理想形象时，想想站在一边冷眼旁观的猫、狗与公猪，都很好地解释了什么叫"旁观者清"。省省吧，你们想操控的不仅仅是动物，你们更想操控的明明是同类。

人类或许应该庆幸动物不会说话，它们对人类干的一切荒唐事都不予置评。也难怪地球上会出现这么一群不知天高地厚的疯子——动物没办法监管他们，也懒得评述。动物拥有更为广阔的世界，它们如同《猩球崛起》的主角恺撒，一口气攀上山林顶峰连气都不喘一口。而在这个人类虚构的故事里，猩猩版恺撒不仅拥有人类无法企及的力量，更拥有能够超越人类的智慧。

最终，这个动物界的全能之子选择了什么？

它摒弃了人类多余的一切，回归无欲无求的壮阔森林。

人类凶猛，动物温柔

新周刊
NEW WEEKLY
2016 年度佳作

直播成瘾

直播成瘾：2015-2016 中国视频榜

如约，《新周刊》发布第 17 届"中国电视榜"和第 4 届"中国视频榜"。

至 2015 年，中国视频行业走过第一个十年。十年间，视频网站从新媒体跃升为主流收视平台，电视退居传统阵营。千禧一代成长为翩翩少年，玩弹幕玩鬼畜玩直播，用突破次元壁的喜好和表达方式影响着电视、视频网站以及所有的周边。

电视与视频的关系，已不再是简单的地盘之争。电视剧和电视节目被要求有"网感"，网络剧和网络节目则向着高投资、大制作、全明星阵营的"上星标准"狂奔。再没有谁能够肆意地说："这是我的地盘。"主持法制节目的撒贝宁承包了真人秀的话题人物；歌手大张伟、薛之谦被综艺节目排着队抢档期；演员陈赫、周杰、蒋欣演小品讲相声一个赛一个。屏幕的界限早已打破，传播的风向趋于融合，"人设"一改，跨界便可称王。

从专业电视台走入民间的"直播"，借助遍布全国的网红，形象地阐释了何谓"媒介即讯息"。百播大战之下，当范冰冰、王宝强、刘涛等明星，周鸿祎、任志强、王健林等企业家走进直播间，BAT 开设直播频道，可预期的洗牌和改变势必无需再花十年。

再次，《新周刊》集结专业评委，发布 2015—2016 年度中国电视成绩单和中国视频成绩单，褒奖先锋，遴选创新，致敬坚守。

网剧、网综压倒电视机?

采访 / 冯嘉安

谭飞：别把 IP 当救命稻草

时代天骄文化传媒总裁、制作人

今年娱乐圈最火的两个关键词就是：网红、直播。作为联合创始人，我跟梁宏达、张春蔚一起弄了一个自媒体"大唐雷音寺"，准备在腾讯玩一百场直播。我这过四张的斜杠中年，已经做了七八场每次两小时的直播，内容涉及影视娱乐的方方面面。每次直播完，我最大的感受是：缺氧，快口吐白沫了。

我们尝试颠覆以美女网红为主角的直播。谁都知道，这帮美女成了视频圈套现最迅猛的人，但层出不穷的管控也让她们越来越受束缚。我们来玩玩，看会不会有新意。

今年的网剧和网综也很热闹，《余罪》火到卖电视机的摊点不断拿它揽客，电视主持一哥汪涵也开玩了网综《火星情报局》。但带"网"字的火红难逃两种掣肘：一、实体经济的不景气；二、监管部门的杀威棒。我觉得网剧、网综会整体向好，但不愿预测谁会更火，因为，在网络，火是一件蛮危险的事。《奇葩说》第三季收官，成绩比前两季差得多，收缩一下尺度挺对的，至少它没犯忌遭斩。

来说说 IP 吧。这些年，我一直在疾呼：别把 IP 当救命稻草、当软毒品、当嗨药。这一年过去，大浪淘沙，我发现，不少所谓大 IP 越来越接近大 PI 了。用乒乓球教练刘月半的话说："醒醒吧，这是争夺眼球奥运会呢，你以为观众看个 PPT 就够了?！"

徐达内：百播大战一将功成万骨枯

新榜 CEO

短视频和直播在 2016 年的强势崛起，改变着中国内容产业的流量入口格局。

网红不再是"卖丑"的代名词，以张大奕、Papi 酱、小苍、MC 天佑为代表的各领域草根明星成为新一代网红。直播也借助弹幕打通社交，在成功杀死无聊观众的时间之际，也打开了一片商业新世界。秀场网红和达人网红之间，究竟哪一种更有生命力，资本和观众都在选择。尽管这个行业正在经历一轮又一轮的残酷洗牌，"百播大战"也必将落得个"一将功成万骨枯"的结局，但对于这些弄潮儿来说，只要掌握了圈层化受众的一部分心智，他们就能存活。

网剧、网综炙手可热，一时间，似乎每个影视平台和制作机构都在向这座山峰进发。可惜的是，精品稀缺，多数网络大电影看上去更像因为登不上大银幕的勉强之作，在《奇葩说》的传奇阴影下，同样尚无现象级网综来者。

坊间争说 IP，业者将其视作提高资本市场估值的最大依据。从网络文学中发掘出的《盗墓笔记》等少数作品，化身为多种介质，领一时之风气。但 IP 终归是皇冠上的明珠，皇冠尚未现雏形，明珠自然摇摇欲坠。

一条、二更……短视频同样三生有幸，是广告模式还是电商模式？条条大路通罗马，就看谁能坚持到终点。

当互联网野蛮人杀来之际，传统电视机构亦有奋起者。至少，综艺是他们可以依仗的利器。当管理者关上选秀的大门，语言类节目在 2016 年鱼贯而出，众多大牌主持人在威逼利诱的双重作用下，湿了自己投身网络海洋的第一双鞋。

我们的眼睛，遭遇移动互联网时代的视觉盛宴。

周洁：视频消费者也是内容生产者

华人文化控股集团联席总裁

2015 年，基于互联网技术的"泛娱乐"被业界公认为"互联网八大趋势之一"。

2016 年，我们见证了直播江湖大战，网红的走红崛起，网剧、网综无论在规模上还是形式上全面升级，并大有赶超传统电视节目之势。强 IP 以及有潜力成为强 IP 的优质内容尤为受益；产品形态越发丰富和新颖，商业模式不断演进和创新，产业生态体统日趋成熟和完善。视频行业的传统生产方式开始被更为多元、更为个性、更为"非线性"的方式所替代。

科技为内容的生产和运营提供了更灵活有效的工具和渠道，在具备互动、直播、特效（VR/AR）属性的内容上尤为见效；大数据和视频识别技术的应用也催生了更为多元和高效的收入来源和商业模式。

千禧一代成为消费主力，他们崇尚更真实、更优质的表达，追逐有质量、有深度的内容，由此给予了网红、自媒体在初期较为宽松的成长环境，以及从量变到质变的空间和机会。从颜值到才艺到原创能力，网红推陈出新，不断分化，也不断演进；运营网红的模式也从单一的变现环节（打赏、广告等）延展到扶持、包装、培训、电商、原创 IP、经纪等多元业务，网红作为个体也有机会晋升成为"IP"。

在移动互联网时代，生产者可能也是消费者，传播者可能也是生产者，视频的消费体验，已延展到互动和分享，在沟通交流的同时，也在产生新的衍生内容和体验。

沈阳：直播、网红、网综、IP 分食电视产业原有资源

清华大学新闻与传播学院教授、博士生导师

2016 年是网络重塑电视行业的一年。比起百分之零点几的收视率，动辄上亿的网络播放量成了更多电视人的追逐。各大视频平台竞争加剧，努力摆脱"包养""供养"，开始自我造血，自制网综、网剧，口碑营销成功突围。优酷、爱奇艺、腾讯三家月活跃量过亿，庞大的数据背后是中国 7.1 亿网民的合力，而这其中约 46% 都在参与、围观直播。市场上 200 多款移动端直播 App 正在进行白热化的厮杀，"直播"因其无可比拟的现场感正在引发一场传播革命，而 App 为寻求更大市场空间，正在以"直播 + 综艺"方式向有内容的娱乐靠拢，"内容"已成直播"新宠"。

网红作为直播平台捧红的"旧爱"，早已"自立门户，自力更生"。网红经济备受资本青睐，网红产业发展一路高歌猛进，这一新"职业"成为创新创业人士的蓝海，网红孵化器也应运而生，网红传播时代已然到来。

在可预见的将来，高质量、原创性的内容生产将成为最稀缺的资源，垂直

网红将主导网红市场，超级 IP 也将超脱平台限制，实现跨界变现，成为网红经济的最大入口。随着 BAT 在影视产业布局的深入，依托其背后技术、资本、平台的优势，三大力量强势加入 IP 的抢夺、运营之中，单就电视剧制作领域而言，资本抬高了版权，变相提升了小说改编费用，而平台优势又升级了 IP 的变现能力。

在直播平台、网红、网络综艺、IP 分食电视产业原有注意力及广告资源，网络综艺、IP 强势颠覆电视产业生产运营模式的当下，电视产业如何进化是有待深思和急需解决的问题。

无聊化生存

文 / 肖锋

我们正面对一面最新世代的魔方墙，各有各的图案，从远处看却找不到大图案。我们无法阻挡排山倒海而来的讯息，只是，不要让无聊的信息洪流塑造你，把你变成一只小小爬虫，随波逐流。

王宝强半夜离婚，8 月 14 日当天微信公众平台上相关文章超过一万篇，自媒体人、品牌、段子手等各路人马大开脑洞，连夜炮制 10 万余篇，上午的热点到下午就变成人人避之不及的垃圾信息。

追热点都追出了套路，最后成为一种无意识的习惯。人们每天都在无聊信息中漂流。

在中心化媒体时代，电视、报纸掌握了话语金字塔制高点。今天塔顶被削平，渠道无限分散，兴趣圈层化、碎片化，再也没有谁一呼百应。精英媒体开始焦虑，茫然四顾发现不再吃香。

你追的新闻热点，到底有什么价值？99% 的追热点，除了刷存在感，毫无意义。

碎片化阅读已占领新世代的空闲时光。曾经，90 后大学生最关注的 80 后作家的前三名依次是韩寒、刘同、郭敬明；现在，90 后非大学生可能更关注王思聪，那个有众多浑号、号召力不亚于其首富老爸的网红。

那么偶像呢？ 60 后、70 后甚至 80 后的偶像，都是大叔级或奶奶级了。新世代不知也不关心谁是这些偶像。他们推崇的派别，山头林立，彩旗飘扬，没有中心。

你面对一面最新世代的魔方墙，各有各的图案，从远处看却找不到大图案。

《新周刊》曾批"弱智的中国电视""病态传媒"，现在是直播无聊，去神圣化走向另一个极端：无聊化生存。

从前有事就打电话或发短信，现在 TA 没完没了地挂在你面前。99% 的朋友圈与你无关，汝之蜜糖，我之砒霜。我们被强迫过着别人的生活。

关注是一种权利，在没有选票时关注也是一种投票，关键看你投给了谁。

去年最后一天午夜，上海中山北路镇坪路口发生一起严重车祸，三位美女主播正通过网络平台直播网络游戏《炉石传说》，撞车画面被同步传到了网上。报道称，现场有人员受伤，豪车包括 GTR 等严重受损。没有多少人关注那位被送入重症监护室的被撞者——一位 25 岁海归。

人们惊叹于熊猫 TV 横空出世，全面崛起于新兴的视频直播市场，其杀手锏是娱乐和游戏，王牌是众多美女主播。

直播成为最新世代的趣味，直播睡觉，直播吃饭，当然，你得是美女帅哥，或另类有趣。够八卦、够逗比、够萌、够卡哇伊成为优先标准。这些标准与教科书上宣称的大相径庭。互联网正强势将最新世代从家长、老师、老板的手中抢走，聚集并建立自己的王国。这个王国嘲笑一切崇高、伪崇高和说教。

直播也是表演，不过是角色扮演。那些明星大腕更是角色扮演，按照经纪公司的脚本扮演。每次微博剧透，搞不好都是助手拟好的，为的是执行宣传策略。粉丝们疯狂叫好，TA 在微博上应了一个没有？

社会化媒体的出现，使以往覆盖在偶像身上的神秘感与距离感消失了。人们对明星或网红的生活有一种自然的好奇心，也乐于将自己的一言一行、一举一动都发布在微博、Facebook、Twitter 甚至直播软件上，以吸引大众的目光。"吃喝拉撒都要发状态"，日常生活的一切都要延伸到社会化媒体上，这已经成为明星增强影响力和亲和力的常态。

现在是克里斯玛传播（即魅力传播）时代，如果没有什么高大上的楷模可以膜拜，那就哈一个明星，就像哈一只小狗吧。

从前看完新闻就关，现在你会一直下拉，看完王宝强的，还有其他明星的，没完没了，除非你有极强自控力。

看娱乐八卦至少可以不看那些装腔作势的新闻。社会化新闻以"新、奇、特、快"为特点，标题党是 10 万 $^+$ 的标配。人们每天刷着新奇又无聊的帖子。这是个"资讯懒人"的时代，能看视频就不看文字，能看标题就不看内文，一篇文章如果下拉七八下还没完就懒得再翻了。

加拿大学者马歇尔·麦克鲁汉（Marshall McLuhan）于 1964 年提出创见："媒体即讯息。"意思是人们理解一个讯息时，会受到其传播方式的影响。当时个人电脑、手机和网路根本就不存在。如今我们进入这个科技时代，才能真正理解他深远的先见。尼古拉斯·卡尔（Nicholas Carr）在《网路让我们变笨？》一书中写道："网路提供大量的讯息，也塑造我们思考的过程。网路削弱我们的专注力和思维能力。如今，不论我是否上网，我都希望能依照网路模式获得大量的讯息。"

一位英国牧师告诫："不要让这个世界同化你，不要让电子资讯塑造你的思维方式。这是多么糟糕的一件事。"

我们无法阻挡排山倒海而来的讯息，只是，不要让无聊的信息洪流塑造你，把你变成一只小小爬虫，随波逐流。

从社会调查结果看，95 后是手游的一代、贴吧的一代、以各自为中心的一代。微博形成的公众议题对他们不再适用，他们在 QQ 上、在贴吧和微信里分享的都是小趣味、小情调、小话题。

游戏加直播是御宅族的新玩法，切中了最新世代的兴趣点。只是，那次直播车祸事件发生后，人们关注的是直播中断，是豪车损坏，而此时被撞者的家属和所在单位一直责问，为何没有人道歉，无论是当事人还是主办方。

历次热门事件中，新媒体屡屡"绑架"事件走向。《新周刊》曾以专题《围观改变中国》鼓励这个新态势。现在的新媒体，都呈离散状态，失去了会聚话题的能力，连微博都变成鸡肋。

经济学界的知道分子汪丁丁早就断言，知识分子行将就木——社会不需要一个专门看管良心的阶层，因为该阶层自身也不能免除利己之心。有无知识将不再是社会良心的判别标准。可想见，未来的新媒体浪潮之中，你将看不到知识分子，充其量只有知道分子，更多的则是成千上万部"推土机"，每天推平，每天堆起新山头。

再没人引领话题了吗？好像这并无不好，说明每个人都有了自己的主题。但一个失去主题的社会，尤其是这个非现代型社会会变成什么样？

关心自己没什么不好，这是理性和法治的起点，只是还会有柴静、雷洋这样的热点，碎片化时代能否再聚拢话题，对现实形成推动才是关键。

喜剧的狂欢与综艺咖的诞生

文 / 罗屿何烨

一档名为《笑傲江湖》的喜剧综艺开启了各大卫视的喜剧大战，辗转在多档节目担当笑匠的"综艺咖"成了收视保证。只是繁荣背后也有隐忧——明星刷脸过度、喜剧资源被过分开采，一地喜剧，究竟谁能笑到最后？

两年前，在大张伟的人生规划中，2016 年他准备去环游世界，但到了年末他的环球之旅仍未成行。大张伟的旅行计划落空与各大卫视正在上演的"笑战"不无关系——这一年，辗转在多档综艺担当笑匠的他实在太忙了。

《笑傲江湖》成功跻身"爆款"，让电视节目制作方看到喜剧综艺的潜力，在 2015 年至 2016 年间，喜剧综艺再度风生水起。

2016 年打开电视，霸屏最多的节目莫过喜剧综艺。以 9 月为例，仅周六晚间 20 点 30 分就有三档喜剧综艺同时播出，分别是北京卫视的《跨界喜剧王》、东方卫视的《今夜百乐门》、浙江卫视的《喜剧总动员》，周日晚间则是东方卫视的《笑傲江湖》。

这一场喜剧的狂欢，恰与《笑傲江湖》的横空出世有关。

2014 年，由冯小刚、宋丹丹、吴君如、刘仪伟担任评委的喜剧选秀节目《笑傲江湖》在东方卫视播出。凭借冯小刚多次直指娱乐圈弊病的言辞，节目迅速引发社会关注。此后，喜剧综艺一夜间成荧屏新宠，包括浙江卫视《中国喜剧星》、湖北卫视《我为喜剧狂》、湖南卫视《我们都爱笑》、江西卫视《谁能逗乐喜剧明星》、辽宁卫视《新笑林》、贵州卫视《非常欢乐》等多档节目突然出现在电视荧屏，很多人用"喜剧元年"形容一周七天喜剧综艺"无缝"打擂的 2014 年。

只是，这一场汹涌而至的喜剧热潮，如大浪淘沙，有些节目最终寂寂无声，淡出人们视野，有的却做得越发风生水起，如《笑傲江湖》在两年多时间里迅速发展，从没有广告商青睐，到如今已成功做到第三季。也正是两年前的这场热潮，以及《笑傲江湖》成功跻身"爆款"，让很多电视节目制作方看到喜剧综艺的潜力，于是集体发力，在 2015 年至 2016 年间，又涌现了新一股喜剧热潮，陆续出现如《欢乐喜剧人》《喜剧总动员》《跨界喜剧王》《今夜百乐门》等综艺。

自 2014 年至 2016 年，各大卫视不约而同推出喜剧节目，也与 2013 年加强版"限娱令"不无关系。"限娱令"让歌唱类节目大大受限，喜剧节目被视为填补空间的最稳妥方向。加之两年来，亲子类节目被叫停、真人秀过度消费明星遭人诟病、游戏节目雷同无趣让大众审美疲劳，综艺圈急需新的节目类型作为突破口，喜剧当之无愧成为首选。

从以下数字可以看出喜剧综艺的火爆：2015 年《欢乐喜剧人》第一季在爱奇艺总点击量超 6 亿，第二季在优酷的播放量达到 13.6 亿，在微博的话题阅读量超过 11 亿；而今年 9 月 10 日开播的《喜剧总动员》前 4 期点击量达 4.4 亿次，《笑傲江湖 3》仅在乐视视频的点击量就突破 2.2 亿。

在节目制作方眼里，无论喜剧业内人士贾玲、岳云鹏、宋小宝，还是"跨界"人才大张伟、薛之谦，这些随着喜剧节目火爆而涌现的"综艺咖"，早已成了拉动收视的嘉宾标配。

喜剧综艺的遍地开花不仅让观众从以往春晚的"一年一笑"变成"周周都笑"，同时也让大陆有了自己的综艺咖。大张伟、薛之谦、吴秀波、黄晓明、王凯、钟汉良、林志玲等歌手演员，姚明、邓亚萍、傅园慧、张继科、孙杨、林丹等人气运动员，不同领域的明星大咖都"跨界"成为"综艺喜剧咖"。

在综艺节目中频频露脸的"劳模"青年大张伟虽然曾在接受媒体采访时表示，别叫他"综艺咖"，因为"非常 low"。但无论怎样，唱着《小小少年》出道、

14 岁稀里糊涂成了"第三代摇滚领军人"的大张伟一直是歌手中最会讲段子的。

当年离开花儿乐队单飞，大张伟一度发展得不温不火，于是他干脆写了一首歌，歌名就叫《唱什么都红不了》。唱着"大金链子小手表，一天三顿吃烧烤"的他那时没想到，当人生换到另一个舞台，他却红得不得了。在湖南卫视《百变大咖秀》中，大张伟发挥一贯的"自黑到底"：他模仿罗大佑边抢话筒边转圈；扮成易中天开讲《百家讲坛》；卷发红唇模仿蔡琴惊艳全场……接棒《天天向上》主持人，是大张伟 2016 年在娱乐圈"翻红"的重要一役，他在节目中"出口成段"，机智幽默又有点鸡贼，拿话损人又不至于毒舌，不少网友都在微博上盘点"大张伟爆笑金句合辑"。即便被视作"综艺咖"，大张伟在接受媒体采访时还是一再强调，参与喜剧综艺就像曲线救国，全为"多露脸""贴补音乐"。

跟大张伟不相上下，辗转在多档综艺节目间担当欢乐大使的还有薛之谦。有评论称"薛之谦和大张伟参与的综艺数量相加可占全年综艺总和一半"。

据说段子手界有三个唱歌最好的，北有大张伟，南有薛之谦，东有台湾的费玉清。薛之谦第一次出名是在十年前的《我型我秀》舞台，但那时的他"红得快，黄得也快"，最落魄时甚至出首单曲还要自掏腰包做宣传。当经历过人生的高低起伏后，薛之谦反倒没了出道时的偶像包袱，他在各大综艺节目插科打诨，从不避讳过气时的辛酸，也很直白地表示搞笑是人气下滑后的谋生手段。他在《天天向上》做嘉宾，希望能上《我是歌手》，他在《极限挑战》中几分钟就被淘汰，哭诉自己推掉两个通告就为了上这么红的节目。综艺咖薛之谦的所有卖力表演，似乎都在提醒大家：和大张伟一样，他明显更爱音乐。于是在刚刚落幕的《中国新歌声》中上演了这样一幕：薛之谦带领第五战队前来踢馆，在一曲《你还要我怎样》后，薛之谦激动难抑，原因是"终于走上了这个梦想中的舞台"。

无论自己更爱哪个舞台，在众多节目制作方眼里，综艺咖大张伟、薛之谦早已成了拉动收视的嘉宾标配。

随着喜剧综艺的遍地开花，类似他俩这样的"跨界"综艺咖队伍还在不断壮大：贾乃亮爆笑模仿黄晓明；黄晓明化身耿直 boy，自嘲身高注水演技差；撒贝宁放弃严肃定位，搞怪又腹黑……同样让人惊喜的还有陈赫，这个凭《爱情公寓》中"好男人曾小贤"一角出道的他，要不是登上《喜剧总动员》的舞台，都快忘了自己曾是话剧演员。

按照《喜剧总动员》的赛制设计，每一对搭档都是"跨界明星 + 专业喜剧演员"，在"陈赫 + 贾玲"组合中，他第一集演贾玲妈妈的初恋男神，第二集演泰坦尼克号上的倒霉杰克，第三集演村里保安队队长。陈赫将自己的魔性笑声，以及类似"你这是搞事情""天霸动霸tua"等无厘头口头禅融入表演，虽不玉树临风，但贱得温暖。

当然，节目成就的不仅是陈赫，还有在喜剧行当深耕多年的诸多业内人士，比如宋小宝、岳云鹏、王祖蓝……另外，还有从相声班毕业，在按照郭德纲说法"女人并不适合"的相声行业努力多年的贾玲。

让贾玲真正火起来的，正是综艺节目。《喜乐街》发挥了她的喜剧天赋，《百变大咖秀》展示了她惊人的模仿能力。从火风到玛丽莲·梦露，贾玲的表演跨度之大令人咋舌，上台"面目全非掌"，下台"还我漂漂拳"。现场的应变能力也让她成为真人秀《奔跑吧兄弟》和《全员加速中》的常客。

与贾玲知名度呈同样走势的还有她的体重，六年胖了四十多斤对于一个女演员来说，简直是灾难，但肉肉却成了她的福音。娱乐圈里女神太多，憨态可掬的女孩反倒人畜无害，于是她更诚恳地自嘲，更诚恳地接受揶揄——在《全员加速中》向王凯撒娇，在《快乐大本营》中偷抱宋仲基。

也许和大张伟、薛之谦一样，在观众心目中浑身上下都是包袱的贾玲同样不那么认可综艺咖的定位，据说她曾在喝完酒后"矫揉造作"地对身边人宣誓："我要通过自己的努力改变中国观众对喜剧的认知和收视习惯，我有一天一定会做到。"

在和陈赫搭档《喜剧总动员》前，2015年贾玲先是上了《欢乐喜剧人》的舞台。在第三期节目，她把自己的亲身经历改成小品：大学毕业，男朋友让她在他和喜剧间二者择一，贾玲选了后者。表演结束，贾玲坚持播放周星驰《喜剧之王》中的音乐，同时她要求自己的最后一句台词必须是：我真的喜欢啊。

快乐是刚需，逗笑却并不容易。在喜剧节目层出不穷的今天，究竟谁能笑到最后，需要的是创作者足够的努力与诚意。

在《喜剧总动员》第一期节目中，贾玲搭档陈赫演绎穿越时空回忆母亲的作品《你好，李焕英》，让人看后笑中带泪。但这部作品的成功，忽然让喜剧综艺的舞台出现许多自带煽情效果的节目编排。

电视评论人冷眼君在《短平快、不煽情，好像才是喜剧节目正确的打开方式》一文中评价："喜剧节目的最高境界确实是笑中带泪，引人深思。但是，这

种效果是一种附加效果，本身不能过于追求，应该是一种情到浓时，自然发生，而不是节目中刻意为之。另外，作为喜剧节目，如果都走这样的路线，难免让人觉得有些同质化。"

这绝非冷眼君的一人看法。当演员刷脸过度、模式同质化、喜剧资源被过分集中开采后，搞笑是否一定有未来？

戏剧专业领域里有个共

综艺节目《喜剧总动员》剧照。今年喜剧类节目扎堆，形式类似，跨界成为热点。

识：在所有戏剧类型中，喜剧是最难的。推出《笑傲江湖》《欢乐喜剧人》《喜剧总动员》的欢乐传媒，其 CEO 董朝晖接受采访时表示，喜剧综艺绝非恶搞、搞笑，其实它的制作门槛非常高，一档喜剧综艺之所以成功，好编剧是核心竞争力，其次还要有具备专业表现力的好演员。据说早年的郭德纲，拎着一台录音机到处找前辈偷录扒活，之后自己复盘学习，正是因为真正的喜剧绝活不可多得。可见，喜剧剧本需要足够时间酝酿创作、整理修改、打磨成型，最后交与演员实践确保效果。

中央戏剧学院教师、喜剧编剧束焕曾参与春晚小品创作，因此亲身体会过春晚语言类节目的精雕细琢。作为创作者，他们往往提前几个月就要住进北京西四环边的"中央电视台影视之家"，每天从早到晚，就是"轧本子""啃梁子""磨包袱"。在作品框架确定后，还要抓住一次次"轧场"——也就是试演机会，耳眼结合仔细分辨观众对"包袱"的反馈。

作为周播节目的喜剧综艺，在创作时间与流程上的确无法比拟春晚，但就像束焕所说，现在喜剧节目如此丰富，正是过去积累的爆发，而此时的繁荣某种程度也是一种消耗。"喜剧是非常难做的门类，从本子到演员都需要不断积累。希望这些喜剧演员不要过度消耗自己的灵感，最好能憋个大的，比如喜剧电影。"

无论何时，人们对笑的渴望不会改变。快乐是刚需，只是逗笑并不容易，在喜剧节目层出不穷的今天，究竟谁能笑到最后，需要的是创作者足够的努力与诚意。

全民直播进化论

文 / 邝新华

在海量人力、财力的助推下，2016 年的直播行业开始有了质的变化：直播用户开始走出游戏和秀场小圈而变得大众化，直播形态开始从 PC 端转向手机端，商业模式开始超越打赏而与电商结合，最重要的是，以范冰冰为首的一线大明星也开始接受过去多年一直被认为 low 的直播。

互联网娱乐业有两个关键词：直播元年、百播大战。全民直播与全民炒楼、全民炒股有点类似。东北的失业青年玩直播喊麦，汕头的玩具老板玩直播卖积木；艺校的大学生玩直播秀身材，留学的黑老外玩直播秀汉语；一线的明星玩直播装亲民，三线的情感专家玩直播装专业。

直播平台也百花齐放：虎牙、龙珠、斗鱼、熊猫、章鱼、来疯、花椒、映客、一直播、陌陌、觅蜜、全民直播……根据艾瑞咨询的数据，国内直播平台数量接近 200 家，大型直播平台每日高峰时段同时在线人数接近 400 万。方正证券调查数据显示，2016 年，中国直播市场规模将达 150 亿元。百播大战的背后是资本寒冬之下的直播投资热。10 月份就有两单：花椒直播 A 轮 3 亿元，全民直播 A 轮 5 亿元。

在海量人力、财力的助推下，2016 年的直播行业开始有了质的变化：直播用户开始走出游戏和秀场小圈而变得大众化，直播形态开始从 PC 端转向手机端，商业模式开始超越打赏而与电商结合，最重要的是，以范冰冰为首的一线大明星也开始接受过去多年一直被认为 low 的直播。

映客一枝独秀，花椒跟上，随着微博加持，一直播也越来越火，出现了所谓的百播大战，似乎直播从天而降。

投资了 YY 的联基金创始合伙人邱浩把中国直播平台的进化划分成四个阶段。

第一阶段，2003 年时出现的视频直播工具，如新浪 UC、126 直播等。"当时年轻人都在用 QQ、MSN 交流，不会打字的中老年人怎么交流？当时的直播从语音开始再发展到视频。"

第二阶段，2007 年 PC 客户端的直播。"最古老的公司是 9158，9158 是秀场直播的鼻祖，一个美女在房间里唱歌、表演，围观者打赏。这个形式的鼻祖是 9158。后来出现了新浪秀、六间房、56 等。那个时期最大的是 YY。"

第三阶段，直播行业的秀场形态进入职业化，平台、公会、主播分工明晰，神秘的土豪支撑起整个行业。这时候最大的直播平台还是 YY，紧跟其后的是酷狗的繁星、优酷的来疯。这阶段，虎牙、斗鱼等游戏直播开始壮大。

合一集团高级副总裁、来疯直播业务总裁张宏涛就是当年新浪 UC 的技术研发，后来又创办了呱呱视频。"我做直播快十年了，当初做呱呱遇到的最大痛苦是，所有人都说你们太 low 了。low 这个字把自己框上一个心理阴影，别人问我是做什么的，我就支支吾吾。"张宏涛去年 5 月接手来疯，"那时手机直播刚刚开始，花椒还在做新闻直播。"

2016 年，张宏涛的心理阴影伴随着直播向手机端的转移，映客、花椒等主流直播路线的出现而消散。这就是直播业的第四阶段，人称直播元年。

邱浩记得 2015 年年中出现的 17 直播 App "让大家耳目一新"，与装上专业摄像头、录音麦，在装修好的直播间唱歌跳舞不一样，一开手机就能把自己吃饭、逛街、打蚂蜂窝的事情直播出去。这家由台湾麻吉大哥黄立成天使投资、"国民老公"王思聪入股的 App 不久后因色情原因被苹果 App Store 下架。然后，"映客一枝独秀，花椒跟上，随着微博加持，一直播也越来越火，出现了所谓的百播大战，似乎直播从天而降"。

"这些直播内容（吃饭、逛街、打蚂蜂窝）再往前推三年，一定是起不来的。"坐看 2016 年几家手机端直播 App 起来，张宏涛认为过去几年形成的秀场职业体系并没被撼动，"我们的主播是经过专业训练的，什么时间唱歌，怎么和用户互动，都是有专业考量的。这是一个成熟的产业链，主播们一个月不挣几万块钱，人家就不干了。但映客的主播们不同，他们是自己玩，甚至自己花钱。"

邱浩说："秀场直播为什么会这么火？它的本质是流量变现的产品。"所有秀场都有良好的收入，YY 直播的上市公司欢聚时代 2016 财年 Q2 营收 19.808 亿元，同比增长 45.9%。优酷土豆亏损，但来疯的秀场盈利。这也是影响老直播平台转型的原因。

"他们的打法不像我们这些老炮儿，有时候经验反而是一种智障——智力障碍。一个秀场应该采购流量，而不是做品牌。秀场做品牌不是找死吗？但人家就敢打品牌，吸引来了大批非专业主播。"

以前是人人都想当超女，现在是人人都想当网红。

前几年，直播界最引人注目的事还不是动辄上亿元的 A 轮投资，而是如 2 月 24 日斗鱼直播间那不经意的一脱，"斗鱼三骚"之一的主播"郭 mini"旋即成为微博评论及百度搜索的热门关键词。有调查显示，77.1% 的网民认为，在线直播平台存在低俗内容。

"长期以来，人们对直播有一种误解，认为直播不能上大雅之堂。"360 董事长、花椒直播投资人周鸿祎说，"在过去几年里，直播行业没有完善的市场规则，劣质、低俗的内容充斥在直播行业中，使直播尤其主播被污名化。人们对直播产生了很深的误解，弄得直播行业就像做夜总会一样，很多主播在歧视下抬不起头来。"

周鸿祎从去年开始就在努力改变这种状况。去年投资花椒以后，花椒与诸多媒体合作，要做成新闻直播平台。去年 8 月 25 日，周鸿祎的宝马车自燃，他跳下车第一时间不是找灭火器，而是直播。"我那么努力地直播，甚至连我的车烧着了都先直播，一共才挣了不到 50 万个花椒豆，折合人民币 5 万块钱。平台上有很多主播，胸比我大，脸比我尖，一晚上都不止挣这么多花椒豆。"

今年 3 月，当移动端直播的风口吹来，花椒一马当先捆上一线大明星，以改变人们对直播的印象。

从低俗到高雅，是 2016 年直播行业的转折，主要表现为主流人群开始玩直播。5 月 27 日，《鲁豫有约》的直播处女秀"鲁豫带你直击王健林的一天"吸引了近 500 万人观看。鲁豫直播第二期的主角正是周鸿祎，780 万人围观了周鸿祎的私人豪华影院。

9月14日，周鸿祎在"花椒之夜"邀请了范冰冰、张继科、张震岳、王祖蓝、吴莫愁等30位明星"为直播正名"。这是直播行业从原来的秀场和游戏小领域，进入主流人群和娱乐业一线的标志性事件。范冰冰在"花椒之夜"直播20分钟吸引了648万粉丝。

周鸿祎说："年初时找一些商界大佬来直播，他们还是心存顾虑的，觉得直播就是一些锥子脸在镜头前唱歌，会拉低自己的个人品牌。现在，江南春、李开复他们都在花椒开播了。"与明星相比，引进商业大佬更能为直播正名。8月12日，姚长盛、陈淮、王巍、任志强、潘石屹等商界名人入驻花椒直播《财神驾到》。

有"知心女神"之称的中国教育电视台主持人德格玛雅也在花椒做了自制节目《玛雅说》。直播的名声曾让德格玛雅顾虑："刚开始的时候，我做直播都不敢发朋友圈。"但是，四个月后，玛雅改变了对直播的看法："我就是在认认真真做一档节目，只不过是用直播的模式。"

主流人群的加入，使直播成为社会现象。张宏涛也很赞同："今年直播行业打开的最大局面是，整个娱乐圈开始接受直播，愿意到直播领域去试水，也不再有人说'太low了，不跟你玩'。"

在映客和花椒等直播App的刷屏之下，直播在2016年开始大规模进入寻常百姓。有数据显示，直播用户规模达到3.25亿。"直播过的人是看过直播人的十分之一。"邱浩说。用娱乐行业另一个概念来总结就是，直播行业在2016年进入了现象级市场。以前是人人都想当超女，现在是人人都想当网红。

3月20日，逻辑思维创始人罗振宇晒出了与网红Papi酱的合影，不久后，罗胖宣布向这位"集才华与美貌于一身的女子"投资1200万元。"2016年第一网红"Papi酱引起了随后半年的网红经济风潮。

网红靠内容——吃饭、逛街、打蚂蜂窝，经济靠打赏和电商。与过去的博客、微博、微信网红不一样，2016年新创业的十个网红有十个都要做直播。与全民网红风潮几乎同时的是，无数直播平台开始出现在公众视野，纷纷表示融资上亿，连沉寂多年闷声发大财的各大秀场和游戏直播平台都迫不及待地开始打品牌，拉投资。资本寒冬里竟然出现了直播投资热。

周鸿祎说："一定会洗牌。快的话，可能半年，最迟2017年就会见分晓。"

"今年被称为直播元年，本质来说就是原来的秀场业务向大众 TOC 市场转型。"

以前玩直播是三四线青年及土豪人群，从去年开始，全民手机直播，一二线青年纷纷涌入。"从 PC 直播到今天的移动直播，有点像上世纪二三线城市的夜总会，夜总会里是四线、五线、六线的小明星在唱歌，底下有群众围观，同时又有土豪打赏，288 元一个花篮。"邱浩说，"这里面有一定的荷尔蒙需求，对土豪来说，也有炫富的需求，这两点需求组成了整个直播经济的核心驱动。"

虽然秀场有良好收入，"秀场其实是为土豪表演，而不是为普通人表演。你不花钱你在那可无聊了，你花点钱，你真花两万块进去，你可能忍不住再花十万"，但张宏涛还要转型，做"互动综艺"。他要把传统综艺节目搬到直播上来，宣称未来 3 年投入 20 亿资源，推出 500 档"互动综艺"，"要把我的内容面向大众，而不只是面向土豪"。

张宏涛要从 1.0 时代的向土豪要钱，转型到 2.0 时代的向 × 丝要钱。"土豪的钱当然好挣，随便忽悠一下，就掏个几万块。但土豪的生意干了十年了，它是有瓶颈的。土豪数量是有限的，但 × 丝是无限的。最起码你有 DAU(日活跃用户数量) 之后，你的资本价值也更高，未来你诞生出其他东西的可能性也很大。你看各大直播平台亏损这么多年，它还是比 YY 值钱多了。"

秀场已经是过去时。"严格来说，秀场这种以打赏为核心的商业模式，我认为并不代表未来。"在周鸿祎的设计里，直播的商业模式可以包罗万象，在财经类直播里卖品牌广告，在旅行类直播里卖酒店机票……

直播元年，百播大战，全民直播，2016 年互联网娱乐业最热闹的领域，正在资本和技术的催化下，酝酿出新的直播圈业态。

"直播打开了一个 TOC 端收入的大门，内容那么 low，全是草根，一年的产值是 100 多亿，而我们再去看看音乐的版权，一年才 20 多亿。"张宏涛说，"整个文化娱乐板块缺一个艺人和粉丝养成的 TOC 端市场，今年被称为直播元年，本质来说就是原来的秀场业务向大众 TOC 市场转型。"

不差钱和 IP，就差好编剧

文 / 郑依妮

IP 改编热带动网剧发展，视频网站加大网剧投入，差异化竞争吸引用户付费。当网剧野蛮生长时，好编剧的稀缺与监管的日益严格是否会成为整个行业的掣肘？

2016 年，网剧赚足了吆喝又赚钱。即便这两年被称为资本寒冬，以网剧的势头，依然不愧为一个屈指可数的持续火热的行业。2015 年，全网上线网络剧共 355 部，同比增长 73.17%。从《× 丝男士》《万万没想到》到 2016 年年初零差评的《无心法师》《太子妃升职记》，网剧的优势开始显现。随着移动互联网、IPTV 迅速发展，多屏融合促使网络视频用户数量大幅提升，网剧成为广告商的重要选择；同时，IP 改编热带动网剧发展，视频网站加大网剧投入，以降低版权成本、差异化竞争吸引用户付费。

网剧编剧工作最难的不在于剧情改编，而是整个世界观、故事、人设的构建。

过去两年，资本大肆囤积 IP，导致好的 IP 价格水涨船高，甚至有的 IP 改编权高达上亿元。今年，这些 IP 集中进入收割期，由其改编而来的影视作品数量将创新高。2016 年流量在 20 亿以上的 5 部网络剧《老九门》《太子妃升职记》《最好的我们》《余罪》《微微一笑很倾城》全部由热门 IP 改编。

IP 固然重要，但同一款 IP 在不同的编剧手里会呈现不同的效果。以超级 IP《鬼吹灯》为例，2015 年有两部以此 IP 改编的电影上映：陆川导演的《九层妖塔》以及乌尔善导演的《寻龙诀》。最终《寻龙诀》以票房和口碑碾压《九层妖塔》。如此巨大的差异，还得归结于编剧的改编。优秀的改编，甚至能让并不知名的 IP 也成为爆款。

今年年初，乐视自制的一部小成本网络剧《太子妃升职记》横空出世，累计播放量突破 10 亿，日播放量超过 4000 万。该剧包揽了宫斗、性别互换、爱恨纠葛等"吸睛"元素，令众 90 后、00 后大呼过瘾。"小三已经不新鲜了，厉害的是跟自己的男人抢女人。"个性鲜明的角色和脑洞大开的剧情，突破了常规套路。

这部以"小制作、大创意、轻浏览"著称的草根网络剧，将"槽点"满满的段子、漫画、冷笑话、网络潮语和现实生活中的众生百态以碎片化的方式融入短剧，为生活在高压下的年轻一代提供单调生活的调味剂、社会情绪的解压阀。《太子妃升职记》的编剧秦爽表示："网剧改编就需要突出'网感'，如何把节奏改得更加明快，是网剧编剧需要考虑的关键问题。"

在《太子妃升职记》中，秦爽带领她的三个编剧一起进行创作，以一本正经的鬼扯、魔性又接地气的剧情，在无大牌班底、无华丽制作的情况下，抓准 90 后、00 后观众的心理，让一向挑剔的豆瓣网友服气地给这部剧打了 7.8 分，完胜同期巨资打造的电视古装剧《芈月传》。最终，该网剧中给观众留下最深刻印象的除了鲜艳夺目、充满塑料感的服饰，辣眼睛的罗马凉鞋，还有那台不断刷存在感的鼓风机。

秦爽认为："网剧有属于自己的艺术属性，它需要节奏明快、剧情紧凑。目前大部分人的观剧模式是手机和电脑，如果不能足够吸引大家，观众很快就会去看其他内容。虽然电视剧的情节比网络剧更加完整，编剧需要通过精心铺垫一些情节去推动剧情发展，但往往剧情也因此显得拖沓。因此在网剧剧本创作的时候，还要注意网民的观看习惯。"

同样不是超级 IP，搜狐独家出品的网络剧《无心法师》无疑也是一匹黑马。这个"小透明"IP 与清一色新人主演的组合，竟然也能在竞争激烈的暑期档凭借"自来水"安利和好口碑逆袭出一片天。据《无心法师》的编剧徐子沉介绍，其实《无心法师》这个 IP 是团队中的一个编剧肖志瑶在闲来无事看网文的时候发现的，而且是冷门小说。推荐给了其他编剧后，大家都觉得很有意思。然而，当时网剧还没有出现，而这个原著题材也不适合电视剧，公司也有所保留，直到这两年网剧开始热播，大家知道机会来了！

徐子沉说："编剧工作最难的不在于剧情改编，而是整个世界观、故事、人设的构建。前期讨论这个设定的时间，甚至和完成整个剧本的时间一样长，对原著里的人设，甚至剧作模式都进行了调整，鬼魂替换成了能量、女煞替换成了木偶，等等。考虑到将以周播形式上线，我们便产生了借鉴美剧单元剧叙事模式的想法，只用主线剧情牵引大家继续追剧，起码每周讲述的都是一个完整的故事，能看得到结果，让观众好歹有一个心理上的落点和安慰。"

资本在 IP 形成的过程中扮演了推波助澜的角色，客观上对 IP 形成有一定贡献，但也因为短期商业诉求而操之过急，难免白白浪费 IP。

动辄上亿的资金注入推高影视市场规模的同时，也随之产生大量虚假泡沫，行业的整体创作心态浮躁，尤其是进入"IP 热"以来，影视作品成为快餐式商品后被大规模批量式地生产，2016 年甚至被批为"烂片年"。据相关数据统计，今年上线的 IP 作品达 200 多部。资本在 IP 形成的过程中扮演了推波助澜的角色，客观上对 IP 形成有一定贡献，但也因为短期商业诉求而操之过急，难免白白浪费 IP。比如《云中歌》《华胥引》《大漠谣》《秦时明月》等均被现实打败。

某些超级 IP 有知名导演、当红演员、炫酷后期坐镇，上线后却不得不面对收视率难看、负面口碑的尴尬境地。有专业人士评论，此症结在于制作方忽略了编剧对一部作品的重要作用。专业编剧和非专业编剧的差别有多大？看看由当红小生井柏然、鹿晗、马思纯主演的《盗墓笔记》，该剧在豆瓣评分只有 4.8 分，被网友评为"国民级 IP 改编的错误示范"。尽管这次的编剧是原著作者南派三叔亲自上阵，也难以获得原著粉的认同。可见即使是广受原创粉喜爱的原创 IP 的作者，也不代表就能够成为广受观众喜爱的编剧。当然，《盗墓笔记》的导演李仁港表示，他在编剧时已和南派三叔达成一个共同的理念，就是"绝对不讨好粉丝，创作人应该有自己的权利，不能粉丝想看什么电影就拍什么"。

对于专业的编剧来说，创作就不能这么"任性"了。《太子妃升职记》的成功让秦爽受到了颇多关注。从一开始的助理编辑，到现在已成立自己的编剧工作室，秦爽从事编剧工作已有五六年。在她看来，编剧不但需要会讲故事，而且要熟练一套处理问题的技术，包括画面、场景、对白等设计。

"在改编 IP 的过程中，编剧尤其需要准确抓住原创的'粉丝点'。一部小说不管它的点击率如何，它都有自己特定的观众群体，一般称为'原著粉'。原著粉对于原创的某些设定是特别认同的，也是他们喜欢这个 IP 的主要原因。这些设定对于编剧来说是一个'禁区'。编剧改编时一旦触碰了这个'禁区'，原创粉会集体产生抵触情绪，从而导致整部剧的口碑下跌。"秦爽分析说。

网剧的火爆也促进了编剧行业的走俏，有经验的好编剧让许多大制作公司趋之若鹜。《无心法师》编剧徐子沉回忆说："当年毕业的时候想直接当编剧还是很难。一般刚毕业时，先是给大编剧当助理，然后一点一点慢慢往上爬。但近两年网剧发展了，市场对于剧本的需求量大，很多刚刚毕业的人也能马上当上编剧了，所以对于很多新编剧来说是一个机遇。"

北京工业大学文化产业研究所所长王国华认为，优质 IP 的开发对网络剧的发展起到了重要作用，但纵观目前国内大部分的网络剧，内容上仍缺乏一定的现实意义。此外，国内的优秀编剧和创作团队仍然相对缺乏，具有创意性的作品并不多，未来网络剧的发展仍需要大量优秀的原创作品。

差异化内容有望引领付费点播和付费会员制，形成视频网站在线播放新趋势。

优酷土豆集团副总裁卢梵溪认为，网剧收入无外乎这么几种：第一是传统的广告收入，包括硬广和植入；第二是内容收入，作为独立的内容呈现给大家，并且以后可能反向输出到电视上播，甚至有可能转化到电影院或不同的渠道；第三是直接的用户收入，2015 年比较典型的是网站的会员收入，整体来看还应包括电影和游戏。

付费观看模式也逐渐受到观众的认可。据悉，爱奇艺视频独播大 IP 剧《盗墓笔记》推出 VIP 抢先看服务后 5 分钟内即收到 260 万庞大数量的会员订单请求。目前，爱奇艺的月度付费会员数量已经增加至 500 万人。以国内最大视频公司优酷土豆为例，2015 年一季度用户业务收入达到 1.2 亿元，同比暴增 706%，在总

电视剧《微微一笑很倾城》剧照。游戏和校园成为时下青春剧大火的原因。

收入中占比达到 11%，用户付费业务的收益逐渐显现。随着政策对盗版的打击力度加大、互联网人群消费升级，再加上移动支付带来了安全、便捷的用户体验，差异化内容有望引领付费点播和付费会员制，形成视频网站在线播放新趋势。

除了众所周知的购买 IP 实现盈利以外，网剧还能够通过反向输出电视台获利。2015 年网剧《他来了，请闭眼》成功"反向输出"东方卫视，开启了网剧反向输出一线卫视的先例。据悉，该剧是首部网台零时差同步播出的剧集，网络点击量突破 11 亿，在东方卫视"次黄金档"50 城收视率最高时达 0.675%，市场份额达 3.450%。如此看来，未来网剧大有向电视台反向输出的趋势，甚至有可能颠覆大制作的传统电视剧。

随着资本的注入，网剧的制作也更加精良。以突破常规喜剧题材的《暗黑者》为例，它在口碑上改变了以往国产网剧"制作粗糙"的印象，在引发网友追剧及口碑传播的同时，让更多在投资网剧上摇摆不定的投资人多了一股动力。有业内人士分析称，《暗黑者》完全符合传统电视剧的要求，以高标准的制作和创新的剧情设计向人们展示了网剧将走向全面精品化的可能。

网剧多数以"基腐、惊悚、悬疑、灵异、暴力"等各种小众题材吸引观众眼球，但审查部门要求"三观要正"。

与审查苛刻以及日益被雷剧、神剧占领的电视渠道相比，网络播出确实不失为一种生存方式。然而，随着网剧的日益升温，监管力度也随之加大。"电视不能播的网站也不能播"，无异于给网剧泼了一盆冷水。

今年年初力度较大的整治中，悬疑、灵异、探秘题材剧都是下架的"重灾区"，除《太子妃升职记》外，其他几部遭下架的网络剧均被指出："涉及血腥暴力、色情粗俗、封建迷信等。"有人甚至列出 2016 年最值得关注的十大网剧，以"再不追剧就要禁播了"为噱头吸引人。前不久被悄然下架的警匪网络剧《余罪》，是继年初《太子妃升职记》《心理罪》《盗墓笔记》《暗黑者 1》等六大网剧被广电总局下令整改下架后，第二波被勒令下架整改的网剧之一，然而该网剧上线以来总点击量已超 40 亿。自从演了《家有儿女》后一直默默无闻的张一山，凭借《余罪》第一男主角的出色演出，成功翻身。

传统电视剧市场过于饱和、呈现买方市场特点，如果没超强阵容、优良制作，制作机构很难说服电视台买账。虽然目前网络剧还未真正跨入"拼大牌"的时代，演员可以不是当红偶像，编剧、导演可以不是科班出身，只要能抓住观众的眼球，名不见经传的新人与草根剧组也有希望在互联网中占据一席之地，然而，网剧多数以"基腐、惊悚、悬疑、灵异、暴力"等各种小众题材吸引观众眼球，以中国广播电视协会电视制片委员会副会长马中骏为代表的审片专家曾特别强调："网剧与传统模式播出的影视剧一样，都应接受严格的审查，三观要正。"

李黑帅：用"十级"重庆话直播中国生活

文 / 郑依妮图 / 由被访者提供

中国有句俗话："外来的和尚好念经。"伴随着网红热，一群会说中文的老外悄然走红。像大山那样凭一口流利的普通话就火遍全中国的年代已经过去，如今老外想在中国成为网红，除了会说中文，还得使出浑身解数。

如果你走在重庆的街头，随便问一个人——你认识李黑帅吗？答案99%是肯定的。李黑帅，这个重庆话"十级"水平的外国人，微博粉丝10万，在征服了四川、重庆人民的心后，正通过社交网络红遍全中国。可李黑帅说："我不觉得自己是个网红，我只是无聊的时候会拍拍视频和朋友'吹垮垮'，没事就'打望'。我不敢说全国人民都认识我，但我知道我在当地很红，在重庆和四川没有人不认识我。"

今年25岁的李黑帅是一个地道的纽约客，至今已在重庆生活了三年。"念大学时，我有个来自中国苏州的同学，常听他说起中国的各种事情。毕业后，我先来中国旅游了一段时间，去了北京、杭州、成都等好几个城市，感觉都很好。后来，回美国工作了一段时间，便决定来中国了。"李黑帅说。

与国内许多通过团队进行包装后进入网友视线的网红不一样，李黑帅在网络走红纯属意外。某天，李黑帅和朋友在星巴克闲聊。一个中国朋友问他，在中国，黑人的生活是怎么样的。他思考了很久，回到家里，决定把答案总结为三点，并且用手机拍成了视频，在微信上发给他的朋友，视频里他义正辞严地抗议"不要叫我黑鬼！""不要再问我下面大不大！"。没想到就是这个随意拍出来的视频，从微信迅速红到了微博等社交平台，点击量超过 5000 万。

刚来中国的时候，李黑帅曾经有个中文名字叫李帅，因为他觉得自己够帅。后来有人告诉他，"李帅"太普通了，应该叫"李黑帅"。因为在重庆方言里，"黑"不仅表示颜色，还有超级、特别的意思，所以黑帅就是超级帅。李黑帅对这个新名字很满意，每次拍视频的第一句都说："大家好！我是李黑帅！"有时候还会恶搞地把两个大鼻孔对着镜头。

在重庆工作和生活的李黑帅，认识了一群很有意思的重庆朋友。本来正儿八经地学习普通话的他，一开始总是被朋友们的重庆话围绕，听得一脸懵 ×。"重庆朋友多了，常在一起耍，久了重庆话自然就学会了。"李黑帅说。最初，他常有些方言听不懂，比如"豁得转""巴适惨了"等，他就把这些听不懂的方言记下来，问清楚究竟是什么意思，越说越觉得好玩。当然，还有不少脏话，是从出租车司机那里学来的。没过多久，他的普通话口音也被重庆朋友带"歪"了，现在一开口就是浓浓的"重庆味"。

重庆话说得溜了，李黑帅对川蜀的文化也有了更深的了解。他说："重庆人说话很凶，但是他们很热情。"他还挑战过成都最辣的十间火锅店，鸭肠、猪脑这些外国人不敢碰的内脏，都是李黑帅的最爱。"我喜欢吃重庆火锅，因为我是重庆银！但我不能经常吃，菊花会炸。"说完李黑帅发出一阵标志性的"魔性"笑声。

李黑帅认为自己和其他外国网红最大的不同，除了他的重庆方言，还有他的"真实"。现在，他会不定期地更新自己的视频，内容通常都是自己生活中的一些感受和吐槽，配以丰富的面部表情和肢体语言，充满了喜感。"鬼畜""搞笑"是网友们对他的视频最多的评论。

曾经，也有网友给李黑帅留言说："在中国赚钱还要吐槽，应该滚回美国。"这让李黑帅很生气。他说："我的钱都是我自己工作挣的，没有偷也没有抢。为什么外国人不可以在中国赚钱？在美国，也有很多努力工作的华人。还有，如果说在一个国家赚钱，受到歧视就不能抱怨的话，那么在美国有那么多华人，他们受到歧视也都应该 shut up 吗？ No，they should fight！"

被热播剧重新定义的十个学科

文 / 谭山山

自李狗嗨法学、波杰克心理学之后，还有脱口秀政治学、日剧鸡汤学、抗战剧物理学等类别。从重新定义某种学科的角度来解读热播剧，也许是个好办法。

《纸牌屋》政治学

正如学者刘瑜所说，大卫·芬奇（《纸牌屋》导演）"满足了我们对美国政治的猎奇欲"：在《纸牌屋》中，华盛顿充满了谋杀、色情、谎言、收买、角斗、欺骗、阴谋……我们深信，这才是政治，而该剧揭开了美国政治的黑幕。创办"选·美"（向中国年轻人介绍美国大选的播客）的美国亚利桑那州立大学法学博士生游天龙表示，许多中国人太把《纸牌屋》当真，这是他们对美国政治的最大误解。真相是：我们只看到政治游戏本身，却不想探究藏在深处的游戏规则。

《权力的游戏》地理学

和 J.R.R. 托尔金一样，乔治·马丁也在《冰与火之歌》中建立了一个虚构的世界。这个虚构的世界当然不在美国，因为美国"没有阴影，没有古风，没有秘传，没有绚丽而昏默的冤孽"（美国作家霍桑语），而是设置在中世纪的欧洲：在维斯特洛大陆上有七个国家（灵感源自英国盎格鲁 – 撒克逊时期的"七国时代"），斯塔克家族是北境守护者，来自凯岩城的兰尼斯特家族出阴谋家……而人物的性格及命运，跟他们所处的那片土地紧密相关，在剧中则是通过几乎按照英国地理位置分配的不同口音来体现地理感。

"李狗嗨"法学

TVB 新剧《律政强人》热播，那些跳出来说它有"李狗嗨"（即日剧 Legal High，中文译名为《胜者即正义》，但网友往往用谐音"李狗嗨"来称呼它）影子的人，应该是觉得《律政强人》男主张强和"李狗嗨"男主古美门都是那种为赢官司无所不用其极的律师吧。《律政强人》中有一个情节，律师方宁被问及打赢官司和维护公义哪个更重要，方宁的回答是"一样重要"。这其实是自"李狗嗨"以来就在讨论的议题：道德与法律立场的对撞，善良与恶意的模糊，灰色地带的存在，等等。这也是"李狗嗨"受到法律圈内外人士一致追捧的原因。

《欢乐颂》经济学

香港有"丁蟹效应"，内地则有"安迪效应"：因为《欢乐颂》中出现了女主安迪计划花 100 亿元收购红星集团的情节，引发了现实中红星发展（600367）的被热炒，从 5 月 13 日起连拉三个涨停。爱蹭热点历来是 A 股市场的尿性，最有代表性的例子是 2015 年 4 月民生证券研究院执行院长管清友发微博说"除了股市，我们还有诗和远方"，我大 A 股股民居然如此推导：诗和远方 =SHYF= 石化油服 =600871 ？是要我们买吗？

《卖房子的女人》营销学

《卖房子的女人》女主三轩家万智是个金牌房产中介，她的口头禅是"没有我卖不掉的房子"，而她的营销秘诀，就是找到客户的真正需求，从而让买方和卖方皆大欢喜。其中一个案例是：一个女子是收集癖，连前男友写给她的每一张字条都不舍得扔；一个男子则是极简主义者，身外物只用一个箱子就可以装完。巧的是他们曾经是情侣，而且都想换房子，三轩家为他们找到了合适的房子，还促成他们重归于好。所以，与其说她是作为房产中介在卖房，还不如说她是以生活顾问的角色为客户解决人生问题。

《生活大爆炸》物理学

在极（dou）客（bi）四人组中，除了霍华德是工程师、学历也最低（只是硕士，还是麻省理工的），其他三位都是物理学家：谢耳朵研究理论物理，莱纳德研究实验物理，拉吉研究天体物理。谢耳朵最自负，认为自己的专业最高级，瞧不上他的三个朋友，莱纳德更因为是搞实验物理的而经常被他碾压。谢耳朵说，世界由物质构成，因此物理学是最基础的学科，它能够解释一切。但是谢耳朵在物理学上的成就到底有多厉害，完全看不出来，来个朝鲜小天才都能秒杀他。

《马男波杰克》心理学

《马男波杰克》可不仅仅是一部动画片而已——据说，看这部剧不截图发朋友圈，就好比去星巴克不拍照，因为片中的台词太戳心了。那些愤世嫉俗、多愁善感而又小气刻薄的人物，真实得可怕，可以对应不同的社会阶层和人格，正是我们现实人生的投射。有人说它致郁——满满的负能量，有人则说它治愈——"啊，原来人可以这样消极地活着，真是太酷了"，其实是一个硬币的两面，就看你如何面对它所反映的现实之苦、人性之恶。它是反鸡汤的，它直接告诉你：如果生活就是一场悲剧，那么，接受它。

《福尔摩斯：基本演绎法》推理学

推理学本来就是柯南·道尔发明的一种思维式科学，现代版的《福尔摩斯》则为这一学科赋予了新内涵。华生变为女性这一设定本来是该剧最大的槽点，但编剧和演员的演绎让这一槽点变成了亮点。福尔摩斯和华生都变得与时俱进：福尔摩斯吸毒、纵欲、暴躁，还有一个不靠谱的前女友，但他学会了倾听，甚至变萌了（把自己的小蜜蜂命名为"华生"）；变为独立女性的华生则不再是那个满嘴 amazing 的捧哏角色，而是成为福尔摩斯的灵魂伙伴，在他软弱、暴躁时予以坚定的支持。

《太阳的后裔》恋爱心理学

现在的科普界也会紧跟热点，《太阳的后裔》热播的时候，中科院心理所就有专家出来剖析"撩妹技能背后的心理学"，指出制造"吊桥效应"是"你们的老公"宋仲基在剧中的恋爱必杀技——所谓吊桥效应，得名自 1974 年心理学家阿瑟·阿伦在温哥华的卡皮诺拉吊桥上进行的吊桥实验，其要点就是故意制造紧张气氛，促使感情升温。当然，宋慧乔扮演的女主也不弱，男主说"医生没有男朋友，因为太忙"，她立刻机智地接上"军人没有女朋友，因为太苦"，他们谈的是一场势均力敌的成熟的恋爱。

《伦敦生活》人际关系学

英剧《伦敦生活》中这位甚至没有名字的女主，在人际关系上真是处处有雷点：她睡了闺密的心仪对象，让闺密崩溃乃至意外去世，而她从此遇到什么都报以假笑；她和姐姐共同出席一个讲座，两姐妹本应互相拥抱，关系疏离的她们却因戒备心理而互扇对方耳光；她不轻易吐苦水，唯一一次敞开心扉，是面对陌生的银行家之时。有评论说，女主活得像只刺猬，用刺来探索和世界的安全距离，以自己的意愿和世界对抗到底。

老电视人如何搞定新网民？

文 / 罗屿

2016 年网络综艺迎来"大时代"，行业发展态势不可阻挡，大批电视人纷纷投身网综。然而，无论电视综艺还是网络综艺，"内容为王"永远是不变的道理。电视人手中的底牌，是他们在体制内多年来所磨炼出的内容制作的手艺。

几年前，《爸爸去哪儿》第一季的大热，让湖南卫视制片人谢涤葵的生活被打乱：不停接电话，参加各种活动，领奖，接受采访。最大的变化还在于，不断有制作公司和投资人找到他，劝他"出走"。

在湖南广电事业编制内的谢涤葵，最初没有想过离开，"做电视节目，湖南卫视已经是非常好的平台"。但马栏山之外的世界，对他不是没有诱惑。马栏山是湖南卫视的代名词，在它附近的金鹰小区是整个湖南广电的生活圈，它意味着安稳悠闲，也代表着一成不变。

最终，"出去试试，换个活法"的念头在谢涤葵内心胜出。2016 年 3 月，他正式以股东身份加入暂悦传媒，走上创业之路。几乎同时，暂悦获腾讯投资。

横空出世的《奇葩说》如同中国网络综艺一道分水岭，它也催生出中国视频网站的一次集体转型——各大平台几乎同时发力增加原创节目。

谢涤葵的出走不是个案。

2013 年至今，在制播分离等一系列改革举措的推动下，诸多体制内精英纷纷走向市场。仅从 2015 年开始，就先后有浙江卫视《奔跑吧兄弟》总导演岑俊义，深圳卫视《极速前进》总导演易骅，东方卫视经营中心副总监、广告总监袁春杰，江苏卫视副总监王培杰，湖南广电副台长王平等，不同卫视的内容创作者和高层管理者选择离开体制。他们或如谢涤葵一样选择自主创业成立内容公司，如易骅成立日月星光传媒、岑俊义成立乐禧文化、王培杰成立远景影视；或加盟视频网站担任高管，如被称为"超女之母"的老电视人王平今年 4 月正式加盟优酷土豆，担任高级副总裁，全面负责综艺娱乐板块。

在 2015 年创立的内容公司中，不可绕过 9 月成立的米未传媒。2012 年年底，在央视主持人辞职潮到来前夕，已经是频道总监助理的马东离开待了 11 年的央视。2014 年他加盟爱奇艺，联合高晓松、蔡康永打造说话达人秀《奇葩说》。此后《奇葩说》大火，第三季收官后，累计播放量超过 16 亿，话题在新浪微博阅读数达到 32.3 亿。据说这档最初不被外界看好，整个团队"跪求"广告商的节目进入第三季后需要"跪着"拒绝广告商。当马东从爱奇艺辞职创业时，《奇葩说》这个 IP 的所有权从爱奇艺转嫁到马东创立的米未传媒。

始于 2007 年的《大鹏嘚吧嘚》可视为国内网络综艺鼻祖。其后，一批网综相继上线，但并未获得太多关注，正是现象级"爆款"《奇葩说》让网络综艺真正走入主流大众视野，如同中国网络综艺一道分水岭。

某种程度，《奇葩说》也催生出中国视频网站的一次集体转型——各大平台几乎同时发力增加原创节目。在此前一段时间，中国的视频网站被称为传统电视节目的"搬运工"。而《奇葩说》后，有数据统计，2015 年度，全网自制综艺节目近 200 档；2016 年网综更是迎来井喷式发展，上半年仅爱奇艺、腾讯、优酷土豆、搜狐、乐视、芒果 TV 六大视频网站的网络综艺总数量就超过 93 档。

另外，自 2015 年年末，腾讯、爱奇艺、优酷土豆相继向外界发布网综战略，宣示其在网综热潮中的坚定立场与信心，各大平台进入"诸侯争霸"式的白热化竞争状态。如腾讯在今年 5 月 5 日，一口气公布了包括《请你跟我这样 Zuo》《放开我北鼻》以及谢涤葵操刀制作的《约吧！大明星》等 9 档新原创网络综艺，并设立 10 亿"嗨基金"支持中国网生综艺发展。爱奇艺在网络综艺领域差异化布局则越来越明显，从《偶滴歌神啊》《我去上学啦》《十三亿分贝》到《姐姐好饿》《撕人订制》，每档节目都有自己独特风格，组成了丰富多样的内容矩阵。比如《十三亿分贝》是直播 + 方言音乐，《姐姐好饿》是美食 + 脱口秀，《撕人订制》是热聊秀。

网络综艺的繁荣，与政策环境大影响不无关系。今年 6 月，广电总局下发《关于大力推动广播电视节目自主创新工作的通知》："同一档真人秀节目，原则上一年内只播出一季"，"黄金档引进节目每年不得超过两档"，"中外联合开发必须中方取得完全知识产权"……不同于电视平台，网综节目话题、内容、风格自由度更大，这促成了网络综艺发展的进一步活跃。例如，之前多档受政策所限的电视综艺节目，如《2016 超级女声》《妈妈是超人》等也都转型为网络综艺。

大批网络综艺如雨后春笋般层出不穷，也让华少、何炅、汪涵、谢娜、李维嘉、孟非、蔡康永、小 S 等一众传统电视节目主持人相继跨界到网络平台。就像今年 4 月举行的优酷土豆 "2016 春集"，在当日发布的多档重磅节目背后都有一些人们熟悉的身影。比如，继汪涵以《火星情报局》加盟后，何炅与优酷携手推出《学长不二盟》；李咏携自己首个网综《偶像就该酱婶》亮相；"凤凰卫视第一名嘴"窦文涛也将携手优酷制作网络版 "锵锵三人行"，定名《圆桌派》；马东的米未传媒则首次与优酷合作，继《奇葩说》后推出网综《拜拜啦肉肉》……

名嘴主持为何纷纷加盟网络综艺？一种说法是，为了寻找另一种创作热情。就像何炅在谈到他所参与的由芒果 TV 制作的《明星大侦探》时说："这个节目很有意思、很烧脑，比起以往以语言为主的主持，这次还要考验伪装能力、观察能力，感觉很刺激。"另外，或许也与报酬有关。《第一财经周刊》此前的一篇报道提到，汪涵在湖南卫视主持节目一场只有几万元人民币，但在《火星情报局》，是 "一个很高的市场价格"。

网综从想法到打法，并不同于电视综艺。用户变了，用户的生活方式也变了。传统电视人走入网络综艺，不是没有挑战。

包括制作、主持等专业人士的加盟，以及平台丰厚资金的投入，让网络综艺从小成本、粗制作的 "草台班子运作模式" 逐渐转向了形式丰富、内容饱满、制作精良的发展趋势。

然而，网综从想法到打法，并不同于电视综艺。就像马东此前在接受媒体采访时表示 "世道变了" ——用户变了，用户的生活方式也变了，所以节目也相应要变。因此传统电视人走入网络综艺，不是没有挑战。

首先从受众人群上，之前看电视综艺节目的多是 70 后、80 后，网综受众则是 90 后、00 后。投资暂悦传媒的腾讯，就曾给谢涤葵做过分析，腾讯视频的主体受众在 25 岁以下。

因为年轻观众居多，网络综艺更讲求互动性与节奏感。比如互动性上，在《奇葩说》的制作过程中，每期辩题都是经过公司内部投票、网络投票和网络大数据分析后确定的；类似的，如《你正常吗》节目一季80道题，节目组前期会在网上抛出几万道题给网民，观众参与答题的同时也可以向节目组出题，被选中题目的用户昵称会出现在节目中；王思聪的《Hello！女神》则让观众享受亲手培养专属女神的成就感……至于节奏感，网络综艺比传统电视综艺节奏更为明快，内容前后勾连性变弱。"所以在剪辑手法上，会把片子剪得更快。在后期制作会更突出动态效果，加入更多花字。"作为2016年10月15日在爱奇艺最新上线的《了不起的孩子》的制作人，张琳燕同样是从业10多年的"老电视人"。此前她随江苏卫视副总监王培杰等人"出走"，成为远景影视的一员。

谢涤葵和张琳燕有类似感觉。"《约吧！大明星》审片的时候，我发现节奏比《爸爸去哪儿》快得多。"今年5月在腾讯播出的《约吧！大明星》是谢涤葵加入皙悦传媒后，制作的首档网综，之前他看了包括《奇葩说》在内的多档节目，"感觉就是密集、快速、笑点集中"。

《约吧！大明星》一季播出结束，谢涤葵给自己的网综首秀打了75分。让他尤其不满意的是节目第一集。"有很大硬伤。我们当时太考虑'网感'，于是讲了几个故事，但都是蜻蜓点水浮于表面。"谢涤葵有时会问自己，"我们是不是把所谓的'网感'追求过头了？好的东西是不是不用纠结于播出平台？就像《爸爸去哪儿》在网络上的点击一样特别好，网友们并没嫌它是按电视模式制作出来的。"

所谓"网感"，同样折磨过此前没有碰过网综的张琳燕。在《了不起的孩子》最初策划时，团队成员也有疑虑，亲子类节目似乎并不能"迎合"90后、00后群体。"但如果刻意迎合，我们可能会失去其他观众群。"最终大家达成共识，无论电视综艺还是网络综艺，只是技术细节的变化，核心内容好看才是关键。

"网络综艺经历了简陋、粗糙的1.0时代，经历了精品爆发的2.0时代，现在已经来到了高投入、高质量的3.0大片时代。"

制作《约吧！大明星》时，谢涤葵发现，自己无时无刻不面对角色转换的问题。"我是一个四十多岁的人，我自己的审美趋势与我节目的主体受众是不一样的，如果把我的审美趋向当作观众的，那很危险。"所以像谢涤葵和张琳燕这样的"老电视人"很注重团队年轻人的想法，在他们看来，年轻人接受新事物的能力是自己无法比拟的。

"但新老搭配同样重要。"谢涤葵说,《约吧！大明星》的制作团队有电视经验的老人占到三成。"年轻人逻辑性不强,他知道这个东西新鲜有趣,但是怎样为我所用,怎样把它用到节目中,他可能没有系统的想法,这个时候就需要有经验的人告诉他们怎样把自己的感悟和感觉变成实实在在的创意。"

谢涤葵所强调的经验,正是电视人在广电系统工作多年所磨炼的内容制作手艺,也是他们创业时手中的底牌。只是除了优势,在市场化背景之下,每个出走的电视人都面临着机遇、风险与诱惑,如何完成身份转换与心态调整,对他们而言都是挑战。

在体制内时,谢涤葵曾经觉得自己压力很大。"在湖南卫视,每个制片人上午十一点会收到台里下发的节目收视情况、收视排名,每个月都有制片人会议,讲的都是收视率。"但从体制出走后,他才真正体会到什么叫压力。"投资、广告营销、艺人协调,要梳理摆平很多错综复杂的关系。"曾经只管内容的谢涤葵需要迅速变成全能手。他每天要考虑如何向平台、向投资方提交一张合格的收视成绩单。"对平台而言,如果你做得不好,它可以换其他制作人,它的试错空间很大;但是对你个人,你的试错空间会变小,你做得不好,没有人会愿意再继续投你。"

有人说,类似皙悦这样的内容初创公司,在接受视频网站投资,或绑定某一个独播平台后,无异于进入另一个体制,制作公司很容易被视频网站的意见所影响,因为资本方追求的永远是利益最大化。"会有妥协",但在谢涤葵看来,"如果你做出来一个东西是非常牛 × 的,类似于《爸爸去哪儿》这样一个'爆款',没有人会再说三道四;但是你如果做出来的东西没有达到'爆款',就会有很多种意见。这是每一个做内容的人都不可避免的"。

包括谢涤葵在内,每个制作人都期待着在繁荣的网络综艺市场创造出自己的"爆款"。虽然他们都认为,"爆款"的产生有赖于"天时地利人和",但不可否认,这些专业电视人的加入,无疑让网络综艺在野蛮生长后,有了更多产生"爆款"的可能。

就像今年 9 月在上海举行的第八届中国网络视听产业论坛上,爱奇艺高级副总裁陈伟表示:"网络综艺经历了简陋、粗糙的 1.0 时代,经历了精品爆发的 2.0 时代,现在已经来到了高投入、高质量的 3.0 大片时代。"他预测,下一个现象级综艺节目将在纯网诞生,"也许在 2017 年,现象级的'超级网综'就会出现"。